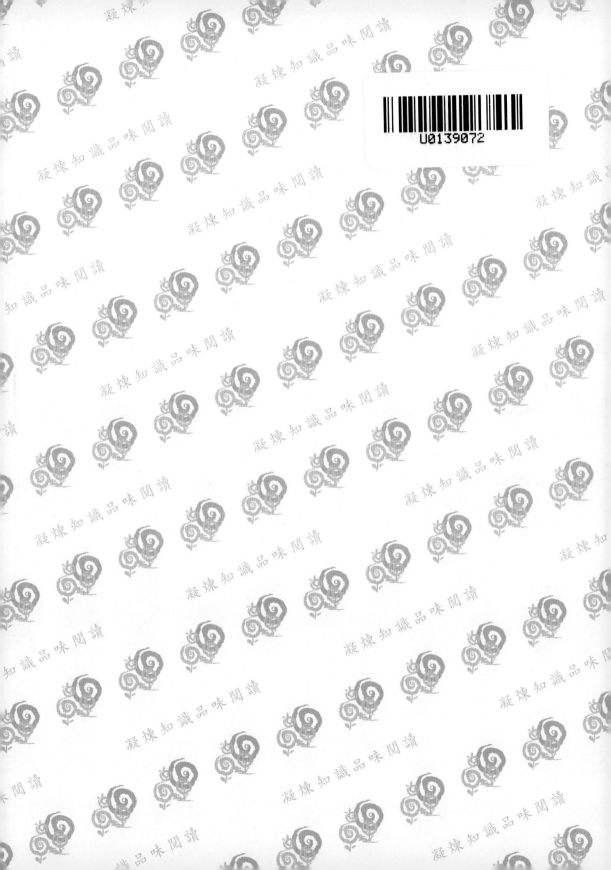

憲法學的新視野（三）

基本權利

張嘉尹 著

五南圖書出版公司 印行

自序

　　本書是我的第三本論文集，與前兩本論文集的差異之處在於，雖然都是屬於憲法學範疇的學術論文，然而前兩本論文集所收錄的論文率皆以法學方法論為其問題意識與論述焦點，無論是以法解釋及其理論為探討對象的狹義法學方法論，抑或探討法學的學科邏輯、法律的跨學科研究方法論暨其運用的廣義法學方法論。本書則收錄了二十幾年來，我探討基本權總論議題與特定基本權利相關議題的論文，在性質上大多屬於法釋義學的著作，雖然基本權釋義學與基本權理論，甚至憲法理論都處在相互參照的關係之中，基本權釋義學也與憲法其他部分的釋義學相互關聯，然而就研究主題與方法而言，仍可以稱之為基本權釋義學。當然，作為一本基本權釋義學的論文集，而非「憲法教科書」，本書並非對於我國憲法基本權利的全面性與體系性的論述，為了讓本論文集具有某種程度的整體性，於是就透過論文主題的分類來補足其體系性的不足。依此，本書分成四個部分：基本權利與憲法秩序、人性尊嚴與生命權保障、表意自由與學術自由、憲政危機與基本權利。我曾寫作過的另外兩篇論文，亦屬基本權總論性質，分別討論「價值秩序」與「基本權理論與功能」，雖然在性質上與本論文集屬於同一類別，由於已經收錄於我的第一本論文集《憲法學的新視野（一）》之中，因此本論文集並未將其納入，對基本權總論有興趣的讀者，在閱讀本論文集時如果亦將其列入，對於基本權的體系性理解將更形完整。此外，為了提供讀者一個理解基本權解釋及其相關問題的架構，我為本論文集撰寫了一篇導論：〈基本權變遷與基本權解釋〉，作為一本論文集的導論，請容我以較為簡要的方式書寫，並先略去相關引註。實則這個議題在憲法學上有其重要性，待未來時機成熟，我再將其重新架構改寫並加入引註，撰寫為一篇學術論文。

　　探討我國釋憲實務下的基本權功能體系，原本即屬於基本權總論

的議題，至於討論環境保護入憲問題，雖然涉及作為憲法法益的「環境保護」，然而主要在探討以何種方式訂入憲法及其解釋適用時的可能後果，採取「環境基本權」（主觀權利）或是「環境保護的國家目標規定」（客觀法）的方式訂入憲法，不但在憲法學上具有不同的意義，所將遭遇的解釋問題亦不相同，因此該篇論文亦具有基本權總論（或憲法學總論）的性質，這兩篇論文就依此歸類在「基本權利與憲法秩序」標題下，作為本論文集的第一部分。其餘各篇論文，則依其探討的主題，分別歸類在其他兩類基本權各論的範疇，分別為本論文集的第二部分與第三部分：「人性尊嚴與生命權保障」、「表意自由與學術自由」。第四部分所探討的議題，嚴格言之，並非傳統的基本權各論，而是涉及基本權利與自由民主憲政秩序的維護，更精確地說，涉及「準憲政危機」或「準國家緊急狀態」下，如何保障憲政秩序的問題，倘若使用關鍵詞來簡化說明，可以說涉及「憲政危機」、「公民不服從」與「抵抗權」等憲法學的邊界概念，這四篇論文之所以會發表，跟我國憲政秩序當時所面臨的嚴峻挑戰直接相關，可以視為憲法學對於我國憲政危機的即時反應，並非典型或傳統針對司法解釋或實務議題而來的學術研究，而是屬於超越傳統憲法釋義學範疇，跨越憲法學與法理學的論文類型。

　　值得一提的是，即使是有關於法秩序與其實踐問題的學術論文，仍舊屬於學術活動的一環，即使對於司法解釋或憲政實務有所針砭或建議，仍無法逾越其作為學術活動的界線，無法取代具有權威性與拘束性的司法裁判，或是其他具有法律效力的公權力行為，本論文集所收錄的論文亦不例外，此亦所有法律學術應該具有且不言而喻的自知之明。至於學術見解何時成為實務見解，端視法律系統的運作，假使司法實務或其他公權力的運作，在法的解釋適用時採納了學術意

見，則學術意見就有機會成為實務見解。作者在撰寫本論文集的各篇論文時，對此一學術與實務的分際，亦相當清楚。惟寫作之初沒有預期的是，因為其中幾篇論文的發表——主要是〈人性尊嚴的重量〉以及第四部分探討憲政危機與公民不服從、抵抗權的論文——涉及發表後司法實務上的憲法爭議與法律爭議，使得作者偶然有機會，以法律鑑定人與法律專家的身分參與相關訴訟程序，在司法院大法官說明會與最高法院刑事庭的言詞辯論程序中，針對相關爭議提出法律意見，這類司法實務的參與，對於作者而言深具有啟發性，畢竟有機會在司法實務上提出自己的見解，並接受大法官或最高法院的詢問，甚至與最高檢察署檢察官進行激烈的意見交換，就使得原先純粹的學術研究，必須面臨司法實務考驗，同時亦取得影響司法實務的機會，此亦驗證了法律系統與學術系統的相互獨立性，暨兩者之間相互影響的偶然性與可能性。

　　這本論文集的出版，雖然在五、六年前即已具有初步構想，如果沒有五南圖書出版公司法政編輯室副總編輯劉靜芬小姐的鼓勵與促成，很可能現在仍然停留在構思階段，劉副總編對本書出版的全力支持，我在此致上萬分的謝意。負責全書校對與編輯的主要是五南出版公司的責任編輯林佳瑩小姐，此外，我的助理與學生們，高國祐、楊仲庭、楊椀喻、杜宗璉幾位同學，亦幫忙不少校對的工作，本書能夠及時問世，我誠心感謝他們的大力協助。

張嘉尹

作者簡介

張嘉尹

現職：東吳大學法律學系專任教授
　　　台灣法理學會監事
　　　法官學院講座
　　　考試院司法官特考及律師高考命題委員
　　　監察院諮詢委員會委員
　　　全國律師聯合會律師倫理風紀委員會委員
　　　台大法學論叢編輯委員
　　　政大法學評論編輯委員
　　　公民監督國會聯盟學術顧問

學歷：德國慕尼黑大學法學博士
　　　台灣大學法律學研究所法學碩士
　　　台灣大學法律學系法學士

經歷：世新大學法學院院長
　　　世新大學法律學系主任
　　　世新大學法律學系專任教授
　　　台灣大學法律學院兼任教授
　　　台灣法理學會理事長
　　　行政院科技部法律學門副召集人
　　　考試院司法官特考及律師高考典試委員
　　　考試院公務員保障暨訓練委員會顧問
　　　國家文官學院講座
　　　行政院公務人力發展中心憲法學講座
　　　國家教育研究院法律學名詞翻譯審譯會副召集人暨審譯委員
　　　台北大學法學評論編輯委員
　　　政治與社會哲學評論編輯委員
　　　思與言人文與社會科學期刊常任編輯委員
　　　媒體教育觀察基金會董事

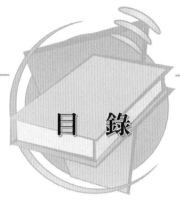

目　錄

導論
基本權變遷與基本權解釋

壹、前言

　　一般而言，現代憲政主義憲法（規範性憲法）有兩個主要的構成部分，一個是規定基本權利保障的權利典章，另一個是以權力分立為原則的中央政府組織（亦可稱為「憲政體制」或「國家組織法」）。就規範的文字與風格而言，憲法規範的表達形式大多簡潔扼要，綱舉目張，然而中央政府組織的部分，相較於基本權利而言，雖然不是沒有相當比例的例外，在程度上仍然比較完整而明確。這只是就規定的形式做敘述，並不意味著在進行憲法解釋時，憲法有關於中央政府組織的規定，就因此比基本權解釋來得容易，毋寧是兩者所面臨的解釋難題並不相同。就中央政府組織的規定，由於是以權力分立為基本架構與原則，涉及各個中央政府機關的權限以及權限之間的劃分與協力，因此在發生解釋需求時，往往必須回到各個權限的性質與彼此之間的關係等具有循環或交互參照的問題，才能合理的進行解釋。相對的，基本權解釋，則首先涉及基本權利的分類體系與功能定性，接著才能進一步探究或發掘基本權利的內涵與保護範圍。

　　以上的觀察主要是從實體面向著眼，如果將程序面向，尤其是違憲審查的制度種類與憲法訴訟的程序類型一起列入考量，則解釋的問題就更形複雜，因為程序面向的具體形構，將影響解釋問題的提出方式，因此不但實體面向會影響程序面向，程序面向也會回過頭來形塑實體面向。在權力分立的架構下，各個中央機關（流行的用語是「憲法機關」）的權限，可能原本就處在競爭、對抗或合作的緊張關係中，各個機關依據憲法相關規定行使其職權時，已經各自進行相關規定的解釋適用了，然而一旦兩個機關之間發生了權限爭議，如果憲

法有明定或默示（蘊含）爭議解決程序，這類程序就會形塑爭議問題提出的方式，尤其如果是屬於憲法訴訟程序，就會規範允許提出爭議問題進行憲法訴訟的法定要件，以及爭議問題在憲法訴訟中的表述方式，最終而言，就會影響爭議問題的解決，亦即實體上的權限劃分。基本權解釋亦不例外，然而面臨的處境與問題並不相同，當違憲審查制度屬於集中審理制的類型，不一定會規定有人民以基本權利受到不法侵害而提出訴訟的程序類型，即使允許人民基於保護其基本權利而提起憲法訴訟（或聲請憲法解釋），也可能只規定抽象審查，以法律或命令違憲為訴訟標的，當欠缺具體審查的程序類型時，就無從在程序上主張法院對法律的解釋適用（裁判）違憲，如此一來，憲法法院在形塑或建構基本權利內容或功能時，就會由於程序種類的欠缺，而不具有更大的解釋可能性，舉例而言，德國著名的「基本權間接第三人效力（功能）」之所以得以出現於世，即有賴於「裁判憲法訴願」（Urteilsverfassungsbeschwerde）的程序類型，我國即將施行的憲法訴訟法第59條亦有相似的規定，該類型的憲法訴訟程序被規定為「裁判憲法審查」。在德國基本法的憲法秩序中，如果欠缺「裁判憲法訴願」的憲法訴訟程序，就難以想像在進行基本權解釋時，會建構出前述「基本權間接第三人效力（功能）」，如果沒有這個基本權客觀功能的出現，亦難以想像後續會出現其他的基本權客觀功能——「基本權作為組織與程序保障」以及「基本權保護義務」，換言之，如果沒有「裁判憲法訴願」的訴訟類型，整個德國基本權利客觀面向的誕生與發展，就會欠缺一個在制度上的起始條件。

貳、基本權利的發展變遷與其雙重機制

　　如果作歷史考察，基本權利作爲憲法明文保障的對象，與第一部現代憲政主義憲法的誕生幾乎是同時的。1789年美國憲法（Constitution of the United States）批准通過後正式施行，是世界上第一部成文的現代憲政主義憲法，隔兩年亦即在1791年，美國憲法增修條文（Constitutional Amendment）第1至10條批准通過施行，其前9條就組成了一份權利典章。歷經了兩百多年，不但憲政主義憲法已經推廣到世界上大部分的國家，連帶的對於人民基本權利保障的篇章亦多見於這種類型的憲法之中，而且就基本權利的種類與數量而言，亦有相當程度的擴張。

　　如果先不考量世界各國憲法民主化與憲政主義化的不同發展歷史，則可以將基本權利的發展或基本權利保障對象的擴張，簡約的劃分爲四至五個階段，第一代基本權利大多包含傳統所謂的自由權（包含生存權與財產權）與參政權，伴隨著的是市民階級的興起與其所進行的民主革命；第二代基本權利則擴展到社會安全與勞工保障相關的內容，這主要是由於工業革命與資本主義的發展，導致社會「階級化」，因此勞動條件與基本生活條件的保障就成爲自由以外的重要焦點；第三代基本權利不但保護的主體從個人層面擴張到集體層面（集體基本權），廣義而言，其保障對象也擴展到經濟發展與環境保護，這顯然與人類在20世紀面臨的處境緊密相關，尤其是前半葉在兩次世界大戰之間所發生的種族滅絕，以及下半葉人類賴以生存的自然環境受到過度汙染；第四代基本權利則涉及個人資訊隱私與自主的保障，例如隱私權、資訊隱私權、「被遺忘權」，這導因於電腦科技的

急速進展，以及網際網路的創建與全球化；第五代基本權利的議題則與複製人的技術以及人工智慧的發展有關，尤其是後者在21世紀的第二個十年，有突飛猛進的進展，結合網際網路更發達與更普遍化的條件，似乎將人類社會帶向一個備受各種演算法影響並引導的方向，也因此就引發了更多新的基本權議題。另一方面，即使是過去已然存在的基本權利，也受到這些新興社會條件與技術條件的影響，進而產生更多有待解決的問題，例如社群網站的產生，尤其是像在臉書或是YouTube這種普及率極高的網路平台（社群媒體）上，言論自由的保障或言論管制的問題，就呈現出新的樣貌。必須一提的是，上述基本權利各個階段發展的描述，只是極為簡略而且化約的敘述，所提供的是一個近兩百多年來跨世代的發展輪廓，實際上的情況遠遠複雜得多。事實上，如果要瞭解當代基本權利的樣貌，除了內國憲法層面之外，還必須將近半世紀以來各種國際人權公約或區域人權公約一併考慮進來。

　　除了基於各國憲法的制定與修改，或各個國際人權公約或區域人權公約的簽訂批准等，所促成的基本權利發展之外，同樣重要的是，在沒有變更憲法文本或公約文本的情況下，內國憲法法院或是最高法院對於憲法所保障基本權利的解釋適用，以及聯合國人權委員會或區域人權法院對於國際人權公約或區域人權公約的解釋適用，對於基本權利發展所帶來的重大影響。換言之，基本權利的發展與變遷，在兩個層面上進行，一個是「正式的」，亦即經由憲法文本的制定與修改或國際人權公約暨區域人權公約的簽訂與批准所帶來的發展；另一個是「非正式的」，未經過文本的創設或變動，而是透過法院或其他公權力機關對於基本權利的解釋適用，所產生的基本權利變遷與創新，亦可稱為「與時俱進的基本權解釋」。這類「與時俱進」的基本

權解釋，不但可能賦予既存憲法文本中個別基本權利內涵的變遷或更新，亦有可能在憲法文本之外，創設出新的基本權利。可能是透過未列舉基本權利的條款來進行，也有可能藉由個別列舉之基本權利條款來進行，前者例如從我國憲法第22條之規定，建構出「婚姻權」、「隱私權」、「資訊隱私權」；後者例如從憲法第11條言論自由的規定，建構出「新聞自由」、「廣播電視自由」，從同條講學自由的規定，建構出學術自由的制度性保障「大學自治」。

　　就內國法院對於基本權利的解釋適用而言，對我國而言，德國聯邦憲法法院與美國聯邦最高法院的判決，在比較憲法的層面或是法繼受的面向上具有相當的參考價值。這種參考價值不但立基於其針對該國實際發生的基本權議題，在基本權的解釋適用上具有相當精彩的論述，還跟我國司法院大法官的釋憲實務緊密關聯，直白而言，我國司法院大法官的憲法解釋，過去的數十年間，在許多涉及基本權解釋的議題上，直接或間接的參考甚至繼受（移植）了這兩個國家的憲法實務見解與憲法學理，並將其逐漸本土化為本國憲法秩序的內涵。

　　上述對於來自德國與美國憲法實務與憲法學理的參考並繼受，是一個事實的描述，透過司法院大法官對於憲法的有權解釋，以及其所具有的對於全國機關及人民的拘束力，原本屬於外國憲法的實務見解或學理，就成為我國憲法秩序的一部分，就不再僅僅是比較憲法上，仍屬於外國憲法秩序的內涵，這在基本權利的解釋適用上亦無不同。當然，在學理上，我們還是可以對此加以分析、檢討並批評，尤其是針對司法院解釋在繼受該等憲法實務或學理見解時，解釋的方法是否正確或論證上是否充分等問題，在個別的司法院解釋上並非沒有商榷餘地，毋寧是一直伴隨著學界的分析與批判聲音。然而必須再度指出的是，即使如此，在司法院大法官對其已做出之解釋，進行補充解釋

或是變更解釋前，這些繼受而入的外國法律見解已然本土化，而成為我國憲法秩序的內涵，雖非不可質疑或是挑戰，但是提出異議的一方則必須負擔論證責任。舉例而言，透過司法院解釋的繼受，原本創始自德國聯邦憲法法院判決的「憲法價值秩序」（理論）、「基本權客觀面向」或「基本權客觀法功能」，包含「基本權間接第三人效力」（基本權放射效力）、「基本權作為組織與程序的保障」、「基本權保護義務」暨「基本權作為制度性保障」等，有關基本權保障範圍與保障內容的多面向發展，亦成為我國憲法秩序的一環。就個別基本權利而言，例如司法院眾多與言論自由相關的解釋，不但引進了美國聯邦最高法院進行違憲審查時的「雙軌理論」與「雙階理論」，還引進了例如「立即而明顯的危險原則」、「真實惡意原則」。有關於職業自由的保障，則繼受了德國聯邦憲法法院在藥房案判決所創設的三階段審查理論（客觀許可條件、主觀許可條件與職業自由之行使）。晚近有關禁止同性婚姻之法律的違憲審查，司法院釋字第748號解釋，更在論理上參酌美國聯邦最高法院在2015年所做的Obergefell v. Hodges案判決。平等權與平等原則的解釋適用，則不但受到德國聯邦憲法法院新舊公式（恣意禁止、合理差別待遇）的影響，其後更引進美國聯邦最高法院的「三重審查標準」架構，凡此種種對於德美兩國憲法實務暨理論見解的繼受，著實不勝枚舉。

參、基本權解釋與基本權釋義學

　　從個別列舉基本權利與由未列舉基本權利條款所建構出的基本權利，通常在表達形式上並無明顯的差異，皆十分簡潔而抽象，前者例

如我國憲法第11條「人民有言論、講學、著作及出版之自由」、第14條「人民有集會及結社之自由」、第15條「人民之生存權、工作權及財產權，應予保障」；後者例如司法院解釋從憲法第22條「凡人民之其他自由及權利，不妨害社會秩序公共利益者，均受憲法之保障」之規定，所建構出的「結婚自由（權）」、「隱私權」、「資訊隱私權」、「性自主權」、「原住民認同並遵循傳統文化生活之權利」。一般的看法認爲，基本權解釋的困難性即是來自於上述基本權利規定的語言特質，亦即用以描述基本權利的概念率皆十分抽象，類似「不確定法律概念」或「概括條款」，因此不易藉由一般的法解釋方法來解決其解釋適用的問題。這樣的看法固非無據，但是卻過度強調基本權解釋問題起源的特定面向。

　　一般的見解似乎認爲，基本權解釋以憲法文本（基本權利規定）或透過先前司法解釋建構的基本權利規定文本，爲解釋的大前提或是出發點，而基本權解釋就是透過各種「基本權解釋方法」，探討並確定系爭基本權利的內涵或意義，作爲解釋適用的大前提，並在違憲審查的程序中作爲審查基本權限制（法律、命令等公權力行爲）的依據。這樣的想法未能區分法律論理（legal reasoning）的兩個不同面向或脈絡：法發現的脈絡（context of discovery）與法正當化的脈絡（context of justification），而將基本權解釋適用的過程簡化並理想化爲「涵攝模型」（subsumtion），無視於現實上基本權解釋是一個「詮釋學循環」（hermeneutical circle）的過程，如同一般的法律解釋適用過程，基本權的解釋適用實際上發生在德國刑法學者Karl Engisch所說的，「往返於案件事實與法規範的目光流轉」，如果在違憲審查程序中，則係「往返於被審查的法規範暨其適用與基本權規範之間的目光流轉」。至於「涵攝模型」（演繹推

論）則屬於法正當的脈絡中，法論證的內部正當化（一階正當化）（internal justification; first order justification）。涵攝或法論證的內部正當化，固然是所有的法院判決與司法院解釋（憲法裁判）所必須具有的表述形式，也可以用來檢驗在涵攝過程中，前提與結論之間是否具有有效推論的邏輯關聯，但是卻以演繹推論的大前提與小前提（或所有的推論前提）都已確定爲其必要條件。然而基本權解釋適用的難題主要並不在這個面向上，而是在於涵攝前提的確定，亦即系爭基本權與其意義的確定，以及被審查是否合憲的基本權限制（法律或命令等）與其意義的確定。這部分在法正當化的脈絡中屬於法論證的外部正當化（二階正當化）（external justification; second order justification），如果回到法發現的脈絡，則是屬於系爭基本權的解釋或建構，與其在「詮釋學循環」的過程中，藉由案件事實的參照所爲的具體化。無論是在進行外部正當化時，對於作爲大前提的基本權規定予以論證性的說理證成，或是在「詮釋學循環」過程中，基本權規範的具體化，都可能使用傳統法學方法所提供的工具，亦即各個法解釋規則或標準（法論證形式），諸如最常被引用的「文義論證」、「體系論證」、「歷史論證」、「發生史論證」、「目的論論證」（包含主觀目的論或客觀目的論），甚至是具有疑義的「比較法論證」。但是必須瞭解的是，這些所謂的解釋規則或論證形式，並不是眞正意義的方法，而只是協助解釋的工具或進行論證的形式。因爲，這些論證形式的使用不但可能導致相互矛盾的結論，而且不同論證形式的適用，也可能導致相互矛盾的結論。即使如此，想要初步確定基本權的意義時，或是想要進一步證成基本權的特定解釋時，這些解釋工具或是論證形式都是有用的。然而更重要的並非「使用」，而是「如何使用」這些工具以提出具體論證來證成所欲支持的見解。此

外，千萬不要誤解這些論理工具在作用上的侷限性，誤以爲透過它們可以眞正拘束解釋者對於基本權的解釋，或是以爲它們就是達成「正確」基本權解釋的「方法」，以爲只要透過這些論證形式的使用就可以保證基本權解釋的正確性。

實則，就基本權解釋而言，容易發生的問題，並不主要來自基本權規定所使用概念本身所具有的抽象性與不確定性，套用英國法哲學家H. L. A. Hart在其名著《法律的概念》所提出的見解，法律文本皆具有所謂的「開放性結構」（open texture），在解釋適用上，就會遭遇可以相當確定的核心事例與難以確定的邊緣事例，因此無論法規範使用何種表述方式來書寫，皆無法擺脫某種程度的不確定性。就傳統被界定爲「自由權」的基本權利而言，其所指涉的對象，亦即各種自由（例如言論自由、遷徙自由、信仰自由、集會自由等），可以透過「基本權保護領域」（Schutzbereich der Grundrechte）的探索，而達到一定程度的確定性，所使用的概念再怎麼抽象，都還是具有特定的指向性，因此某種程度而言在界定其內涵時，並不會有多大的困難。事實上，這也是基本權釋義學（Grundrechtsdogmatik）的主要工作重點，亦即基於過去的憲法實務與既存的憲法學理，對於各該「基本權保護領域」的內涵做具體而明確的描述。這一重要任務如果做得相對完整，則對於解決基本權解釋的爭議，可以提供一個重要基礎與出發點，但是仍不足以解決基本權解釋所遭遇的不確定性，因爲基本權解釋並非自爲目的，必須考慮其所處的制度性脈絡，而非過早的預設司法釋憲者的立場，即使司法釋憲者對於基本權解釋在個案中具有最終的權威性與拘束性，這個解釋者的角度畢竟只是諸多可能解釋者其中的一個，除了各個國家機關之外，基本權主體的角度亦是基本權解釋的一個重要的視角，即使基本權爭議最終將進入司法釋憲

程序（憲法訴訟程序），然而各個基本權主體對於其基本權利的認識與自我詮釋，仍具有不可忽視的重要性，因爲假使沒有基本權主體對於其自身基本權利的主張與奮鬥，則難以想像基本權解釋的爭議會進入國家權力運作的環節，甚至最後會走向司法而成爲憲法法庭訴訟程序中的主張。當然，如果回到違憲審查的角度，除了一開始對於「基本權保護領域」的界定，並將其在個案中具體化爲違憲審查的依據之外，基本權解釋還必須面臨限制基本權之國家行爲（可能是法律、命令、行政處分或裁判）是否合憲的論理問題。

　　在繼續討論下去之前，有必要再次審視「基本權保護領域」的議題，舉例而言，「言論」作爲言論自由權的保護領域、「新聞（言論）」作爲新聞自由權的保護領域、「廣播電視（言論）」作爲廣電自由的保護領域、「藝術」作爲藝術自由權的保護領域、「學術」作爲學術自由的領域、「生命」作爲生命權的保護領域、「隱私」作爲隱私權的保護領域，這些基本權利的保護領域或基本權利所保護的對象，都是屬於人類社會的行爲、組織、制度，都與各該時代人類社會對於該等事物的見解與價值息息相關，也常常與其所處社會的各種社會條件，例如政治條件、經濟條件、科技條件暨自然環境條件息息相關。在這些條件下，透過個別基本權利所使用概念所指涉的基本權保護領域（基本權保護對象），都會在歷史進程中發生實質的變遷，以及伴隨其實質變遷而來的意義變遷。於此尤其值得注意的是，上述的意義變遷並非自然發生的現象，而必須透過作爲基本權主體之人類的實踐方得落實，因此基本權保護領域的變遷，除了源於各種社會條件的變遷之外，同時也有賴於基本權主體的實踐，基本權主體對於基本權所保障自由的行使，對於該等自由受到來自國家與社會之威脅或迫害時的防禦與爭取，從這個角度而言，基本權的發展與基本權保護領

域的變遷，都與基本權主體的實踐緊密相關，基本權的歷史發展就與基本權主體對於基本權的解釋適用，有著交互影響並共同進展的關聯。

　　以出版自由權（freedom of the press）為例，倘若以百年為尺度來觀察，即可發現1791年美國憲法增修條文第1條批准通過時，其原文為「Congress shall make no law...abridging...the freedom of the press.」，the freedom of the press字面上的意義是出版自由，雖然也可以包含印製並發行新聞出版物的自由，然而因為社會條件的巨大變遷與技術條件的急速發展，到了20世紀，談到新聞自由的保障時，所涉及的權利即非單純的出版新聞的自由，而可能涉及到自由的新聞制度，與新聞之發行相關的其他權利，例如成立新聞機構的自由、採訪自由、編輯自由、出版並發行新聞的自由，甚至新聞記者的拒絕證言權，以及相對於新聞自由主體的近接使用媒體權。當進行廣播或電視的技術開始成熟之後，「新聞」從平面媒體擴展到電子媒體，就出現廣播新聞自由或電視新聞自由，並遭遇到新的問題，例如頻譜的分配問題，如何保障言論多元性的問題等。隨著衛星與光纖技術的成熟，衛星電視新聞自由或有線電視新聞自由亦登上歷史舞台，並再度遭遇到新的問題。當網際網路在1990年代興起後，除了開始出現網路新聞之外，連新聞自由的主體亦發生變遷，從平面新聞業（報紙）、無線電視新聞業、衛星電視新聞業與有線電視新聞業，進展到以網路為媒介與平台的各種新興的新聞業，網際網路不但可以作為過去各種新聞業的媒介，甚至開始有網路新聞業，此外，更因為網路的特性而產生以個人為主的新聞頻道（自媒體），新聞自由的意義於是再度發生變遷。歸結而言，這類對於基本權理解與解釋十分關鍵的意義變遷，就形塑著每個世代對於基本權保護領域的理解與界定。

　　個別基本權保護領域的確定固然是基本權解釋的重要課題，然而如同在前面段落已經說明的，這部分的工作並不是全部，因為每個基本權利都可能在特定事況下與其他基本權利處於緊張關係，甚至發生衝突（基本權衝突），也可能在特定事況下與「公共利益」發生衝突，為了解決這些潛在的或已經發生的衝突，所以才需要國會制定法律。換言之，當立法者基於種種考量與政策辯論，最終制定了特定的法律時，就是對於基本權衝突，或是基本權與公共利益的衝突，進行的「第一次」解決。為了解決這些衝突而立法的同時，立法者已經進行了基本權解釋，並已經在相互衝突的基本權保護法益之間，或是在基本權保護法益與公共利益之間，進行了「第一次」的價值衡量。至於，在特定法律的適用之下，如果涉及基本權限制，一般的權利救濟的途徑已經用盡時，在我國或是德國的憲政秩序下，就可以依法向司法院大法官（在德國是聯邦憲法法院）聲請憲法解釋（提起憲法訴訟），此時司法院大法官（憲法法庭）就有權力做「第二次」終局的的基本權解釋與基本權價值衡量，在個案中進一步的具體化基本權利的內涵。透過憲法法庭有權解釋所為的基本權具體化，也會成為往後基本權理解的一部分，在未來的案件中，再度作為解決基本權解釋爭議的起點。這個進程有點類似Ronald Dworkin在其名著《法律帝國》所採取的描述方式：前詮釋的法律、詮釋性的法律與後詮釋的法律，依此，我們可以將基本權的理解與解釋描繪為：前詮釋的基本權、詮釋性的基本權與後詮釋的基本權。

　　基本權利這樣的動態發展進程之所以可能，並不仰賴著執政者的善意，亦不依恃於違憲審查機關作為憲法守護者的善意，毋寧是作為基本權利擁有者的基本權主體，在面對來自國家機關與來自其他基本權主體的威脅時，願意以憲法為依據為自己的權利提出主張；願意透

過個別的與集體的行動，溝通與辯論來形成公共意志；透過社會運動
與利益團體來影響政治系統，以影響國會的立法，最終則經由司法途
徑提起憲法訴訟，來保障自身作爲個體與少數的權利，雖然訴訟結果
不一定符合其原先的期待，但是在此複雜的社會互動過程中，基本權
的內涵即有可能發生與時俱進的發展，此觀諸憲法的司法實務即可驗
證，無論是歷史最悠久的美國聯邦最高法院的判決，或是德國聯邦憲
法法院的判決，抑或是我國司法院大法官解釋，亦無論這樣與時俱進
的基本權解釋，是明示或默示的發生在判決或解釋之中。基本權利的
變遷與發展，就是經由這樣的途徑而進行，肇始於基本權主體，最終
經由釋憲機關的有權解釋，而回歸於基本權主體。

肆、比例原則與審查標準

　　回到違憲審查的制度脈絡，以我國憲法爲例，基本權限制必須符
合憲法第23條之規定，方能通過違憲審查，該條所定的條件可歸納
爲三：目的正當性原則、法律保留原則與比例原則。因此一個限制人
民自由的公權力行爲是否合憲，除了必須探討究竟涉及到哪一個具體
的基本權利，並透過其保護領域來初步確定系爭人民的行爲確實是屬
於該基本權利之外，同樣重要的是，該公權力行爲必須符合前揭所述
的三個條件，其中對於基本權解釋尤爲重要的是比例原則，因爲在比
例原則的審查階段，尤其是在運用必要性原則（限制必要性）與狹義
比例原則（限制妥當性）時，都會涉及系爭基本權所受侵害之態樣與
程度，以及其與該公權力行爲所追求之目的之間是否具有相當性的判
斷。換言之，基本權解釋在此遭遇到的問題，是在具體的案件上，以

具有「原則」（principle）性質的規範，與另一個原則規範，亦即支持該公權力行為的正當目的或公共利益，進行價值衡量。

　　既然在適用比例原則時，一定會涉及價值權衡，在同意「價值模型」與「原則模型」具有可相互轉換性的情況下，即可援用創始自Ronald Dworkin，並由Robert Alexy加以創造性轉化並精緻化的原則理論，區分規則規範（rule）與原則規範的邏輯性質，並對於規則衝突與原則衝突（或稱原則碰撞）採取不同的解決方式。將基本權利視為原則規範，並依此處理個別案件中所涉及的原則碰撞，無論是屬於「基本權衝突」的案型，還是屬於「基本權與公共利益衝突」的案型，都可以透過原則衝突的架構來予以分析與處理。透過原則衝突的理論架構，就可以比較細緻而且比較有彈性的審視上述兩種衝突的類型，在衝突的雙方之間建立「有條件的優先關係」，除了可以讓各項因素的考量（案件事實因素與法益價值因素）更加明確之外，更可以讓結論的成形有一個明確的推論形式與表述架構。當然，原則衝突的理論架構並沒辦法取代實質的價值衡量，對於違憲審查機關而言，在具體案件中做出合理的實質價值衡量，既是其權力，亦是其責任。原則衝突的理論架構能夠提供的協助，是使其在進行法律論理以證成結論時，有一個清楚明確的論證架構，並在其做出決定（解釋或裁判）後，提供一個可以檢視對其論理合理性的分析架構。

　　如上所述，基於我國憲法第23條的規定，司法院大法官的憲法解釋涉及基本權限制的違憲審查時，必然會適用目的正當性、必要性與法律保留等三原則。其中的「必要性」，大法官在司法院釋字第414號解釋的解釋理由書中，首度正式繼受德國憲法學理，將其詮釋為「比例原則」，並在司法院釋字第476號解釋中，以「目的正當性、手段必要性、限制妥當性」來界定比例原則的內涵，到了司法

院釋字第542號解釋的解釋理由書，則將看似遺漏的「手段適合性」加入比例原則的內涵中。如果將「必要性」詮釋為類似德國憲法學理的比例原則，屬於比例原則在我國繼受與發展的第一階段，那麼在2003年之後，司法院解釋在適用憲法第23條的比例原則時，則可觀察到出現越來越多類似美國憲法實務的審查標準理論，有時候則以審查標準的說理來詮釋或取代原先所繼受的德國式比例原則，此可以說是比例原則在我國釋憲實務的第二階段發展。近十餘年來，則似乎進入了第三階段，亦即在維持比例原則四個子原則的審查架構下，結合不同的審查標準，主要是寬鬆（合理）審查與較嚴格（中度）審查標準。第三階段的發展可以說是先後繼受德國式比例原則與美國式審查標準的後續發展，乃是我國司法院大法官所獨有的混合式比例原則，既不同於結合審查密度理論的德國式比例原則，亦不同於無須結合德國式比例原則的美國三重審查標準理論。其實，美國式的審查標準理論可以說就是另類的比例原則，或可稱為「美國式的比例原則」，因為根據該理論，所欲審查的對象並不侷限於手段與目的之間的不同關聯程度，而且也將其適用於目的（政府利益／公共利益）正當性的審查，由於審查的嚴格度原本即是審查密度理論的重心所在，因此就沒有必要像德國在適用比例原則之後，還要特別針對立法事實的審查發展出三重審查密度理論。至於司法院大法官在2022年開始適用憲法訴訟法之後，是否會有更進一步的新發展，仍有待觀察。

　　無論如何，比例原則與審查密度理論的引進，讓違憲審查中的基本權解釋，多了一個制度上必須面對而且有助於理性思考的架構，這同樣影響到個案中基本權保障範圍的最終確定。然而有必要省思的是，在引進審查密度理論之後，使用比例原則來審查基本權限制的合憲性時，看似更具有可預測性或是可操作性，然而必須認真對待的

是，審查標準的選擇本身亦須要有充分的說理，否則具有最終釋憲權並擔負正確解釋憲法責任的大法官，即有可能在必須對其價值衡量爲仔細審酌與明確說理時，遁逃入審查標準選擇的任意性，反而造成論證的逃避。

Part 1 基本權利與憲法秩序

CHAPTER

1

違憲審查中之基本權客觀功能

壹、前言

現代憲政主義憲法通常包含兩個環節，除了規範中央政府機關的組織與權限的國家組織法環節之外，還有以保障人民基本權利為內容的基本權規定環節。這兩個環節各有其組織原理與解釋原則，其具體的開展更與現代憲政主義憲法的第三個環節，所謂的司法審查或違憲審查機制，息息相關。換言之，違憲審查機制的組織與程序，深深的影響憲法解釋標的或違憲審查標準的具體形構。

憲法的解釋與憲法的具體化，當然不僅受到上述因素的影響，例如，憲法文本作為解釋對象，會反過來影響解釋的做成，雖然從憲法解釋的經驗看來，文義作為解釋的界限並不具有太大的意義，這或許不只基於憲法文本的語言特性，還同時源自系爭憲法問題的爭議性。在比較法或是繼受法的脈絡中，憲法的解釋容易受到來自他國憲法實務或憲法學的影響，乃是不容易爭執的事實，許多不曾出現於憲法文本的概念、原則或原理，在司法實務與學界解釋憲法的過程中被引進，而逐漸成為本國憲法的內涵，所謂的「正當法律程序」、「比例原則」、基本權利的「價值體系」或「價值秩序」等專有名詞即是明證。然而，（憲）法釋義學的繼受卻不是無條件的，欠缺可以相提並論的文本條件、（法）文化條件與司法釋憲制度條件，例如違憲審查制度與違憲審查程序，（憲）法釋義學的繼受就會面臨更多的阻礙與挑戰。基本權客觀面向（objektive Dimension der Grundrechte）在台灣的繼受，就是一個值得研究的客題。

基本權客觀面向在德國的發展，伴隨著憲法學界的嚴厲批評，不但引起了憲法解釋論戰，引發了基本權理論的討論，更引起回歸基本

權釋義學的論辯；此外，基本權客觀面向的各個功能（亦可稱爲「基本權客觀法內涵」或「客觀基本權內涵」[1]）本身亦即基本權的（間接）第三人效力暨放射力、基本權的組織與程序保障功能以及基本權保護義務，在其發展過程當中，都伴隨著憲法學界的批判檢討聲浪。然而，大體來說，基本權客觀面向到了1990年代已經獲得多數學者的接受，不但成爲憲法教科書的必要內容，比較新的大型的憲法註釋書也開始將其納入，作爲基本權釋義學的必要成分。

　　基本權客觀面向的導出在德國憲法學界會引起嚴重的關切，主要涉及一個獨特的憲法學原理──對於憲法權力分立架構的理解，因爲在制定基本法之前，德國並不具有眞正憲法法院審判權或司法違憲審查的歷史經驗。一個在憲法秩序中首度出現，又配置有諾大權限的聯邦憲法法院，對於傳統的權力分立架構，原本即會產生衝擊，更何況藉由審查基準的擴張，對於其他的憲法機關就造成大小不等的威脅。而所謂的審查基準的擴張，主要就表現在基本權的客觀化發展上，亦即藉由基本權客觀功能的一一出現，聯邦憲法法院的權限實際上就獲得了擴張，這種結果考量式的觀察方式，導致了幾十年來對於基本權客觀面向的質疑聲浪，憲法學者擔心的是，他們心目中的「議會法治國」逐漸走向「憲法法院司法國」。

　　相對於此，基本權客觀面向在台灣的發展，就顯得比較風平浪靜。伴隨著各個基本權客觀功能在大法官解釋中直接或間接的逐一出現，並沒有引起憲法學界多少批評的聲浪，十幾年來，雖然有爲數不少的學術論文針對各個基本權客觀功能或是整個基本權客觀面向，進

---

[1]　台灣學者有時會使用「基本權客觀功能」來指涉同樣的對象，例如蕭文生，自程序與組織觀點論基本權利之保障，2000年12月，11頁。李建良，基本權利的理念變遷與功能體系，收錄於：憲法理論與實踐，2004年7月，53頁。

行比較法的研究，但是焦點多集中於深入引介德國法的現狀，或是整理分析相關的大法官解釋。比較少見的是，類似德國憲法學針對基本權客觀面向的導出所為的質疑與檢討，相對於德國學界的反省聲浪，台灣憲法學者似乎比較不擔心大法官藉由基本權的客觀化進行「擴權」，甚少有學者提出類似由立法國走向司法國的擔憂。在近年來出版的憲法教科書中，可以觀察到的是，越來越多將基本權客觀面向納入為必要內容之一，至少在基本權的分類上，大都會引介各個基本權客觀功能，即使在體系上尚未做清楚的界定，例如基本權第三人效力，應該歸類為基本權客觀面向／基本權客觀功能，或是僅是涉及基本權效力問題？往往欠缺一個體系性的處理。

　　總體而言，無論在台灣還是在德國，基本權客觀面向都在憲法解釋實務中獲得承認，也都逐漸在憲法學界的基本權總論中占有一席之地。雖然，基本權是否具有這些客觀功能？以及這些基本權客觀功能的內涵與意義為何？皆係基本權釋義學、基本權理論與基本權解釋（方法）的問題。然而，由於各個基本權客觀功能，主要都是由職司憲法解釋與違憲審查的憲法機關（司法院大法官或德國的聯邦憲法法院）在基本權解釋中所導出，基本權內涵的豐富化意味著審查基準的擴張，同時意味著違憲審查權範圍的擴張，因此討論基本權客觀面向的眾多問題時，違憲審查正當性與權力分立原則的憲法問題，就常常成為無法忽視的討論背景與討論脈絡。

貳、基本權的傳統分類與其問

　　雖然大法官在憲法解釋中繼受基本權客觀功能，至少已經經歷了

二十幾年了，各個基本權功能在台灣憲法教科書中亦占有一席之地，換言之，台灣憲法實務與憲法學界已經意識到並繼受德國憲法學的基本權的「雙重性質」或「多功能性」（Multifunktionalität），但是在台灣憲法學中，尤其是基本權各論有關於各個基本權的分類，仍然大多採取傳統而絕對化的分類[2]。

　　所謂的傳統分類，一般而言可以上溯到德國公法學者Georg Jellinek的身分理論（Statustheorie），Jellinek將人民與國家的關係區分成四種類型，亦即消極身分（status negativus）、積極身分（status positivus）、主動身分（status activus）與被動身分（status passivus）[3]。相應於上述Jellinek身分理論的前三個人民身分，在過去憲法學者常常將人民的基本權利區分為自由權、受益權（社會權；給付請求權）、參政權（政治參與權），至於被動身分則相應於人民的義務。姑不論這種相應觀點是否符合Jellinek身分理論的原意[4]，至少基於這種誤解，過去的憲法學大體上採取類似分類，將憲法所保障的基本權區分為自由權、平等權、受益權、參政權，依照通常的看法，中華民國憲法第7條是平等權的規定，第8條到第14條是自由權（人身自由權、不受軍事審判的自由權、居住遷徙自由權、表現意見自由權、秘密通訊自由權、信仰宗教自由權、集會

---

[2]　目前在憲法教科書上唯一觀察到的例外為：許育典，憲法，2006年10月，171頁以下。

[3]　Georg Jellinek, System der subjektiven Rechte, 2. Aufl., 1905, S. 86 f.有關於Jellinek身分理論的詳細說明，中文文獻參閱李建良，同註1，9頁以下。

[4]　這種對應的嘗試很普遍，但是並不是沒有問題，例如學說上常常將消極身分相應於防禦權，然而根據Jellinek的看法，請求國家不要阻礙自由的權利卻屬於積極身分，參閱Robert Alexy, Theorie der Grundrechte, 1986, S. 234.此外，消極身分只是免於行政機關干涉的自由，卻仍受到立法機關的決定，因此很難主張消極身分相應於自由權或是防禦權。又如積極身分雖是對國家請求特定的作為，其內容卻主要是要求有權利救濟程序，因此亦難以與受益權或社會權相提並論。

結社自由權）的規定，第15條是自由權（生存權、職業自由權、財產權）或是兼具受益權（生存權、工作權）的規定，第16條與第18條是受益權（請願權、訴願權、訴訟權、應考試權、服公職權）的規定，第17條是參政權（選舉權、罷免權、創制權、複決權）的規定。另外有學者提出五分法，將憲法第16條歸類為程序基本權（權利救濟基本權），因此完整的基本權目錄就包含自由權、平等權、受益權、參政權與程序基本權等五大類[5]。

　　傳統基本權分類的問題，主要在於將各個基本權類型的內容予以絕對化。最主要的例子即在於，直接或間接將自由權與防禦權（Abwehrrecht）等同起來，似乎認為自由權只具有防禦權的內涵，並依此來界定憲法第8條、第15條所保障的基本權。乍看之下，這種界定方式似無問題，因為這些憲法條文的文本通常這麼規定：「人民有……之自由。」而且傳統上也是如此理解。問題是，即使採取傳統的分類概念，將其統稱為自由權，是否自由權的內涵只有防禦權而已？還是，防禦權只是自由權的主要內涵，但是自由權並不窮盡於防禦權？自由權除了具有防禦權內涵（防禦權功能）之外，還具有其他的基本權功能？

　　只要觀察一下大法官解釋，應該會發現在作用上自由權不只包含其防禦權內涵。茲舉二例闡明之，例如在釋字第364號中，大法官就認為：「以廣播及電視方式表達意見，屬於憲法第十一條所保障言論自由之範圍。為保障此項自由，國家應對電波頻率之使用為公平合理之分配，對於人民平等『接近使用傳播媒體』之權利，亦應在兼顧傳播媒體編輯自由原則下，予以尊重，並均應以法律定之。」顯然在此

---

[5]　吳庚，憲法的解釋與適用，三版，2004年6月，107頁以下。

號中，言論自由權不僅保障其防禦權的內涵，反而構成一個積極要求國家制定法律的請求權。又如在釋字第380號中，大法官認爲：「憲法第十一條關於講學自由之規定，以保障學術自由爲目的，學術自由之保障，應自大學組織及其他建制方面，加以確保，亦即爲制度性之保障。爲保障大學之學術自由，應承認大學自治之制度，對於研究、教學及學習等活動，擔保其不受不當之干涉，使大學享有組織經營之自治權能，個人享有學術自由。」在此號解釋中，講學自由權所保障的，遠多於其防禦權內涵，爲了保障學術自由，大法官認爲要從大學組織與其他建制方面著手，從而發掘出學術自由的制度性保障內涵。

其實，這個有關基本權內涵的質疑不只適用於自由權，還可以針對其他的基本權，例如平等權、參政權或程序基本權[6]。要更清楚的回答這個問題，首先則要釐清基本權客觀面向與基本權客觀功能的意義。

參、基本權客觀面向與基本權客觀功能

基本權具有雙重性質（der Doppelcharakter der Grundrechte），不但爲德國聯邦憲法法院在許多判決中所強調[7]，也是德國憲法學界目前的通說[8]。基本權具有主觀與客觀法

---

[6] 透過理論與實務的分析，可以發現各個被絕對化的基本權種類，各有其主要功能與一個或一個以上的次要功能，參閱H. D. Jarass, Funktionen und Dimensionen der Grundrechte, in: Merten/Papier (Hrsg.), Handbuch der Grundrechte in Deutschland und Europa. Bd. II Grundrechte in Deutschland: Allgemeine Lehren I, 2006, S. 632 ff.

[7] 參閱H. D. Jarass, Funktionen und Dimensionen der Grundrechte, S. 627.

[8] 亦可稱爲基本權的雙重功能（Doppelfunktion）、雙重形構（Doppelgestalt）或雙重角色（Doppelrolle），參閱Horst Dreier, Dimensionen der Grundrechte. Von der Wertordnungsjudikatur

面向[9]，例如德國戰後重要的憲法學家Konrad Hesse就主張，基本權結合了多重的意義層面，基本權既是主觀權利又是政治共同體客觀秩序的基本元素[10]，後者作爲客觀原則，乃是延伸基本權效力的出發點，並將實現基本權的義務加諸國家[11]。基本權客觀面向有不同的名稱，有時稱爲基本權客觀法面向、基本權客觀法功能（objektiv-rechtliche Grundrechtsfunktion）[12]、基本權客觀法原則（objektivrechtliche Prinzipien）、基本權客觀法內涵（objektiv-rechtliche Grundrechtsgehalte）[13]或客觀基本權內涵（objektive Grundrechtsgehalte）[14]。

zu den objektiv-rechtlichen Grundrechtsgehalten, 1993, S. 41.關於二次大戰之後德國基本權理論與基本權功能的發展，中文文獻參閱張嘉尹，基本權理論、基本權功能與基本權客觀面向，收錄於：翁岳生教授七秩誕辰祝壽論文集──當代公法新論（上），2002年7月，35頁以下。

[9] 例如在1996年新出版的一本基本法注釋書裡，基本權客觀面向已經與防禦權面向並列，成爲該注釋書討論個別基本權利的固定章節，參閱Horst Dreier (Hrsg.), Grundgesetz Kommentar Bd. 1, 1996.

[10] Konrad Hesse, Grundzüge des Verfassungsrechts der Bundesrepublik Deutschland, 20. A., 1995, S. 127.; ders., Bedeutung der Grundrechte, in: Ernst Benda/Werner Maihofer/IIans-Jochen Vogel (Hrsg.), Handbuch des Verfassungsrechts, 2. A., 1994, S. 134; ders., Art. Grundrechte, in: Staatslexikon der Görres-Gesellschaft, Sonderausgabe, 7. A., S. Bd. 2, 1995, Sp. 1113.

[11] Konrad Hesse, Grundzüge des Verfassungsrechts der Bundesrepublik Deutschland, S. 155 f.; ders., Die verfassungsgerichtliche Kontrolle der Wahrnehmung grundrechtlicher Schutzpflichten des Gesetzgebers, in: Herta Däublcr-Gmelin u. a. (Hrsg.), Gegenrede. Aufklarung-Kritik-Öffentlichkeit. Festschrift ftir Ernst Gottfried Mahrenholz, 1994, S. 544.

[12] 例如Christian Starck著，許宗力譯，基本權利的解釋與影響作用，收錄於：法學、憲法法院審判權與基本權利，2006年7月，320頁。

[13] 例如Horst Dreier, Dimensionen der Grundrechte, S. 21.

[14] 例如Michael Sachs (Hrsg.), Grundgesetz Kommentar, 2. Aufl., 1999, Vor Art. Rn. 29, S. 87; H. D. Jarass, Funktionen und Dimensionen der Grundrechte, S. 38; ders., Die Grundrechte: Abwehrrechte und objektive Grundsatznormen. Objektive Grundrechtsgehalte, insbes. Schutzpflichten und privatrechtsgestaltende Wirkung, in: Peter Badura/Horst Dreier (Hrsg.), Festschrift 50 Jahre Bundesverfassungsgericht. Zweiter Band, 2001, S. 35.Jarass反對採用「客觀法」（objektiv-rechtlich）的形容詞，他認爲當今客觀基本權內涵幾乎都具有可起訴性意義上的主觀法性質，因此應避免將此等基本權功能稱爲「客觀法」功能，參閱H. D. Jarass, Funktionen und Dimensionen der Grundrechte, S. 629.

　　進行基本權功能分類時，比較常見的做法是以其主觀面向與客觀面向的區別作爲第一層次的分類標準，然後再將各個基本權功能歸類其下，一般而言，會將防禦權與給付請求權歸類爲基本權主觀面向，將基本權（間接）第三人效力與放射效力、基本權作爲組織與程序保障（Grundrechtsverwirklichung und-sicherung durch Organisation und Verfahren）、基本權保護義務歸類爲基本權客觀面向（objektiv-rechtliche Dimension der Grundrechte）。如此分類並非所有學者都接受，例如E.-W. Böckenförde就只列出第三人效力與放射效力、保護義務與行動委託兩個基本權功能[15]。

　　基本權（間接）第三人效力意謂，基於基本權客觀價值秩序，基本權雖然沒有水平的、直接的在人民與人民的私法交往當中起作用，原則上人民亦無法對其他人民直接主張基本權，但是基本權卻是法官在解釋民法概括條款與不確定法律概念時，必須尊重的準則。法院在審判中解釋與具體化概括條款與不確定法律概念時，必須依據相關基本權的精神爲之，因此基本權可透過這些橋梁間接的在人民與人民的交往當中發生效力。如果法官在解釋與適用概括條款與不確定法律概念時，並未尊重相關的基本權的客觀價值秩序，則不但在客觀上違背憲法規定，在主觀上，法官作爲公權力的行使者也違背應遵守基本權的憲法義務，其所爲之判決有可能因此違憲[16]。將此種基本權功能稱爲「基本權放射效力」（Ausstrahlungswirkung der Grundrechte）[17]

---

[15] 參閱E.-W. Böckenförde, Grundrechte als Grundsatznormen, 168 ff.有一些歸類問題仍待探討，例如給付請求權、制度性保障、國家權限的消極規範是否應歸類爲基本權客觀功能？由於基本權作爲組織與程序保障與其他兩個基本權客觀功能具有交疊性，如何定位也是一個問題。

[16] 例如在Lüth案，普通法院在解釋德國民法第826條「公序良俗」時，未能尊重作爲基本法第5條第1項意見自由權的客觀價值秩序，其判決被聯邦憲法法院宣告違憲。

[17] 有學者譯爲「擴散作用」，參閱陳愛娥，基本權利作爲客觀法規範──以「組織與程序保障

似乎比較理想，因爲受到基本權影響的法律解釋與適用，並不侷限於民法領域，基本權客觀價値秩序對所有法律領域皆發生效力，僅當作用於民法領域時才稱爲基本權（間接）第三人效力。値得注意的是，雖然一開始聯邦憲法法院將概括條款與不確定法律槪念當作基本權（間接）第三人效力的入口，但是後來的發展卻不再侷限於此，一般民事法規的解釋適用都受到基本權客觀內涵的放射與作用[18]。

　　基本權作爲組織與程序保障意味著透過組織與程序來實現與保障基本權利，此種基本權客觀功能並非程序基本權，而是爲了保障實質基本權而導出來的程序與組織面向。基本權作爲組織與程序保障要求，解釋與適用國家程序法規與組織法規時，應尊重相關基本權客觀價値秩序，而且應本於此價値秩序課予國家制定程序與組織法規的義務。在當代的社會條件之下，人民想要實現其基本權，常須仰賴法律先行形塑實現基本權的前提，尤其是制定與實現基本權利有密切關係的組織法規與程序法規。基本權的組織與程序保障發展到此階段，已經與基本權利的保護義務在內容上有所重疊，因此有學者主張，基本權利的組織與程序保障功能，並非獨立的基本權功能，而是與其他基本權功能交疊的面向[19]。

　　基本權保護義務意謂，人民可以根據基本權向國家請求保護其基本權利所保障的法益，以免受到其他人民的侵害[20]，廣義的基本權保護義務則包含保護人民免於來自於自然災害或其他國家所造成的

　　功能爲例」，收錄於：憲法解釋之理論與實務（第二輯），2000年8月，245頁。

[18] H. D. Jarass, Funktionen und Dimensionen der Grundrechte, S. 652.

[19] H. D. Jarass, Baustein einer umfassenden Grundrechtsdogmatik, AöR 1995, S. 353.

[20] H. H. Klein, Die grundrechtliche Schutzpflicht, in: DVBl 1994, S. 490.

危害[21]。由於基本權保護義務主要處理的是「人民（基本權侵害的來源）－國家（基本權保護者）－人民（基本權受侵害者）」的三角關係，在這方面與基本權（間接）第三人效力相類似，所以有學者主張後者只是基本權保護義務的一種次類型，亦即其於民事法院對於民法的解釋適用上的運用，認為基本權（間接）第三人效力意味著法官對於法律以合乎保護義務的方式來解釋[22]。然而，由於這個類型具有很大的實務意義，因此將其獨立於基本權保護義務而自成為一個基本權客觀功能，亦有其可取之處[23]。

保護義務的履行有時涉及刑法條文或行政法上標準制定，有時則要求制定或修改民事法規。然而，這種對於國家的保護委託，卻不單導致國家的義務，同時還結合了對於基本權侵害的正當化，為了保護人民的一方，有時候必須限制另一方的基本權[24]。

由於「基本權保護義務」是針對公權力請求保護，公權力主要以作為的方式履行保護義務，尤其是立法者以制定法律的方式來落實保護義務的要求，相對於基本權的防禦權功能的「過度禁止原則」（Übermaßverbot）或「比例原則」（Grundsatz der Verhältnismäßigkeit），聯邦憲法法院發展出一個新的審查基準「不足禁止原則」（Untermaßverbot）。「不足禁止原則」意味著，立法者在慮及相衝突的基本權法益下，必須提供一個適當，亦即有效

---

[21] C. Calliess, Schutzpflichten, in: Peter Badura/Horst Dreier (Hrsg.), Festschrift 50 Jahre Bundesverfassungsgericht. Zweiter Band, 2001, S. 966.

[22] Christian Starck著，李建良譯，基本權利之保護義務，收錄於：法學、憲法法院審判權與基本權利，2006年7月，433頁。

[23] H. D. Jarass, Die Grundrechte: Abwehrrechtc und objektive Grundsatznormen, S. 40.

[24] Ebd.

的保護[25]。過去聯邦憲法法院在涉及基本權保護義務的案件中，通常進行所謂的明顯性審查（Evidenzkontrolle）[26]，採用「不足禁止原則」則意味著採用較高的審查密度，不但要求立法者做出適當有效的保護，而且這個保護措施還必須基於細心的事實調查與具有可支持性的評估[27]。

　　有關於基本權客觀功能，最後應該討論的是制度性保障（Einrichtungsgarantie）。這個概念首先由威瑪時代德國公法學者Carl Schmitt所提出，鑒於當時憲法學通說認為基本權並不拘束立法權，只拘束行政權，Carl Schmitt提出制度性保障以對抗立法者對於特定制度的任意處置，並將「制度性保障」區分成兩種類型：保障私法制度的制度性保障（Institutsgarantie）與保障公法制度的制度性保障（institutionelle Garantien）。

　　在二次世界大戰之後，隨著聯邦憲法法院的建立，制度性保障獲得了活水源頭。制度性保障有時被歸類為客觀基本權內涵，有時候則與其平行而獨立成為一項基本權功能，例如Klaus Stern雖然將制度性保障當作客觀基本權法內涵最古老的形式[28]，但是在基本權體系的編排上，他並未將制度性保障與其他三者相提並論，而是獨立成章

---

[25] 這是聯邦憲法法院在第二次墮胎案判決中提出的審查基準，參閱BVerfGE88, 203 (254)。然而，有學者主張，在「過度禁止原則」與「不足禁止原則」之間存在著一種內在關聯性，參閱Christian Starck著，李建良譯，同註22，449頁。

[26] 德國聯邦憲法法院的審查密度分為三個等級，依次為「明顯性審查」、「可支持性審查」（Vertretbarkeitskontrolle）與「內容審查」（Inhaltskontrolle）。這方面的說明，中文文獻參閱許宗力，違憲審查程序之事實調查，收錄於：法與國家權力（二），2007年1月，61頁以下。

[27] C. Calliess, Schutzpflichten, S. 967 f.

[28] Klaus Stern, Idee und Elemente eines Systems der Grundrechte, S. 75.

來探討[29]，而基本權（間接）第三人效力、基本權作為組織與程序保障、基本權保護義務暨其主觀法內涵，則是客觀基本權內涵的法律後果[30]。

　　制度性保障在目前的發展下究竟有無獨立成項的必要，應先探究其意義的轉變。在提出之初，制度性保障作為具有基本權重要性之既存制度的存續保障，屬於對於過去的保存，然而在德國聯邦憲法法院的判決中，制度性保障的作用方向越來越往未來移動，著重於要求立法者以合乎基本權的方式來形塑該制度，因而在用法上與基本權作為組織與程序保障越來越近似，將其歸類為基本權客觀功能應屬適當，問題是，如此一來該概念是否還有保存必要？如果將該概念過去的意義保存下來，同時著重對於既存制度的存續保障，以防止立法者侵害該制度的核心，則仍有保存價值，可將其與其他三者並列，成為第四種基本權客觀功能[31]。

肆、大法官解釋中對於基本權客觀功能的繼受

一、繼受基本權客觀功能的制度背景

　　前已提及，基本權客觀面向暨客觀功能，雖然是立基於基本法內含的價值秩序，但是並沒有明文規定在德國基本法（德國憲法）之

---

[29] Klaus Stern, Das Staatsrecht der Bundesrepublik Deutschland III/l, § 66, § 67, §68, § 69.

[30] Klaus Stern, Idee und Elemente eines Systems der Grundrechte, in: Handbuch des Staatsrechts der Bundesrepublik Deutschland Bd. V, 1992, § 109, S 79.

[31] 有關於制度性保障的意涵以及是否有必要繼續使用等問題的探討，中文文獻參閱程明修，憲法保障制度與基本權的制度性保障——兼論基本權客觀內涵之主觀化，收錄於：廖福特主編，憲法解釋之理論與實務（第六輯），2009年7月，329頁以下。

中，而是透過基本法所創設的聯邦憲法法院，在不同的違憲審查程序中，從相關的基本權規定所導出[32]。

基本權價值秩序濫觴於著名的路特案判決（Lüth-Urteil）。該案針對民事法院判決提起憲法訴訟，所適用的訴訟程序屬於憲法訴願──裁判憲法訴願（Urteilsverfassungsbeschwerde）。聯邦憲法法院在該案中首度肯認基本權的雙重性質，法院認為：「**基本權首先是人民對抗國家的防禦權，然而在基本法的基本權規定中同時也體現了一個客觀的價值秩序，作為憲法的基本決定，客觀價值秩序對於所有的法領域皆產生效力。……立法、行政與司法皆受其指導與推動**[33]。」基本權（間接）第三人效力就植基於這個基本權理解當中，所以當民事法院的法官為判決時，解釋並適用概括條款或不確定法律概念，卻無視於相關基本權的價值秩序的指導作用時，作為國家公權力的司法判決即因為不當的侵害基本權而違憲[34]。並不是所有導出基本權客觀功能的判決，都是立基於上述的憲法訴願程序，例如兩個著名的墮胎案判決，雖然發展出基本權保護義務與「不足禁止原則」，卻屬於抽象規範審查（abstrakte Normenkontrolle）程序的案件。

在探討大法官解釋對於德國基本權客觀功能的繼受時，有時不能忽略這個憲法訴訟程序的背景因素。雖然從大法官釋字第371號之後，台灣的違憲審查制度似乎確立為「集中審查制」[35]，亦即由大法

---

[32] 關於「價值秩序」（Wertordnung）的概念、發展緣由、論證功能等等問題的討論，中文文獻參閱張嘉尹，論「價值秩序」作為憲法學的基本概念，臺大法學論叢，30卷5期，2001年9月，1頁以下。

[33] BVerfGE 7, 198 (205).

[34] 相類似的判決還有BVerfGE 25, 256 (Blinkfüer); BVerfGE 102, 347 (Benetton I); BVerfGE 107, 275 (Benetton II).

[35] 參閱釋字第371號解釋的部分內容：「又法官依據法律獨立審判，憲法第八十條定有明文，故依法公布施行之法律，法官應以其為審判之依據，不得認定法律為違憲而逕行拒絕適用。惟

官獨占法律的違憲審查權，而與德國聯邦憲法法院似乎越來越可以相提並論。在台灣的司法院大法官審理案件法第5條設置有憲法疑義解釋、憲法爭議解釋、法令（暨法律）違憲審查、人民聲請憲法解釋與法官聲請釋憲等聲請釋憲的程序，其中法令（暨法律）違憲審查與德國的抽象規範審查類似，法官聲請釋憲則與德國的具體規範審查相類，憲法爭議解釋與德國的機關爭議相近但是範圍更廣。

　　較難比擬的是人民聲請憲法解釋[36]與德國的憲法訴願[37]。人民聲請憲法解釋雖然以人民為聲請人，而且以基本權受到不法侵害為提起的理由，但是尚難主張屬於真正的主觀（訴訟）程序，主要的理由在於，聲請違憲審查的客體是確定終局裁判所適用的法律或命令，而不包含確定終局裁判本身，在形式上是法律本身的違憲審查，而非法律適用的違憲審查，審查的結論是法律或命令的違不違憲與失不失效？而非違憲判決或違憲行政處分的確認與無效宣告，此外，相關條文也欠缺權利救濟的規定，似乎比較接近以維持合憲秩序為目的之客觀（訴訟）程序。德國的憲法訴願程序則兼具主客觀訴訟的性質，尤其是以所有國家權力的行使作為違憲審查的客體，包含了法律、行政命令、行政處分與司法裁判，兩者難以等同視之[38]。尤其是德國的裁判

憲法之效力既高於法律，法官有優先遵守之義務，法官於審理案件時，對於應適用之法律，依其合理之確信，認為有牴觸憲法之止訴訟程序，並提出客觀上形成確信法律為違憲之具體理由，聲請本院大法官解釋。」

[36] 其聲請要件為：(1)憲法上所保障之權利遭受不法侵害；(2)經過法定訴訟程序，並在用盡審級救濟途徑後，取得確定終局裁判；(3)認為確定終局裁判所適用的法律或命令，有牴觸憲法的疑義。

[37] 兩者的詳細比較，參閱吳信華，我國憲法訴訟制度之繼受德國——以「人民聲請釋憲為中心」，月旦法學雜誌，116期，2005年1月，28頁以下。

[38] 然而，難以忽視的是大法官在其眾多解釋中，保障人民基本權的種種努力，除了擴大審查對象的範圍之外，也以曲折的方式打開人民個案救濟的可能性。因此時至今日，亦難以主張人民聲請憲法解釋是純粹的客觀程序。有學者認為人民聲請憲法解釋類似德國的「法規之憲法

憲法訴願可以針對個案廢棄原判決，讓權利直接獲得救濟。在台灣，即使人民聲請憲法解釋的結果勝訴，所指摘的法律或命令被宣告違憲，聲請人也只能透過十分曲折的方式來救濟其權利[39]。這個問題在我國2022年施行「憲法訴訟法」之後，將透過該法第59條所規定的「裁判憲法審查」程序來解決。根據該條第1項之規定：「**人民就其依法定程序用盡審級救濟之案件，對於受不利確定終局裁判所適用之法規範或該裁判，認有牴觸憲法者，得聲請憲法法庭為宣告違憲之判決。**」因此人民得直接針對確定終局裁判提起「裁判憲法審查」的憲法訴訟，不再像過去僅能針對確定終局裁判所適用之法律或命令聲請憲法解釋。此外，該法第62條第1項前段則規定：「**憲法法庭認人民之聲請有理由者，應於判決主文宣告該確定終局裁判違憲，並廢棄之，發回管轄法院。**」因此憲法法庭有權廢棄該院認為違憲的原裁判，並發回原管轄法院審理。如此一來，人民即無須再以迂迴的方式來得到個案的救濟。

二、基本權作為組織與程序保障與基本權保護義務

　　由於大法官解釋中是否存在基本權（間接）第三人效力暨放射效力，並非沒有爭議，因此要討論大法官解釋中的基本權客觀功能，似乎可以從比較沒有爭議的基本權保護義務與基本權作為組織與程序保

訴願」，原本並無類似德國的「裁判之憲法訴願」，但是在引進判例與決議作為審查客體之後，則已經存在「折衷制」的判決憲法訴願，參閱翁岳生，憲法之維護者──省思與期許，收錄於：廖福特主編，憲法解釋之理論與實務（第六輯），2009年7月，101頁以下。

[39] 釋字第177號解釋認為，大法官解釋對聲請人據以聲請之案件，亦有效力。第188號解釋更進一步認為，引起歧見之案件，如經確定終局裁判，而其適用法令所表示之見解，經本院解釋為違背法令之本旨時，是項解釋自得據為再審或非常上訴之理由。因此聲請人欲獲得個案救濟，必須在大法官解釋公布後，提起再審之訴或聲請非常上訴。

障[40]兩者開始，事實上，這兩個「基本權新興功能」[41]都開始出現於1994年9月23日公布的大法官釋字第364號。

　　釋字第364號解釋文提綱挈領的提到兩種基本權客觀功能：「**以廣播及電視方式表達意見，屬於憲法第十一條所保障言論自由之範圍。爲保障此項自由，國家應對電波頻率之使用爲公平合理之分配，對於人民平等『接近使用傳播媒體』之權利，亦應在兼顧傳播媒體編輯自由原則下，予以尊重，並均應以法律定之。**」學者認爲：「**國家應對電波頻率之使用爲公平合理之分配……並均應以法律定之。**」蘊含了基本（言論自由權）的組織與程序保障功能[42]「**對於人民平等『接近使用傳播媒體』之權利，亦應在兼顧傳播媒體編輯自由原則下，予以尊重，並均應以法律定之**」，則透露出基本權（言論自由權）的保護義務功能[43]。

　　有關於基本權的組織與程序保障功能，在該號解釋理由書中得到更清楚的表達，大法官在此提到：「**廣播電視之電波頻率爲有限性之公共資源，爲免被壟斷與獨佔，國家應制定法律，使主管機關對於開放電波頻率之規劃與分配，能依公平合理之原則審愼決定，藉此謀求廣播電視之均衡發展，民衆亦得有更多利用媒體之機會。**」

---

[40] 大法官解釋中有一個審查依據，雖然在概念上與基本權的組織與程序保障功能似有重疊之處，不過仍應予以區分，此即所謂的「正當法律程序」，大多涉及憲法第8條人身自由權與憲法第16條的程序基本權。有關台灣大法官解釋中的「正當法律程序」，參閱廖元豪，美國憲法釋義學對我國憲法解釋的影響正當程序、政治問題與方法論的比較，憲政時代，30卷1期，2004年7月，4頁以下。對於大法官解釋中適用「正當法律程序」的質疑與檢討，參閱陳愛娥，正當法律程序與人權之保障——以我國法爲中心，憲政時代，29卷3期，2004年1月，4頁以下。周函諒，正當法律程序的司法控制與回應——以人身自由爲中心，軍法專刊，66卷2期，2020年4月，123頁以下。

[41] 許宗力，基本權的功能與司法審查，收錄於：憲法與法治國行政，1999年3月，164頁。

[42] 例如許宗力，同註41，168頁以下，將其稱爲「程序保障功能」。

[43] 例如許宗力，同註41，164頁以下。

　　雖然大法官在此提到的是言論自由（權），但是這是屬於該權利的廣義理解，更精確的說應該是由憲法第11條衍生的廣播電視自由權（廣電自由權）[44]。一般而言，廣電自由權則不僅保障個人得以透過廣播及電視方式表達其意見，更涉及建立與經營廣播電視事業，保障範圍包含資訊的取得、廣播電視節目的製作與播放的相關行為，與廣播電視有關的制度組織條件，甚至廣播電視制度本身皆在保障之列。廣電自由雖然包括電視新聞媒體的保障，卻比以平面新聞媒體為主要保障對象的新聞自由更為複雜，尤其在過去，由於技術上只存在著無線廣播電視媒體，因此必然涉及電波頻率分配的問題，為了公平解決這種稀少資源的分配問題，就有賴於相關組織與程序法規的制定。在這個背景下，可以理解為何保障廣電自由權必須要求國家制定組織與程序法規，以公平分配電波頻譜。嗣後，廣播電視法的修訂（1999年）、衛星廣播電視法的制定（1999年）與國家通訊傳播委員會組織法的制定（2005年），亦可視為國家對於本號解釋以及廣電自由權之組織與程序保障功能的具體回應[45]。

　　雖然之後還有一些大法官解釋被認為與基本權組織與程序保障

---

[44] 將以廣播及電視方式表達意見的自由視為言論自由，固然有其依據，但是卻未針對同屬言論自由保障範圍內的各種不同行為類型，作相應的區分與處理，忽視了個人的言論行為，在制度方面的差異，遑論20世紀以來所發展的廣播與電視媒體，在組織與規模上更具獨特性。因此，即使鑒於作為其核心內容的言論與意見表達，而將上述所有的行為類型都歸屬於言論自由的保障範圍，也必須針對各自的實質特性暨功能，在保障型態與強度上作不同的處理，將廣義的言論自由在概念上區分為言論自由、新聞自由與廣電自由，可以相應於各種表意行為類型，發展出各切合的保障內涵，其中，言論自由所要保障的是各種言論的表達，新聞自由與廣電自由則將重點置於言論表達的媒介，因此後者有時會被認為是工具性的權利。

[45] 這方面在2005年曾經發生一個眾所矚目的事件──衛星電視台換照風波，該年有70家衛星廣播電視事業提出換照申請，行政院新聞局多次召集「衛星廣播電視事業審查委員會」進行審議，在7月31日公布的審查結果中，有7件未獲通過，新聞局並要求未獲得換照許可者，必須自8月3日零時起停止營運，關於此事件的分析，參閱張嘉尹，失序媒體與鐵腕行政，台灣本土法學雜誌，75期，2005年9月，63頁以下。

功能相關，例如釋字第380號、第409號、第460號，然而一直要到釋字第488號，才被學者認為是正式確認實體基本權具有程序保障功能的一號解釋。問題的關鍵就在於，先前幾號解釋雖然都涉及實體基本權，大法官也提及程序性的要求，但是這些程序性要求的規範基礎何在卻不夠清楚[46]。

　　釋字第488號直接指出：「惟基於保障人民權利之考量，法律規定之實體內容固不得違背憲法，其為實施實體內容之程序及提供適時之司法救濟途徑，亦應有合理規定，方符憲法維護人民權利之意旨。」本號解釋基於實體基本權──財產權的保障，不但要求法律實體內容不得牴觸財產權，更要求實施實體內容的程序應有合理的法律規定，亦即課予立法者義務，制定該行政措施所應遵行的程序，尤其是聽取股東、社員、經營者或利害關係人陳述意見的程序，這種對於合理程序的要求，乃是為了保障實質基本權而導出來的基本權程序功能。

　　在釋字第631號中，大法官提及：「**憲法第十二條規定：『人民有秘密通訊之自由。』……國家採取限制手段時，除應有法律依據外，限制之要件應具體、明確，不得逾越必要之範圍，所踐行之程序並應合理、正當，方符憲法保護人民秘密通訊自由之意旨。**」同樣的，本號解釋也涉及實體基本權的保障，大法官認為，國家以通訊監察的方式限制秘密通訊自由權時，侵害人民基本權的程度強烈而且範圍廣泛，為了制衡偵查機關並兼顧強制處分的目的，經由具獨立性，能夠客觀行使職權的審判機關進行事前審查並核發通訊監察書，是保

---

[46] 參閱許宗力，基本權程序保障功能的最新發展──評司法院釋字第四八八號解釋，月旦法學雜誌，54期，1999年11月，154頁。

護人民秘密通訊自由權的必要方法，通訊保障及監察法沒有履行這個合理正當的程序要求，所以牴觸秘密通訊自由權，從大法官的論述看來，也是由實體基本權發掘出其程序保障功能。

值得注意的是，在釋字第672號的不同意見書，陳春生大法官直陳：「**所謂程序基本權，簡言之，即每個基本權利皆內含著程序之內容，而有程序保障之需求與功能，此乃從憲法保障個別基本權利之客觀功能面向中推導出，進而課予公權力應有踐行正當法律程序之義務。建構程序基本權概念，除可去除程序功能只是實體基本權利之附隨地位之迷思外，亦可補完訴訟權保障之不足。**」雖然用語略有不同，亦將基本權程序保障功能稱為「程序基本權」，但是立基於基本權客觀面向的見解，並正面論述每個實體基本權皆具有程序保障功能。

除了基本權組織與程序保障功能之外，基本權保護義務功能也是發端自釋字第364號。大法官一方面肯認人民擁有平等的「接近使用傳播媒體」之權利，並在解釋理由書中闡釋其內涵：「**『接近使用傳播媒體』之權利**（the right of access to the media）**，乃指一般民眾得依一定條件，要求傳播媒體提供版面或時間，許其行使表達意見之權利而言，以促進媒體報導或評論之確實、公正。例如媒體之報導或評論有錯誤而侵害他人之權利者，受害人即可要求媒體允許其更正或答辯，以資補救。又如廣播電視舉辦公職候選人之政見辯論，於民主政治品質之提昇，有所裨益。**」另一方面則又指出：「**惟允許民眾『接近使用傳播媒體』，就媒體本身言，係對其取材及編輯之限制。如無條件強制傳播媒體接受民眾表達其反對意見之要求，無異剝奪媒體之編輯自由，而造成傳播媒體在報導上瞻前顧後，畏縮妥協之結果，反足影響其確實、公正報導與評論之功能。是故民眾『接近使用**

傳播媒體』應在兼顧媒體編輯自由之原則下，予以尊重。如何設定上述『接近使用傳播媒體』之條件，自亦應於法律內為明確之規定，期臻平等。」

　　大法官有關「接近使用傳播媒體權」的論述，可以視為基本權保護義務功能的導出。基本權保護義務功能的典型案型主要處理的是「人民（基本權侵害的來源）－國家（基本權保護者）－人民（基本權受侵害者）」的三角關係，基本權保護義務意味著，人民可以根據基本權向國家請求保護其基本權所保障的法益，以免受到其他人民的侵害。當媒體的報導或評論有錯誤因而侵害他人權利時，受害人可要求媒體允許其更正或答辯以資補救。在此案型之中，媒體行使其廣義的言論自由權（新聞自由權、廣電自由權），因錯誤的報導或評論以致於侵害被報導者或其他人的基本權（可能是人性尊嚴、人格權、名譽權或其他的權利），受害者根據其基本權保護義務，要求接近使用傳播媒體，亦即要求媒體提供一定的版面（平面媒體）或播出的時段（電子媒體），讓他可以提出相對的說明或澄清。然而，「接近使用傳播媒體權」的行使，又會反過來造成媒體編輯自由的限制，為了平衡雙方的基本權，不至於因為該權利的引進危害到編輯自由，所以必須透過法律設定其行使條件。換言之，在本案型中，基本權保護義務的內容，是要求國家以法律制定「接近使用傳播媒體權」的行使條件，使受害人在不過度影響編輯自由的情況下，捍衛其受侵害的權利。由於這個義務內容，同時是一種程序性的要求，所以本案中所涉及的基本權客觀功能也可以稱為基本權程序保障功能。這就印證了前述的觀點，基本權保護義務功能與基本權組織與程序保障功能常常具有的重疊性。

　　這號解釋雖然是大法官發展基本權保護義務功能的開端，但是關

於「接近使用傳播媒體權」的來源，大法官卻有點語焉不詳，由解釋文與解釋理由書看來，似乎是來自言論自由權，但是透過解析本案的基本權衝突，卻會發現這個推論似乎過快。受到媒體言論侵害的權利首先並非言論自由權，而是類似人格權、名譽權等基本權，所以保護義務功能的來源應該是這些權利而非言論自由權。

在釋字第364號之後，大法官所做的一些解釋亦被認為具有保護義務的論述型態，例如釋字第400號、第422號、第445號、第469號、第472號及第485號解釋等。

其中大法官在釋字第400號的解釋文中指出：「**憲法第十五條關於人民財產權應予保障之規定，旨在確保個人依財產之存續狀態行使其自由使用、收益及處分之權能，並免於遭受公權力或第三人之侵害，俾能實現個人自由、發展人格及維護尊嚴。**」有學者認為其中「**免於遭受……第三人之侵害**」等文字與基本權保護義務功能的論述方式幾乎一樣[47]，然而該號解釋基本上處理的是財產權的防禦權功能，是否可因為這段文字的出現而認為大法官從財產權導出基本權保護義務功能，似有待斟酌。

值得注意的是釋字第445號，大法官在解釋理由書中提及：「**集會自由以集體方式表達意見，為人民與政府間溝通之一種方式。人民經由此方式，主動提供意見於政府，參與國家意思之形成或影響政策之制定。從而國家在消極方面應保障人民有此自由而不予干預；積極方面應提供適當集會場所，並保護集會、遊行之安全，使其得以順利進行。又集會自由之保障，不僅及於形式上外在自由，亦應及於實質**

---

[47] 李建良，基本權利與國家保護義務，收錄於：憲法解釋之理論與實務（第二輯），2000年8月，360頁以下。

上內在自由，俾使參與集會、遊行者在毫無恐懼的情況下進行。」因此可以說大法官在論述中明白確立基本權的雙重性質，因而認定集會自由權同時具有要求國家不干預的防禦權功能，以及國家應積極提供適當場所供集會使用、保護集會遊行安全的保護義務功能。

釋字第469號則與德國典型的基本權保護義務功能相近，具有課予國家積極作為以保障人民生命權與健康權，免於來自他人或是自然的危害的案件類型，大法官在解釋理由書中開宗明義的指出：「**憲法第二十四條規定公務員違法侵害人民之自由或權利，人民得依法律向國家請求賠償，係對國家損害賠償義務所作原則性之揭示，立法機關應本此意旨對國家責任制定適當之法律，且在法律規範之前提下，行政機關並得因職能擴大，為因應伴隨高度工業化或過度開發而產生對環境或衛生等之危害，以及科技設施所引發之危險，而採取危險防止或危險管理之措施，以增進國民生活之安全保障。**」為了保障人民的生命、身體與財產等法益，立法者有義務制定法律，擴大行政機關的權限，使其採取相應措施來因應肇因於工業化而對環境或衛生所造成的危害，以及肇因於科技設施所引發的危險，在此案型中，涉於基本權保護義務功能典型的三角關係：「人民（基本權侵害的來源）—國家（基本權保護者）—人民（基本權受侵害者）」的三角關係。

根據上述分析，大法官在過去的解釋中，明示或默示的從自由權導出基本權組織與程序保障功能以及基本權保護義務功能，可惜的是大多言簡意賅，似乎將基本權的雙重性質這個曾經在德國憲法學界引起眾多討論的命題[48]，當作理所當然的論證前提，因而沒有深入論

---

[48] 對於這個命題以及其進一步推演基本權的客觀面向的眾多質疑與批評，中文文獻參閱張嘉尹，同註8，64頁以下。

述，何以傳統被認爲只具有防禦權功能的自由權，可以導出這類的基本權客觀功能？雖然國內憲法學界對於基本權客觀面向與各個基本權客觀功能，都曾有詳細的引介與分析，由於大法官解釋的論證風格過於簡要，因此實務與理論之間就欠缺豐富而生動對話的條件。其實從有效實現基本權的觀點出發，就會發現基本權的實現有其相應的社會條件，當社會條件改變了，原本所設計的因應模式即可能失效，憲法對於有效行使基本權的前提預設（亦可稱爲「基本權條件」與「憲法期待」[49]）即可能落空，如果不調整原先的因應模式，很可能無法達成基本權規定所要保障基本權保護法益（grundrechtlich geschützte Rechtsgüter）的目的。過去將自由權定性爲防禦權，其前提在於，只要社會能夠自行運作而實現幸福與正義，國家即應放棄其干預的可能性，當實現自由的社會條件改變時，就有必要重新詮釋基本權的內涵。無論是基本權保護義務功能或是基本權的組織與程序保障功能，都是對於實現基本權社會條件變遷的回應方式。

其後，在大法官釋字第380號、第409號、第462號、第488號、第491號、第535號、第563號、第588號、第631號、第672號不同意見書，對於基本權組織與程序保障功能皆有進一步的發展。

涉及基本權保護義務的是大法官釋字第364號、第422號、第445號、第469號、第472號。

三、基本權（間接）第三人效力與基本權放射效力

既然在德國，基本權的（間接）第三人效力是在裁判憲法訴願的

---

[49] J. Isensee, Grundrechtsvoraussetzungen und Verfassungserwartungen an die Grundrechtsausübung, in: Handbuch des Staatsrechts der Bundesrepublik Deutschland. Bd. V, 1992, § 115.

程序中發展出來的，過去大法官解釋憲法的制度中又欠缺相對應的程序，那麼在台灣有可能發展出或是繼受相同的基本權客觀功能嗎？

　　如果觀察基本權的（間接）第三人效力的典型案件，亦即要求民事法院在裁判時，如果作為判決基礎的法律條文是概括條款或是涉及不確定法律概念，例如誠信原則、公序良俗，民事法院應該遵循相關的基本權精神（基本權的客觀價值秩序）來具體化該條款或法律概念，亦即必須先對於相衝突的基本權為價值衡量，然後以勝出的基本權為基礎來解釋適用系爭法律條文。所以一旦承認憲法秩序中有所謂的基本權（間接）第三人效力，民事法院就有依據基本權價值秩序來解釋適用法律的憲法義務，自不待大法官事後在違憲審查程序中才予以要求。問題是，在台灣如果大法官不先在其解釋中繼受與承認基本權（間接）第三人效力，民事法院則可能沒有動機或理由去實踐這個基本權功能。然而，如果沒有類似德國式裁判憲法訴願的程序存在，大法官原則上無從審查法院裁判是否牴觸基本權的客觀價值秩序。

　　事實上，在大法官解釋的歷史發展中，類似裁判憲法訴願的解釋程序與基本權（間接）第三人效力的承認，幾乎是攜手出現的。以大法官釋字第242號、第362號與第552號為例，不但其程序可能被認為類似裁判憲法訴願，其實體內容亦被認為可能有承認基本權（間接）第三人效力的情況。當然，上述的敘述並非不證自明的命題，關於大法官解釋憲法的實務上，是否存在裁判憲法訴願，以及是否承認或創設有基本權（間接）第三人效力，都不是沒有爭議的問題。

　　釋字第242號即是有名的鄧元貞案。本案的聲請人為鄧元貞，與吳○琴女士於1960年3月24日依法定程序結婚，育有三子兩孫。然而在他們結婚之前，鄧元貞曾與陳○香於1940年於福建省締結婚姻，陳○香於1986年以此為由訴請法院依舊民法第992條之規定，撤銷吳

○琴與鄧氏之婚姻，台中地院於1987年2月10日為原告勝訴之判決，聲請人上訴二審、三審均遭駁回，聲請人1988年提起再審之訴亦經最高法院駁回。

　　大法官在釋字第242號解釋理由書中，一方面維持修正前民法第992條規定的合憲性，另一方面指出：**「國家遭遇重大變故，在夫妻隔離，相聚無期，甚或音訊全無，生死莫卜之情況下所發生之重婚事件，有不得已之因素存在，與一般重婚事件究有不同，對於此種有長期實際共同生活事實之後婚姻關係，仍得適用上開第九百九十二條之規定予以撤銷，其結果將致人民不得享有正常婚姻生活，嚴重影響後婚姻當事人及其親屬之家庭生活及人倫關係，反足以妨害社會秩序，就此而言，自與憲法第二十二條保障人民自由及權利之規定，有所牴觸。」**

　　大法官在釋字第242號中，一方面指出聲請審查客體的合憲性，另一方面具體指摘最高法院，在最高法院76年度台上字第2607號、最高法院77年度台再字第104號兩個確定判決中，沒有考慮本案所涉案件事實的特殊性**「國家遭遇重大變故，在夫妻隔離，相聚無期之情況下所發生之重婚事件，與一般重婚事件究有不同」**，**「對於此種有長期實際共同生活事實之後婚姻關係，仍得適用上開第九百九十二條之規定予以撤銷，嚴重影響其家庭生活及人倫關係，反足妨害社會秩序，就此而言，自與憲法第二十二條保障人民自由及權利之規定有所牴觸」**。

　　在這兩個民事法院的判決之中，作為判決基礎的法律即修正前民法第992條之規定合憲，但是判決中對於該條文的具體解釋適用，由於沒有考慮到憲法第22條所保障的婚姻權的（間接）第三人效力或放射效力，因此違憲。這種論理方式不就與上述德國的基本權（間

接）第三人效力理論有異曲同工之妙。

在釋字第362號中：「**惟如前婚姻關係已因確定判決而消滅，第三人本於善意且無過失，信賴該判決而與前婚姻之一方相婚者，雖該判決嗣後又經變更，致後婚姻成為重婚，究與一般重婚之情形有異，依信賴保護原則，該後婚姻之效力，仍應予以維持。首開規定未兼顧類此之特殊情況，與憲法保障人民結婚自由權利之意旨未盡相符，應予檢討修正。在修正前，上開規定對於前述因信賴確定判決而締結之婚姻部分，應停止適用。**」

大法官一方面在解釋理由書中表示：「**民法第九百八十八條第二款關於重婚無效之規定，乃所以維持一夫一妻婚姻制度之社會秩序，就一般情形而言，與憲法尚無牴觸。**」原則上維持當時民法第988條第2款重婚無效規定的合憲性，但是同時指出：「**上開重婚無效之規定，未兼顧類此之特殊情況（除因信賴確定判決所導致之重婚外，尚有其他類似原因所導致之重婚）……與憲法保障人民權利之意旨，未盡相符，應予檢討修正。**」最後並認為「**在修正前，上開民法規定對於前述善意且無過失之第三人，因信賴確定判決而締結之婚姻部分，應停止適用。**」亦即認定在該條文修正前，因信賴確定判決所導致之重婚適用無該規定的餘地。這號解釋的宣告模式介於「合憲非難」與「違憲但不失效」之間[50]，勉強可以認為，大法官整體上仍將民法第988條第2款規定視為合憲，但是將其適用於因信賴確定判決所導致之重婚的案情，則產生違憲的情況；換言之，當法院在判決時，沒有考慮當事人一方因信賴法院確定判決所產生的信賴利益以及其憲法第22條所保障的婚姻權，則是沒有以合乎基本權價值秩序與信賴保護

---

[50] 這兩個宣告模式的意義，參閱吳庚，同註5，419頁以下。

原則的方式解釋法律，因此就侵害了當事人一方的基本權，所以本號解釋同樣具有適用基本權（間接）第三人效力理論的論證結構。

釋字第552號與第362號十分類似，大法官將協議離婚所導致之重婚亦包含在所謂的「類此之特殊情況」之中，但是適用信賴保護原則上加上了比較嚴格的條件：**「須重婚之雙方當事人均爲善意且無過失時，後婚姻之效力始能維持。」**本號解釋也同樣具有適用基本權（間接）第三人效力理論的論證結構。

這幾號解釋都是大法官爲了保障基本權利，**擴張其管轄權及於最高法院裁判**的例子，也都是採用基本權（間接）第三人效力理論的例子。大法官在這些案件中發展出一種特別的論證技術與形式：**雖然事實上審查個案判決與法院見解，但是卻一方面宣告系爭規定尙屬合憲或有待未來修正，另一方面宣告系爭規定不適用於特定案型。**如果結合了大法官先前所做出的釋字第177號與第185號的解釋意旨，則大法官除了實質上宣告原因案件的判決違憲之外，同時也間接給予聲請人個案救濟的機會了，這類解釋雖然適用人民聲請憲法解釋的程序，但是實質上已經接近德國式的裁判憲法訴願，或可稱爲「台灣式裁判憲法訴願」。

除此之外，大法官爲了保障基本權利的救濟，還發展出另外一種論證技術與解釋形式，同樣不宣告作爲審查客體的法律違憲，但是限縮其意義內涵，並指出在此限縮的意涵中適用才不會牴觸憲法，這種介於法令違憲與裁判違憲之間的解釋模式常被稱爲法律的合憲性解釋（verfassungskonfome Auslegung vom Gesetz）[51]。

---

[51] 法律的合憲性解釋有不同的界定方式，在此所使用的概念指涉一種大法官解釋文或解釋宣告模式的類型（「判決主文」的類型），法律的合憲性解釋這個意義層面的討論，參閱Klaus Schlaich/Stefan Korioth, Bundesverfassungsgericht: Stellung, Verfahren, Entscheidungen, 7. Aufl., 2007, S. 245-251.有關合憲性解釋，中文文獻參閱吳庚，同註5，585頁以下。

　　釋字第509號指出：「**惟行為人雖不能證明言論內容為真實，但依其所提證據資料，認為行為人有相當理由確信其為真實者，即不能以誹謗罪之刑責相繩……就此而言，刑法第三百十條第三項與憲法保障言論自由之旨趣並無牴觸。**」釋字第535號提及：「**前述條例第十一條第三款之規定，於符合上開解釋意旨範圍內，予以適用，始無悖於維護人權之憲法意旨。**」釋字第617號指出：「**刑法第二百三十五條第一項規定所謂散布、播送、販賣、公然陳列猥褻之資訊或物品，或以他法供人觀覽、聽聞之行為，係指對含有暴力、性虐待或人獸性交等而無藝術性、醫學性或教育性價值之猥褻資訊或物品為傳布，或對其他客觀上足以刺激或滿足性慾，而令一般人感覺不堪呈現於眾或不能忍受而排拒之猥褻資訊或物品，未採取適當之安全隔絕措施而傳布，使一般人得以見聞之行為……依本解釋意旨，上開規定……對人民言論及出版自由之限制尚屬合理，與憲法第二十三條之比例原則要無不符，並未違背憲法第十一條保障人民言論及出版自由之本旨。**」這些解釋的特點在於大法官一方面並未宣告系爭法律違憲，另一方面對於系爭法律給予不同傳統實務見解的重新詮釋，並宣稱只有在此重新界定的文義範圍內，其適用方才不至於牴觸相關的基本權。相類似的還有釋字第656號，大法官在這號解釋中認為：「**民法第一百九十五條第一項後段規定：『其名譽被侵害者，並得請求回復名譽之適當處分。』所謂回復名譽之適當處分，如屬以判決命加害人公開道歉，而未涉及加害人自我羞辱等損及人性尊嚴之情事者，即未違背憲法第二十三條比例原則，而不牴觸憲法對不表意自由之保障。**」雖然論述方式為雙重否定的條件句「如……而未……即未違背……」，但是其內涵仍與前述的法律合憲性解釋並無不同，還是透過新的詮釋來限定審查客體合憲的範圍，而且該詮釋仍然立基於基本

權的價值決定。

　　這類法律的合憲性解釋（合乎基本權的解釋），與前述三個有關重婚案件的大法官解釋在論理結構上十分雷同，所適用的理論觀點雖然因此不稱爲基本權（間接）第三人效力理論，但是實質上即是基本權放射效力理論。基本權放射效力理論意味著，在解釋適用普通法律時應尊重基本權的價值決定，而基本權對於普通法律解釋的影響作用就稱爲其「放射效力」，基本權放射效力作用於所有的法領域。在此意義上，基本權的放射效力屬於合憲性解釋的一種類型，更可稱爲「合乎基本權的解釋」（grundrechtskonforme Auslegung）[52]。

　　無論是「排除適用於特定案型」的台灣式「裁判憲法訴願」還是「限縮法律文義至合憲範圍內」的合憲性解釋，在大法官解釋中並不陌生，其作用在於讓聲請人對於原因案件可以提起再審之訴或非常上訴，使其基本權利還有一個從憲法高度而來的最後救濟機會。鑒於台灣目前審判實務的常態，這類大法官費盡心思所創造出來的解釋模式，仍有繼續維持的必要性，因爲一方面普通法院會以憲法爲取向來解釋適用法律的情形畢竟少見，而且自從釋字第371號解釋做出之後，大法官已經剝奪了普通法院個案附隨的違憲審查權，目前針對違憲的法律，普通法院只享有聲請大法官釋憲的權力（具體法規審查權）。爲了加強基本權利的保障，在某程度上達成（間接的）個案救濟，大法官所開創的這兩類解釋模式，在功能上至少可部分填補基本權利保障在法院分工上的漏洞[53]。

---

[52] H. D. Jarass, Funktionen und Dimensionen der Grundrechte, S. 649.

[53] 反對由釋憲者進行個案救濟的見解，參閱蘇永欽，裁判憲法訴願──德國和台灣違憲審查制度的選擇，法令月刊，58卷3期，2007年3月，10-11頁。他反對建立裁判憲法訴願制度，並援引大法官釋字第9號解釋，認爲基本權利的救濟應該是普通法院的職責。本文認爲這是一個評

　　歸納而言，這類人民聲請憲法解釋案件具有下列特色，首先，在形式上皆是針對特定法規違憲所提起，其次，實質上卻是針對確定終局裁判中法院對系爭法規的具體解釋適用而發，因此會產生大法官應否受理的爭議問題，但是大法官的多數意見利用特定的論證技術，藉以迴避「逾越權限」或「侵害普通法院審判權」的批評。這種論證技術的關鍵在於「類型化」──將系爭案件抽象化為一種特定案型，表現在「台灣式裁判憲法訴願」的解釋模式中，就是該法規基於特定基本權與憲法原則的理由不適用於該類型化的案型；表現在合憲性解釋的解釋模式中，即是以基本權為理由來限縮法律文義範圍，結果屬於該類型的案型被排除在法律文義的涵攝範圍之外。經由抽象化與類型化，從外表看來，大法官並沒有直接針對個案的法院裁判暨作為裁判基礎的法律見解，所以也很難直接主張大法官「逾越權限」或「侵害普通法院審判權」；至於其個案救濟的效果，則只是適用釋字第177號與第185號意旨的結果而已。

四、基本權的制度性保障

　　大法官解釋中的制度性保障，從釋字第380號開始[54]，該號解釋文認為：「**憲法第十一條關於講學自由之規定，係對學術自由之制度性保障；就大學教育而言，應包含研究自由、教學自由及學習自由等事項。**」解釋理由書提及：「**憲法第十一條關於講學自由之規定，以保障學術自由為目的，學術自由之保障，應自大學組織及其他建制方**

　　估的問題，普通法院近十年來的確有比過去更多的引用憲法觀點，然而仍不夠普遍，而且普通法院是否樂於並勇於擔負起這個保障基本權利的任務，也是一個問題。試想，倘若沒有釋字第242號解釋，在鄧元貞案的判決之後，會有多少婚姻面臨被撤銷的命運。

[54] 如果將意見書算進來的話，制度性保障的概念，更早的是出現在大法官釋字第368號解釋，吳庚大法官所提出的協同意見書中。

面，加以確保，亦即為制度性之保障。為保障大學之學術自由，應承認大學自治之制度，對於研究、教學及學習等活動，擔保其不受不當之干涉，使大學享有組織經營之自治權能，個人享有學術自由。」大法官這樣的用語在概念使用的邏輯上容易造成混淆，因為憲法第11條講學自由的表述方式著重於該基本權的主觀面向——以防禦權為主的學術自由權，其保障內容即可包含研究自由、教學自由與學習自由。制度性保障是大法官繼受自德國憲法學的概念，係學術自由權客觀面向的一種解釋，目的在保障作為制度之大學的存續與發展，具體稱為「大學自治」。解釋理由書中認為，講學自由之規定以保障學術自由為其目的，在表達上較清楚，至於從大學組織與其他建制方面來確保學術自由，應解釋為講學自由之規定除了保障主觀的學術自由權之外，為了加強其保障，應從制度性保障的面向著手，亦即從大學組織與其他建制方面，承認大學自治的制度，承認其具有自主的組織經營的權能，如此才不會忽略了大學自治與學術自由權之間的「手段─目的」關聯。

同樣的，大法官在釋字第450號解釋中認為：「**大學自治屬於憲法第十一條講學自由之保障範圍，舉凡教學、學習自由有關之重要事項，均屬大學自治之項目。**」強調學術自由包含作為制度性保障的大學自治。因此講學自由即是學術自由，並具有兩個面向的保障，作為主觀權利，保障人民的研究自由、教學自由及學習自由等事項，所保障的對象尤其是指在大學中從事學術研究與教學者（大學教師）；在客觀面向上，則構成學術自由的制度性保障，亦即大學自治。

其後，在釋字第563號解釋中，除了重申上述兩號解釋的法律見解之外，大法官更進一步在兩方面闡明大學自治的內涵，首先是大學得自訂取得學位資格的條件，大法官認為：「**大學自治既受憲法制度**

性保障，則大學為確保學位之授予具備一定之水準，自得於合理及必要之範圍內，訂定有關取得學位之資格條件。」其次是將大學生退學的規定亦納入大學自治的範圍，大法官認為即使大學法並未規定有關大學生的退學事項，但是「**為維持學術品質，健全學生人格發展，大學有考核學生學業與品行之權責，其依規定程序訂定有關章則，使成績未符一定標準或品行有重大偏差之學生予以退學處分，亦屬大學自治之範疇**」。大法官在此承認，對於大學生退學相關事項，「**大學於合理範圍內仍享有自主權**」，對於何謂「**合理範圍**」，僅於解釋文最後簡單提到「**有關章則之訂定及執行自應遵守正當程序，其內容並應合理妥適**」。雖然大法官在解釋文指出：「**大學自治既受憲法制度性保障，則大學為確保學位之授予具備一定之水準，自得於合理及必要之範圍內，訂定有關取得學位之資格條件。**」固有其道理，但是接下來說因為「**資格考試之訂定，未逾越大學自治之範疇**」，所以「**不生憲法第二十三條之適用問題**」，即非毫無疑義，這樣的論斷預設了，只要屬於大學自治的範疇就沒有憲法第23條的適用，片面的提高並絕對化學術自由權的客觀功能——作為學術自由權制度性保障的大學自治，無視於本案涉及了基本權衝突，因此掩飾了真正的爭議問題：當大學自治與大學生的基本權利產生衝突時，要如何解決[55]？

大法官提到制度性保障的解釋，還有釋字第384號、第483號、第554號、第601號及第620號等等，根據學者最近所為的文本分析，竟歸納出將近九種不同的使用方式[56]。因此也令人質疑，大法官是否沒有認真對待這個來自德國憲法學與憲法實務的概念與理論。

---

[55] 有關於此問題的分析，參閱張嘉尹，大學「在學關係」的法律定位與其憲法基礎的反省，台灣本土法學雜誌，51期，2003年9月，17頁以下。

[56] 程明修，同註31，351頁以下。

伍、結論

在大法官解釋的發展中，可以觀察到基本權功能的多樣性發展，可以推測，這乃是受到德國憲法學與憲法實務的影響，但是大法官在基本權客觀功能的導出與說理證成上，卻多一語帶過，欠缺論證的完整性，這不得不說是一個缺憾。此外，基本權客觀功能的發展，在台灣並沒有引起多少辯論，這也與其在德國的發展有相當大的差異。在德國，基本權客觀功能的導出，往往與違憲審查的正當性問題相互糾結，由於其發展伴隨著聯邦憲法法院實際審查範圍的擴張，因此引起德國憲法秩序是否從「議會法治國」朝向由聯邦憲法法院主導的「司法國」方向發展的重大疑慮，這方面的質疑與討論，同時深化了德國憲法學有關於權力分立與憲法審判權的探討。在台灣，或許由於大法官解釋仍大多處理自由權防禦功能的案件，大法官在繼受或採用基本權雙重性質、基本權客觀面向、基本權客觀功能等理論時，又過於言簡意賅或語焉不詳，加以台灣民主化以來，立法院並未在人民與學者心目中建立良好的民主代議形象，當大法官突破傳統自由權的單一性質或單一面向，開始創造性的解釋出各個基本權客觀功能時，並沒有引起多少來自於權力分立原則的疑慮。

原文出處：張嘉尹，違憲審查中之基本權客觀面向，月旦法學雜誌，185期，2010
　　　　年10月，17-38頁。

CHAPTER

2

環境保護入憲的問題
——德國經驗的初步考察

壹、前言

　　鑑於環境保護的必要性與迫切性，是否應該把生態保護的想法納入憲法，在憲法之中明定環保條款，將其提升為憲法層次所要保護的價值？或是鑑於生態污染的多樣性與複雜性，以及人類科技進步的進展，只在法律層次的保護即可，而將環境問題委由各式各樣的環境法規來處理？這不但涉及環境權入憲的目的以及要以何種形式規定的法律技術問題，也涉及到採取何種形式的規定，在法律系統中可以達成何種效果或造成什麼副作用的評估。

　　我國過去討論修憲與制憲時，有人主張應該把環境權規定在憲法之中，然而聲音極其微小，並未引起範圍很廣泛的討論，也沒有環保政黨在國民大會內為其奮鬥，幾次修憲下來，沒有環境權的痕跡，僅在憲法增修條文第10條第2項中規定「**經濟及科學技術發展，應與環境及生態保護兼籌並顧**」。1997年修憲在一讀會雖然也有關於環境權的提案，然而該議題並非政黨協商重點，亦未獲得媒體與一般社會大眾的重視，最後竟不了了之。其實環境保護不只其重要性不言而喻，更是當務之急，因為當代社會最大的風險之一可以說來自環境的破壞，鑑於環境問題的普遍性[1]與全球性[2]，雖然兩國國情與社會條件有所不同，憲法規定與憲法學說也有很大的差異，然而德國討論環境保護條款入憲的經驗，仍可提供我們比較法的參考，作為思考環境保護法制化的資源之一，限於篇幅以及本文重點，以下對德國經驗的考

---

[1]　Vgl. Niklas Luhmann, Ökologische Kommunikation, 3. A. 1990, S. 101 ff.探討各個社會次系統對環境問題的回應。

[2]　Vgl. Ulrich Beck, Risikogesellschaft. Auf dem Weg in eine andere Moderne, 1. A. 1986, S. 35 ff.

察僅限於幾個重要問題，尤其是對未來修憲或立法政策比較有參考價值者，文獻的引用亦僅限於必要者。

貳、德國環保入憲的經過

德國在1994年的修憲通過基本法第20條a關於環境保護的「國家目標規定」（Staatszielbestimmung），其全文為：「**國家在合憲秩序的範圍內，透過立法，並依據法律與法透過行政與司法，保護自然的生命基礎並同時向未來的世代負責。**」討論二十幾年的環境保護入憲問題，總算有了成果。但是規定的方式並非環保人士極力爭取的環境基本權，而是所謂的「國家目標規定」，換言之，該條款僅課予國家客觀的義務，而非直接賦予人民主觀得以起訴請求的權利，此外，在實質面向上限定環境保護必須在合憲秩序的範圍內，在程序面向上亦設定了「雙重的法律保留」³，亦即此環境保護的客觀義務仍須透過立法的方式實現，行政與司法則必須基於法律（Gesetz）或法（Recht）來履行該義務，實在是一典型妥協的產物。

在德國過去的討論中，關於環境保護入憲的方式一開始即有許多不同方向的建議，除了後來較常討論的兩種提議：直接規定成「環境基本權」（Umweltgrundrecht），亦即賦予人民直接請求環境保護的基本權利，或是規定為「環境保護的國家目標規定」，亦即不賦予人民可直接請求的基本權，而是將環境保護規定為國家所應追求的目標與其客觀的義務，主要是課予立法機關制定得以達成環保目的之環

---

³ 於此「法律保留」的意義與德國憲法學上的傳統用法略有差異，詳見下。

境法規的義務。還有一些分歧的看法，例如補充基本法第1條人性尊嚴保障的規定、擴張第109條預算的規定、修改第20條國家結構規定（憲法原則）、增加第90條a與b屬於聯邦與邦共同任務的內容等[4]。

到了1980年代中期之後，主張制定爲環境基本權的聲音逐漸變小，連綠黨都不再堅持一定要採取環境權的形式，此後爭執的焦點變成環境保護的國家目標要怎麼規定的問題，1987年德國聯邦參議院（Bundesrat）建議增訂第20條a，其建議內容爲：「(1)人類的自然生命基礎受到國家保護；(2)進一步的內容由聯邦與邦在衡量其他法益與國家任務之下由法律定之。」兩德統一後，基於統一條約的建議，由聯邦眾議院與聯邦參議院共同組成共同憲法委員會研擬修憲，其工作內容就包含環保入憲的問題。比較常被討論的還有社會民主黨（SPD）以及綠黨（GRÜNEN）的草案。SPD的草案內容非常簡單：「自然的生命基礎受到國家特別的保護。」綠黨的草案則內容最豐富，除了在基本法第2條第2項第1句增訂「人類維持其生命基礎以及保護免於受到其自然環境重大妨害的權利」之外，還要擴充第14條財產權的社會義務及於「維持自然的生命基礎」，並且要在第20條第1項加上「自然環境作爲人類生命基礎並以其自身爲目的，受到國家特別的保護。生態的負擔與經濟的要求衝突時，如果不以生態優先，自然環境將受到顯著侵害時，生態利益應優先考慮」。[5]目前德國基本法第20條a規定的保護客體爲「自然的生命基礎」，而非「人類的自然生命基礎」，採取的方式比較偏向以生態爲中心[6]，但卻附

---

[4] Vgl. Hasso Hofmann, Technik und Umwelt, in: Ernst Benda u. a. (Hrsg.), Handbuch des Verfassungsrechts der Bundesrepublik Deutschland, 2. A. 1994, S. 1006.

[5] Ebd., S.1007 f.

[6] 這樣的規定方式是否就是偏向於以生態爲中心也不是沒有爭論，不過這樣的爭論在進一步的

上了雙重的法律保留，規定要在合憲秩序下由立法者透過法律來實現，行政與司法若要履行該義務則須有法律依據，大幅度削弱了環保條款的作用。

參、環保入憲的內容

上述德國環保入憲的提議，在規定內容上主要爭論兩個問題：一個是著名的以人為中心（anthropozentrisch）或以生態為中心（ökozentrisch）的辯論[7]，另一個是要不要採取「法律保留」（Gesetzesvorbehalt）的問題。

一、人類或生態為中心？

到底環保條款中以人為保護的連結點，還是直接以自然環境自身為保護的對象，一直是爭論的焦點，一方認為「自然的生命基礎」應加上「人類的」，才能凸顯保護的是與人類需求相符合的環境，另一方則堅持說，環境保護應該自為目的，其實這個問題牽涉甚深甚廣，以人為中心或是以生態為中心只是冰山一角，其背後涉及整個西方文化幾百年來，關於人與其環境或是人與世界之關係的定位。然而在實定法層次，這類的爭論卻只有表面意義，首先是在解釋上，「人類的自然生命基礎」與「自然的生命基礎」的意義不會有很大的差別[8]；

考察下只具有象徵意義，在一部像德國基本法這種以人性尊嚴的保護為其核心價值的憲法架構下，殊難想像納入真正以生態為中心的國家目標規定。

[7] Vgl. Michael Kloepfer, Verfassungsänderung statt Verfassungsreform. Zur Arbeit der Gemeinsamen Verfassungskommision, 1995, S. 107.本書對德國共同修憲委員會的討論有詳細的描述。

[8] Vgl. Nikolai Müller-Bromley, Staatszielbestimmung Umweltschutz im Grundgesetz?. Rechtsfragen

其次是在原則以自然人爲權利主體的基本權體系之下，非以人或法人爲中心的「權利」，首先面臨的就是如何納入體系的問題，在德國憲法上，更會面臨在體系上，如何與基本法第1條第1項人性尊嚴保障爲中心的基本權體系保持一致的問題。如果再考慮法律層次，就會發現無論是以人爲中心還是以生態爲中心的規定，如果要能夠運作，就只能納入目前以人爲中心的法律架構內[9]。

二、國家目標規定加上法律保留？

採取「法律保留」的意思是指，環境保護作爲國家目標規定時，關於其保護是否要加上一些條件，尤其是國家權力實現該目標時的優先順位。其實於此「法律保留」的意義已經有些微的改變，因爲傳統在憲法學上，法律保留主要是針對基本權的限制而設的，其意略爲：國家必須經由法律或是基於法律才能限制基本權。雖然國家目標規定的實現或多或少會涉及人民的基本權，精確地說，有時爲了要實現國家目標規定可能必須限制基本權，有時國家目標規定的實現也有助於基本權的保護，因此將國家目標規定視爲基本權的限制或侵害，而設定「法律保留」的看法似乎有所不妥。此外在國家目標規定上加上「法律保留」，也跟德國基本法歷來的憲法原則的規定風格有所扞格[10]。當然這樣的設計旨在防止行政或司法直接適用該條款，保留立法者優先決定的權利，又跟「法律保留」的傳統功能有類似之處[11]。

---

der Staatszielbestimmung als Regelungform der Staatsaufgabe Umweltschutz, 1990, S. 108 ff.

[9]　Ebd., S. 1036 ff.

[10]　Vgl. M. Kloepfer, Verfassungsänderung statt Verfassungsreform, S. 39.

[11]　關於法律保留，中文請參考許宗力，論法律保留原則，收錄於：法與國家權力，1992年4月，117頁以下。

　　至於加入此內容之後，是否如修憲者所願得以保留立法者的優先決定權，在考慮德國現有法律實務運作情形後，也必須有所保留。因為一方面聯邦憲法法院在過去的判決裡，不乏有結合基本權利規定與憲法原則——例如社會國原則而導出新的基本權利的例子，所以即使將環境保護以客觀法的方式規定為國家目標，再加上法律保留，也很難阻止聯邦憲法法院在一定的事態下導出主觀權利，當然如此一來憲法法院就要在判決理由中，正當化明顯違反修憲者意旨的解釋，鑒於近五十年來的實務運作，此亦非難事。另一方面，即使行政機關必須依據法律或法，才能履行環境保護的國家義務，作為憲法位階的國家目標規定仍然直接拘束行政權，尤其在適用概括條款或不確定法律概念時，仍有許多判斷餘地，此時就有機會適用該條款。

肆、環境保護入憲的模式

一、環境基本權

　　為何德國後來討論環境保護入憲問題時，重點轉移到環境保護的「國家目標規定」，而非「環境基本權」？除了與提倡環保政黨在國會中的席次有關外，主要跟德國法學界對基本權利的主流見解以及德國基本法的規定有關。基於基本法第1條第3項，基本權拘束立法，行政與司法為直接有效的權利，一舉解決了威瑪時代關於基本權效力的爭議[12]。許多學者主張基本權利主要是人民對抗國家的防禦權

---

[12] Vgl. Konrad Hesse, Bedeutung der Grundrechte, in: Ernst Benda u. a. (Hrsg.), Handbuch des Verfassungsrechts der Bundesrepublik Deutschland, 2. A. 1994, S. 130 f.

（Abwehrrecht），然而「環境基本權」卻與廣受討論的「社會基本權」（soziale Grundrechte）類似，涉及非單一地位（Position）的集合，換言之，此概念下的權利包含結構互異的權利，除了可能包含傳統意義上的基本權利，亦即人民可藉此在特定環境領域上對抗國家的侵害之外，比較典型的面向是所謂的「要求保護的權利」（Recht auf Schutz），亦即人民作爲基本權利的主體，要求國家提供保護措施以對抗來自第三者的侵害；此外也可能涵蓋人民參與與環境問題相關程序的權利（Recht auf Verfahren），或是要求國家出面提供改善環境措施（事實行爲）的權利[13]，這些面向作用的方式與傳統防禦權並不相同，而與社會權的結構類似。因此環境權入憲時首先會遭遇的，就是與現有的基本權保護體系是否相容的問題，因此常有論者質疑，若將性質特殊的環境權定爲憲法所保障的基本權利，是否可能間接造成基本權利拘束力的削弱？

其實類似的疑問，在基本權客觀面向（objektive Dimensionen der Grundrechte）[14]的發展中也不斷被提出[15]，論者常質疑：到底基本權客觀面向的發展會造成基本權效力的加強還是減弱？這很難一概而論，因爲隨著社會的複雜化，基本權利實現的實質條件[16]以及基本

---

[13] Vgl. Robert Alexy, Theorie der Grundrechte, 1. A. 1986, S. 403 f.

[14] 基本權利的客觀面向原則上代表基本權效力的擴張，主要是指下列基本權功能（Grundrechtsfunktion）或稱爲基本權的客觀法（ojektiv-rechtliche Grundrechtsgehalte）內容：基本權的第三人效力（Drittwirkung der Grundrechte）、基本權作爲組織與程序的保障（Grundrecht als Organisations- und Verfahrensgarantien）以及基本權保護義務（grundrechtliche Schutzpflichten）。關於其發展與問題請參考Horst Dreier, Dimensionen der Grundrechte. Von der Wertordnungsjudikatur zu den objektiv-rechtlichn Grundrechtsgehalten, 1993, S. 41 ff.; Klaus Stern, Das Staatsrecht der Bundesrepublik Deutschland, Band III/1, 1988, S. 890 ff.

[15] Vgl. Ernst-Wolfgang Böckenförde, Grundrechte als Grundsatznormen. Zur gegenwärtigen Lage der Grundrechtsdogmatik, in: ders., Staat, Verfassung, Demokratie, 1991, S. 185 ff.

[16] Vgl. Dieter Grimm, Rückkehr zum liberalen Grundrechtsverständnis?, in: ders., Die Zukunft der Verfassung, 1991, S. 221 ff.; ders., Die Zukunft der Verfassung, in: ebd., S. 405 ff.

權主體之間基本權衝突的型態也在變化，並非一成不變，在德國經過四十多年來的發展，實務上運作以及廣獲學說承認的基本權保護體系，早就不是單純的防禦權型態，納入環境基本權所可能造成的影響，僅從狹窄的防禦權「理論」來觀察，其解釋力與說服力自然有限。

　　除了環境權結構的複雜性之外，還有其保護對象規範內容不確定性的問題，無論規定為「環境」、「自然的生命基礎」或是「人類的自然生命基礎」，都會遭遇到同樣的問題。作為基本權利的首要條件是與個人生活及其行動領域的重要關聯，在什麼程度內環境作為人類的自然生命基礎，因為是生命與自由的前提，而有必要由基本權直接保障，並不是一個容易回答的問題；此外基於基本權的個人關聯性，如果現有的基本權體系所發展出來的「基本權保護義務」（grundrechtliche Schutzpflichten）[17]，可以達成類似的效果，有沒有必要制定環境基本權也是個問題。當然值得一提的是，基本權的保護義務基本上是以客觀法的模式出現，實務上只有在例外情況才允許個人提起憲法訴願，其對環境保護的作用，原則上與國家目標規定有異曲同工的效果。直接在憲法中制定環境基本權，原則上基於憲法條文的明示性，其所能發揮的正面效果卻也不可小覷。

　　也有學者從權力分立的觀點提出質疑，一旦規定帶有給付權（Leistungsrechte）性質的環境權，由於其內容的不確定性，是否會

---

[17] 「基本權保護義務」是指國家保障其國民基本權法益不受侵害的義務，主要指向於立法者，要求其積極的制定法律來保護該法益，也指向行政要求其執行保護基本權法益的法律，並提供憲法法院審查標準，審查其他國家權力的行使有無違背該義務。關於其概念請參考 Johannes Dietlein, Die Lehre von den grundrechtlichen Schutzpflichten, 1992, S. 51 ff.; Peter Unruh, Zur Dogmatik der grundrechtlichen Schutzpflichten, 1996, S. 20 ff.

造成聯邦憲法法院的權限擴張，因而限制立法者的政策形成自由，不但有可能牴觸權力分立原則，也有可能不相容於民主原則？不過這個問題並非在規定爲環境權的情況才有可能發生，就算規定爲國家目標規定也會有相同的疑慮，因爲這不僅涉及內容上如何規定的問題，也與權力分立制度結構有很大的關聯，簡言之，在憲法中設立司法違憲審查制度，無論其採取的形式爲何，皆已經爲立法者與職司違憲審查機關的權限衝突或緊張預設了伏筆，以權力分立爲標準質疑環境保護條款的入憲，在論證上有倒果爲因之嫌。

二、環境保護的國家目標規定

作爲國家目標規定的「自然生命基礎的保護」，在憲法結構中的功能爲何？也是值得探討的，這就涉及了國家目標規定的意義與功能，以及上述的「雙重法律保留」。

（一）憲法規定的種類

在憲法中劃分憲法規定的種類，據以界定其作用方式與效力的做法，一部分在實定憲法上有其依據，一部分則是憲法學說的產物。例如基本權利與國家機關組織及其權限的劃分，就構成一般當代民主憲法的主要架構；此外還有所謂的「憲法原則」（Verfassungsprinzipien）、「國家目標規定」（Staatszielbestimmung）、「立法委託」（Gesetzgebungsaufträge）、「方針規定」（Programmsätze）等種類。通說中方針規定被認爲是不具拘束力的規定，然而這種說法在德國基本法之下是否還有無成立餘地，值得探討，尤其基於憲法規範性的觀點，在憲法之內訂立不具拘束力的條款，亦非沒問題的

做法，嗣後經由解釋將某些憲法條款定位爲方針規定而否認其拘束力亦然[18]。其他種類的規定一般認爲具有憲法位階的拘束力，其拘束性的強度則有區分[19]。由於憲法規定的種類主要是憲法學說的產物，所以目前並沒有統一的說法，依據不同的觀點會有相異的分類，例如Peter Badura就依據規範拘束性的種類與規模將之區分爲三種：「憲法原則」（Verfassungsgrundsätze）、「憲法命令」（Verfassungsbefehle）與「保障」（Gewährleistungen）。「憲法原則」提供國家形構、國家形式與國家組織的準則，並爲國家權力的行使或國家的其他行爲確立指命，國家結構原則、國家目標規定與其他任務規定皆屬之。「憲法命令」則要求國家，必須根據種類與時點或多或少完成某些行爲，例如設置機構或制定法律，許多被定位爲「立法委託」（Gesetzgebungsaufträge）的規定皆屬之。「保障」則是一些用來保障重要法律制度或是保護人民自由權利的條文[20]。Klaus Stern則將憲法規定的種類區分爲十種：權限規範（Kompetenznormen）、創設規範（Kreationsnormen）、程序規範（Verfahrensnormen）、修改規範（Revisionsnormen）、規範性規定（Normativbestimmungen）、基本權規範（Grundrechtsnormen）、保障（Gewährleistungen）、國家結構與國家目標規範（Staatsstruktur- und Staatszielnormen）、憲法委託規範（Verfassungsauftragsnormen）及其他的實質法或組織法規範[21]。

---

[18] Vgl. N. Müller-Bromley, Staatszielbestimmung Umweltschutz im Grundgesetz?, S. 36 f.; 39 f.

[19] Vgl. P. Badura, Arten der Verfassungsrechtssätze, S. 41.

[20] Vgl. P. Badura, Arten der Verfassungsrechtssätze, S. 38 f.

[21] Klaus Stern, Staatsrecht der Bundesrepublik Deutschland Band I, 2. A., 1984, S. 118 ff.

　　採取此類分類式思考時應注意的是，有的憲法條文可以同時歸屬於不同種類，例如德國基本法第9條第3項的規定，一方面由於保障結社自由的基本權利而屬於「保障」，另一方面基於其規定的方式也可劃歸「憲法原則」，如何分類因此也是憲法解釋的問題。此外在德國基本法之中，有許多「憲法原則」在條文上規定得並不完整，主要是經由憲法解釋才得出[22]。於此皆可以看到憲法學說／理論與憲法解釋之間的循環性。

（二）國家目標規定的意義與「功能」

　　原本「國家目標規定」即屬於憲法學發展出來的概念[23]，一直到1990年8月31日，兩德統一條約第5條明文規定，未來憲法的修改應考慮在基本法中納入國家目標規定，才正式成為實定憲法的概念[24]。在分類上「國家目標規定」基本上歸屬於「憲法原則」，其拘束力比屬於「憲法命令」的「立法委託」強，拘束的對象也不限於立法者，雖然二者皆規範國家任務（Staatsaufgabe）[25]。

　　「國家目標規定」指的是一些具有拘束性的憲法規範，與之牴觸的法律就構成違憲，其內容在於為現在以及未來的國家行為設定任務與方向，這些目標設定的位階高於一般政策目標，在此面向上拘束立法者，並限制其政策形成自由，至於手段上如何實現該目標乃立法者

---

[22] Vgl. P. Badura, Arten der Verfassungsrechtssätze, S. 39.

[23] 此概念在德國首先由H. P. Ipsenz在1949年提出，他使用此概念來指稱基本法第20條以及第28條有關的社會法治國的規定；vgl. P. Chr. Fischer, Staatszielbestimmungen in den Verfassungen und Verfassungsentwürfen der neuen Bundesländer, 1994, S. 3.

[24] Vgl. P. Badura, Arten der Verfassungsrechtssätze, S. 45.

[25] 關於任務規範（Aufgabenormen）的分類，可參考Nikolai Müller-Bromley, Staatszielbestimmung Umweltschutz im Grundgesetz?, S. 31 ff.

的權限與自由[26]。

　　對於是否應將環境保護定為國家目標規定，主要的疑慮可分成兩個層次，首先是一般性的反對國家目標規定的制定，論者認為此種憲法規範因為內容抽象不易確定，又因為可以限制立法者的政策形成自由，有違憲疑義時若進入憲法訴訟，具有最終決定權的是聯邦憲法法院，會造成憲法法院而不是民選的立法機構在做政策決定，而間接造成權力分立結構的改變，造成國會權力的架空。另一種疑慮主要是針對憲法的「功能」，認為國家目標規定通常以不易實現的期望為內容，除了有可能逾越憲法的「功能」，減弱憲法的規範性與整合力之外，通常也會超過國家實現該目標的能力，動搖其正當性[27]。這些批評原先是針對基本法第20條與第28條所蘊含的「社會國目標」，以及第109條的「總體經濟均衡目標」而發，在進行環境保護入憲的憲法政策辯論時，也被引用來作為反對的論據[28]。其實這也是環境保護法制化對政治系統的一般性後果問題，例如論者質疑，在環境保護上國家是否負擔過大？當國家給予太多承諾，例如在憲法之中列入環境權或環境保護的目標規定，或者在法律層次的規定中環境標準定得太高，卻又無法實現，是否也會危及國家的正當性？

　　此類看法的問題首先在於，對於憲法的功能做了特定的判斷，卻沒有反省這樣的判斷是否基於合理而有根據的考察，例如憲法的整合

---

[26] Vgl. ebd., S. 41 f.; K. Hesse, Bedeutung der Grundrechte, S. 143.; Ulrich Scheuner, Staatszielbestimmungen, in: Josef Listl/Wolfgang Rüfner (Hrsg.), Staatstheorie und Staatsrecht. Gesammelte Schriften, 1978, S. 223 ff.; 關於「國家目標規定」的定義常被引用的還有專家委員會（Sachverständigenkommision）1983年在「國家目標規定／立法委託」報告書中的定義，請參考Bericht der Sachverständigenkommision Staatszielbestimmung/Gesetzgebungsaufträge von 1983, S. 21.

[27] Vgl. P. Badura, Arten der Verfassungsrechtssätze, S. 45 f.

[28] Vgl. K. Hesse, Bedeutung der Grundrechte, S. 146.

功能、憲法的政治正當化功能，常常就被視爲自明之理，而成爲論證的前提。在此應該區分兩種常用的「功能」概念，若在討論上對兩者未加區分[29]，容易造成論證上的混淆，阻礙進一步探討的可能性。首先應該指明的是，憲法學概念上「功能」常常是「任務」的同義詞，所以有時論者會說，憲法的功能在於拘束與限制國家權力，在於保障人民的自由權利[30]，在基本權理論的討論中也常常有類似的概念使用，有時把不同的基本權面向稱爲基本權功能[31]，這種「功能」概念屬於規範性判斷，仍處於法律學領域，與前面所提的整合性等功能意義有所不同，因爲該種功能敘述指涉的是事實層次，因此至少應該以事實的研究例如社會學的考察爲基礎，可以說，此類憲法功能描述的問題即在於，雖然在憲法學的討論中常常出現，有時也成爲法律論證的根據，然而並不是以實際上的功能分析做基礎，而是以學者或學說對於憲法功能的期待爲依據，其背後對於國家以及社會的預設有時若不是很清楚，也有待跟上其他社會科學在當代的發展，因此很難成爲有力的論據。

以憲法的「整合功能」爲例，在德國首先由Rudolf Smend[32]在1928年提出，一直到近七十年後還是憲法學這方面的立論基礎，然而七十年間隨著社會的重大變遷以及社會學的快速發展，即使不論Smend當時建立整合理論時所根據的社會圖像是否合宜，當代知識水平上對當代社會的理解，已經與Smend的時代有顯著的差別，尤其對

---

[29] 例如K. Stern, Staatsrecht der Bundesrepublik Deutschland Band I, 2. A., 1984, S. 82 ff.就混用兩種功能概念。

[30] Vgl. P. Badura, Arten der Verfassungsrechtssätze, S. 35 ff.

[31] Vgl. Albert Bleckmann, Staatsrecht II – Die Grundrechte, 4. A., 1997, S. 243 ff.

[32] Verfassung und Verfassungsrecht, 1. A., 1928.（重印於R. Smend, Staatsrechtliche Abhandlungen, 1955, S. 119 ff.）。

於社會各次系統包括法律系統的功能分析亦有重大進展[33]，今日若還要論及憲法的整合功能，首應嘗試的是，基於當代的社會科學研究成果[34]，重新探討或重新建構憲法的整合功能，可惜的是當代的德國憲法學於此著墨亦不多[35]。當然不容否認的是，做憲法政策考量時，憲法的功能是很重要的參考點，但是應予清楚區分的是，憲法功能的事實分析[36]與憲法學對憲法的規範性期待，前者有待跨學科的努力[37]，恐非憲法學可獨立完成，卻也成為憲法學這方面進一步發展的基礎。

　　上述看法的另一個問題是規範性的：國家在經濟調控以及社會政策的領域僅具有有限的能力，並不能用來否定，國家在這些領域應該負擔的責任或是國家在有可能的情況下應該實現該目標，在環境保護上亦然。作為國家目標設定的意義即在於，以憲法位階的規範要求國家應該盡量履行其義務，採取各種可能的手段實現該目標，至於採取

---

[33] 例如Niklas Luhmann在Das Recht der Gesellschaft, 1993.一書中對法律系統的功能分析，詳見該書124頁以下。

[34] 例如Jürgen Habermas, Faktizität und Geltung, 4. A., 1994.一書基於溝通行動理論對法律系統社會整合（soziale Intergration）功能的探討，詳見該書33頁以下。

[35] 70年代Helmut Willke, Stand und Kritik der neueren Grundrechtstheorie. Schritte zu einer normativen Systemtheorie, 1975.，90年代Karl-Heinz Ladeur, Postmoderne Rechtstheorie, 2. A., 1995.算是極少數的例外，二者皆是站在社會學系統理論的立場，嘗試結合法學與社會學以更新憲法理論與基本權理論的例子。最近Günter Frankenberg, Die Verfassung der Republik. Autorität und Solidrität in der Zivilgesellschaft, 1997.一書，則從行動理論的觀點做嘗試。

[36] 例如N. Luhmann, Politische Verfassungen im Kontext des Gesellschaftssystems, in: Der Staat 1973, S. 165 ff.; ders., Verfassung als evolutionäre Errungenschaft, in: Rechtshistorisches Journal 1990, S. 176 ff.，由於Luhmann對於憲法的功能分析是社會學式的，固然可以提供法學一些因為學科特質難以獲得的洞視，然而如何運用此洞視建構規範性的憲法理論，是有待進一步探討與解決的問題，於此已經碰觸到比較深層次的方法論問題。值得一提的是，此層次的方法論不同於傳統以法律解釋問題為主的「法學方法論」，而較接近學科邏輯（Logik der Wissenschaft），此一層次的問題可參考Oliver Lepsius, Die gegensatzaufhebende Begriffsbildung. Methodenentwicklungen in der Weimarer Republik und ihr Verhältnis zur Ideologisierung der Rechtswissenschaft unter dem Nationalsozialismus, 1994.一書156頁以下。

[37] 例如註25的兩本著作以及Gunther Teubner, Recht als autopoietisches System, 1989. 一書站在系統理論的成果上，在個別法領域結合社會學與法學的嘗試。

什麼方法，制定什麼內容的法律來實現該目標，原則上則留待立法者決定。

　　第二個層次的是專門針對環保作為國家目標規定的疑慮，主要是質疑有無其必要性，論者認為即使沒有這條憲法規範，立法者仍然會制定各式各樣的環境法規，來解決越來越複雜與多樣化的環境問題，1970年代到現在所制定的環境法規就是最好的證明，此看法認為，在憲法上增訂環保條款並不能發揮什麼特別的作用，在一些例外特別有保護必要的情況，也可藉由已經由聯邦憲法法院發展出來的「基本權保護義務」加以解決[38]，不過這種論點忽略了，一旦將環保入憲，作為國家追求的目標，無論在國會做政策辯論時，或是在聯邦憲法法院審查法律有無違憲時，都是強而有力的憲法論據。而且依實務經驗而言，至少可以推測在環保入憲後，過去曾經達到的各種環保標準，因取得憲法位階的保障，若無其他重大的理由，基本上不得再變更[39]。亦有論者認為，定入環保條款會造成過度強調環境保護，甚至使其「絕對化」或引以為限制基本權的理由[40]，這種論點忽略了環保入憲的目的，即在於凸顯環境保護的價值，如果環保是一個憲法位階的法益，原本就有可能與其他憲法位階的法益產生衝突，所以問題不應該是是否過度強調環保，而是這些相競爭的法益之間的關係要如何安排，這樣的問題就無法抽象地解決，必須考慮到環保條款規定與其他憲法規定的內容、產生衝突的情況等因素，以目前德國基本法第20條a規定的雙重法律保留，根本不可能產生獨尊環保的情形，當然

---

[38] Vgl. Tzung-Jen Tsai, Die verfassungsrechtliche Umweltschutzpflicht des Staats, 1996, S. 58.

[39] Politischer Druck wirksamer als Verfassungsnormen. Prof. Reinhard Hendler zur Staatszielbestimmung Umweltschutz: ein Interview, in: Express 1995, S. 8.

[40] Vgl. T.-J. Tsai, Die verfassungsrechtliche Umweltschutzpflicht des Staats, S. 55 f.

這也可能造成該條難以發揮預期作用的後果，不過換個角度言之，這樣的後果可能是修憲者當初所預期並追求的。

伍、結語

除了上述問題外，環境保護與相關基本權的關聯與衝突亦為基本的問題，在實質法方面，環境權的保護法益很有可能與其他基本權保護法益相衝突。在程序法以及行政程序方面，由於環境法規的特殊結構——例如環境標準以及事實認定，會給予行政機關過多裁量的空間，也有可能造成基本權利保護上的漏洞，而產生從環保國的理想會不會造成監管國的噩夢的疑問[41]？不過此問題與環保入憲與否，以及採取何種方式入憲，沒有直接關聯，反而是跟環保法制化的一般趨勢有關。其他相關的問題還有：環境保護與社會國原則的關聯與衝突，以及環境保護與民主法治國原則的關聯與衝突[42]，這些問題與整個實務運作及相關法令息息相關。

值得一提的是，環境保護法制化在事實層面上，也涉及了法律系統的功能與其界限[43]；換言之，法律系統在處理環境破壞的問題時，會面臨該系統處理該問題能力的界限，由於環境問題與環境問題之發現的推陳出新，目前已經出現一方面環境法過度膨脹，卻仍無法跟上時代的問題，另一方面由於制定越來越多與傳統法律性質

---

[41] Vgl. Michael Kloepfer, Vom Umweltrecht zum Umweltstaat?, in: Ulrich Steger (Hrsg.), Handbuch des Umweltmanagements, 1992, S. 48 f.

[42] Ebd., S. 49 ff.

[43] Vgl. Niklas Luhmann, Ökologische Kommunikation, S. 124 ff.

迴異的環境法規，對法律系統也造成嚴重的後果[44]，挑戰法律系統的學習能力，而法律系統也只能站在既有的基礎上處理環境問題，亦即在既有的功能與結構下對該等問題做反應[45]，所以就涉及傳統的法律技術能否勝任的問題── 傳統的法律範疇原則上並不適合處理環境問題，固然依據傳統法律技術，可以將環境問題分解以及定位為各個因素，然而卻會一直遭遇到不確定性亦即恣意的問題，例如各種環境標準值的規定[46]，另外環境法規中常常出現的各種「空白公式」（Leerformel），例如平衡（Ausgleich）、衡量（Abwägung）、合乎比例（Vehältnismäßigkeit），也會提升法律決斷的恣意性[47]；而且環保法規因為採取較多的目標規定（Zweckprogramm），也與目前以條件程式制定的法律（Konditionalprogramm）扞格不入[48]；環保法規的執行也是個常常引起注意的問題，為了解決執行上的困難，也會發展出新的執行模式，這些模式卻會因為處於合法性的邊緣，而很難納入既有的體制，並造成行政裁量權的擴張[49]；此外在立法上採取直接干涉或間接影響方法？採取哪一種法律形式── 傳統的壓制法（repressives Recht）或是反思法（reflexives Recht）[50]也是問題。

---

[44] Ebd., S. 133 ff.

[45] 關於法律系統的功能與結構請參考N. Luhmann, Das Recht der Gesellschaft, 1993. 一書第三章「法的功能」（Die Funktion des Recht）與第四章「符碼化與程式化」（Codierung und Programmierung）。

[46] Vgl. N. Luhmann, Ökologische Kommunikation, S. 134.

[47] Ebd., S. 135.

[48] Ebd., S. 129 f.

[49] Ebd., S. 147 f.

[50] 「反思法」理論意味著，當法律系統將其規範與程序對準社會的狀況，也就是當法理論與法學將法的社會現實條件當作討論的重點，亦即法學將其問題的視域、論證的題材與風格，對準各個自主社會次系統獨特邏輯的持續衝突，法律實務也將其當作重要的決策前提時，在一定範圍內可以提高其調控成效，關於反思法概念可參考G. Teubner, Recht als autopoietisches System, S. 29 ff.; 120 ff.; 149 ff.; Helmut Willke, Ironie des Staates, 1992, S. 205 f.

　　我國目前無論在憲法學或是憲法實務上，關於基本權利保護的制度與解釋都沒有像德國那麼體系化，過去在戒嚴時期以及解嚴後的幾年，比較受到重視的是與政治參與相關的權利，例如言論自由、集會結社自由、人身自由，並著重其防禦權的面向；解嚴之後的幾次修憲，曾經有討論社會權的聲音，1997年修憲不但社會權的提案亦曾經進入二讀程序，環境權入憲的提案亦曾在一讀會中出現，然而事前卻缺乏針對社會權與環境權的各種問題做詳細的討論。許多國家社會權入憲的經驗顯示，若不是流於紙上空談，就是僅有國家目標規定的效果，因為社會權基本上是一種給付請求權[51]，例如要求工作的權利、要求住宅的權利，這些都不是僅僅規定在憲法就能兌現的，還要看相應的立法如何落實此權利，此外並牽涉到複雜的經濟結構問題，也直接影響政府預算的規劃、國庫的情況。環境權在結構上又比社會權複雜，如何制定環境基本權，卻又不流於紙上談兵，而可以發揮憲法層次的效力，不只是對我國法學界也是對於法律實務的一大挑戰，環境權一旦入憲，除了學界可以在其解釋上做學理上的準備外，主要就要看憲法實務上如何運作，例如立法者有無針對環境基本權做相應的立法，以及一旦有人民聲請釋憲，大法官如何做解釋了。

　　另一種方式就是將環境保護定為國家目標規定，於此應該一提的是，憲法增修條文第10條，已經對環境及生態保護有所規定，其內容為**「經濟及科學技術發展，應與環境及生態保護兼籌並顧」**。值得討論的是此條文的性質，就我國憲法規定的種類而言，該條應該屬於基本國策類的條文，問題是我國憲法中基本國策的法律性質為何？換言之，基本國策到底具有何種拘束力？當國家權力違反基本國策時會

---

[51] Vgl. R. Alexy, Theorie der Grundrechte, S. 454 ff.

產生何種法律效果？若借用上述德國憲法學界對於憲法規範的分類，可做下述的觀察：基本國策到底是僅具宣示效果而不具拘束力的方針規定？還是屬於有拘束力的憲法規範？此問題的初步回答應該是：因為基本國策所包含的條文種類參差不齊，所以不可一概而論。根據其規定的方式及內容，既有原應屬於基本權利章者，也有屬於立法委託、國家目標設定者，更有許多宣示性的方針規定，所以僅根據增修條文第10條屬於基本國策類，仍不足以判斷其拘束性之有無，然就其規定的方式與內容看來，包含許多可以視為立法委託的規定。當然就我國憲法而言，上述德國式的分類只是在學理建構以及憲法解釋[52]上比較法的參考而已，不能因此就排除其他分類或思考的可能性，然其價值在於提供較精確的思考範疇，讓我們知道問題可以如何處理以及其困難何在，何種方式的規範可以在憲法上達成何種效果；此外上述的檢討也指出，「法學家的理性」或「法學的合理性」也是有其侷限的，在面對環保問題時，既有的思維模式或學科邏輯就有可能面臨其能力的極限，尤其在法律政策或憲法政策的層次，有待跨學科的努力，當然這也是當代憲法學更新的契機[53]。

原文出處：張嘉尹，環境保護入憲的問題，月旦法學雜誌，38期，1998年7月，86-96頁。

---

[52] 關於憲法解釋的問題，中文可參考張嘉尹，憲法解釋理論之研究，台大法研所碩士論文，1992年。

[53] 上述G. Frankenberg, Die Verfassung der Republik一書，就是此類在當代條件下憲法學重建的例子。

Part 2 人性尊嚴與生命權保障

CHAPTER

3

人性尊嚴的重量
——評析大法官釋字第656號解釋

壹、前言

　　新新聞文化事業股份有限公司（以下簡稱「新新聞」）出版的新新聞週刊在2000年11月刊載〈鼓動緋聞，暗鬥阿扁的竟然是呂秀蓮〉一文，台灣社會舉世譁然，時任副總統的呂秀蓮深感名譽受損，要求新新聞道歉未果，在同年12月20日提出妨害名譽損害賠償的民事訴訟，歷經三餘年，終於在2004年三審定讞，法院判決新新聞等應連帶將「道歉聲明」及該判決主文暨理由刊登於四大報各1天。新新聞認爲這個判決違法違憲，於是聲請大法官解釋憲法[1]。五餘年後大法官才做出釋字第656號解釋，並伴隨著總共七份的協同與不同意見書，顯見對本件解釋的做成，大法官之間有許多不同看法。

　　單是從法的技術層面觀察，本號解釋涉及諸多爭議問題，不但在程序面上，大法官是否應受理本案？大法官是否應對釋字第509號解釋爲補充解釋？有待釐清。實體面上，民法第195條規定後段是否違憲？大法官是否有權對民法第195條後段規定爲「合憲性解釋」？公開道歉作爲回復名譽的適當處分是否違反比例原則？公開道歉是否回復名譽的最後手段？釋字第509號解釋所闡揚的台灣版「眞實惡意原則」是否可適用於民事妨害名譽的案件？也亟待探討。

　　實則本號解釋更觸及基本權利保障的核心問題，一方是名譽權的保障，另一方則是言論自由消極面──不表意自由──的保障，這是典型基本權利衝突的情況，具體落實在民事法律關係的爭議，而具有基本權利第三人效力的問題結構。名譽權固然爲重要的人格權內涵，

---

[1]　有關本案的報導，可參見自由時報電子新聞網，呂秀蓮回復名譽案新新聞敗訴定讞，網址：http://www.libeitytimes.com.tw:80/2004/new/apr/30/today-fo1.htm，最後查訪日：2009/05/01。

也是實現人性尊嚴所必要，然而本案中涉及判決強制公開道歉，對於不表意自由的限制即可能造成自我羞辱，如此將會損及人性尊嚴。無論是尋常老百姓還是公眾人物，被子虛烏有之事損及名譽時，人格與尊嚴當然受到傷害，然而即使是對於中傷別人的加害者而言，情何以堪的卻是在法院判決的國家公權力強制下，必須違背自己的意願或被擬制的在公開場合向被害人道歉，在這等情事中，不但不表意自由可能受到不成比例的限制，人性尊嚴同樣受到重擊。這場看似人性尊嚴v.s.人性尊嚴的對抗，具體觀察的話，卻有著不同的意義，名譽權受損是來自同樣屬於人民的第三者所為，不表意自由的限制卻是由國家公權力所發動的，因此表面上看似以牙還牙以眼還眼的價值衝突，在現代憲政主義的法治國家中，卻必須適用不同的考察角度。對後者而言，至關緊要的尤其是基本權利對抗國家的防禦性功能能否實現的問題，姑不論人性尊嚴原則出自憲法何處，人性尊嚴的保障構成基本權利的核心，卻是不容忽視的觀點，因此本案的深層意義，即在於測試基本權利保障體系之中人性尊嚴所具有的重要性[2]。

　　本文將先簡介案件事實，其次分析解釋文暨解釋理由書與意見書的內容，最後則針對幾個爭議問題提出作者淺見。

貳、案件事實

　　聲請人之一新新聞於2000年11月間所發行之新新聞週刊中，刊出以〈鼓動緋聞，暗鬥阿扁的竟然是呂秀蓮〉為題之報導，時任副總

---

[2]　有關於人性尊嚴在憲法上的意義，參閱李震山，人性尊嚴之憲法意義，收錄於：人性尊嚴與人權保障，三版，2009年2月，3-24頁。

統之呂秀蓮認該報導不實，損害其個人名譽，乃以新新聞、社長王建壯、總編輯李明駿、執行主編陶令瑜、主編吳燕玲、採訪記者楊舒媚等6人，以及另2位相關人員為被告，提起請求侵權行為損害賠償民事訴訟，訴請被告連帶將「道歉聲明」連續3天刊登於18家報紙，並於14家電視臺播放朗讀之，又連帶將判決書全文刊登於18家報紙，並於14家電視臺及8家廣播電臺播放朗讀之，以回復其名譽。本案經上訴第二審，臺灣高等法院以91年度上字第403號民事判決廢棄部分第一審判決，改命新新聞等6人連帶將「道歉聲明」及該判決主文暨理由刊登於中國時報、聯合報、自由時報、工商時報各1天，而駁回呂秀蓮、李明駿其餘上訴。新新聞等6人不服其敗訴部分之第二審判決，向最高法院提起上訴，經最高法院93年度台上字第851號民事判決予以駁回，而告定讞。該6人認上開最高法院確定終局判決所適用民法第195條規定及相關法令有違憲之疑義，聲請解釋憲法及補充解釋。

參、釋字第656號解釋的內容

一、解釋文

民法第195條第1項後段規定：「其名譽被侵害者，並得請求回復名譽之適當處分。」所謂回復名譽之適當處分，如屬以判決命加害人公開道歉，而未涉及加害人自我羞辱等損及人性尊嚴之情事者，即未違背憲法第23條比例原則，而不牴觸憲法對不表意自由之保障。

二、解釋理由書

　　名譽權旨在維護個人主體性及人格之完整，為實現人性尊嚴所必要，受憲法第22條所保障（本院釋字第399號、第486號、第587號及第603號解釋參照）。民法第195條第1項規定：「不法侵害他人之身體、健康、名譽、自由、信用、隱私、貞操，或不法侵害其他人格法益而情節重大者，被害人雖非財產上之損害，亦得請求賠償相當之金額。其名譽被侵害者，並得請求回復名譽之適當處分。」其後段之規定（下稱系爭規定），即在使名譽被侵害者除金錢賠償外，尚得請求法院於裁判中權衡個案具體情形，藉適當處分以回復其名譽。至於回復名譽之方法，民事審判實務上不乏以判命登報道歉作為回復名譽之適當處分，且著有判決先例。

　　憲法第11條保障人民之言論自由，依本院釋字第577號解釋意旨，除保障積極之表意自由外，尚保障消極之不表意自由。系爭規定既包含以判決命加害人登報道歉，即涉及憲法第11條言論自由所保障之不表意自由。國家對不表意自由，雖非不得依法限制之，惟因不表意之理由多端，其涉及道德、倫理、正義、良心、信仰等內心之信念與價值者，攸關人民內在精神活動及自主決定權，乃個人主體性維護及人格自由完整發展所不可或缺，亦與維護人性尊嚴關係密切（本院釋字第603號解釋參照）。故於侵害名譽事件，若為回復受害人之名譽，有限制加害人不表意自由之必要，自應就不法侵害人格法益情節之輕重與強制表意之內容等，審慎斟酌而為適當之決定，以符合憲法第23條所定之比例原則。

　　查系爭規定旨在維護被害人名譽，以保障被害人之人格權。鑑於名譽權遭侵害之個案情狀不一，金錢賠償未必能填補或回復，因而授

權法院決定適當處分，目的洵屬正當。而法院在原告聲明之範圍內，
權衡侵害名譽情節之輕重、當事人身分及加害人之經濟狀況等情形，
認爲諸如在合理範圍內由加害人負擔費用刊載澄清事實之聲明、登載
被害人判決勝訴之啓事或將判決書全部或一部登報等手段，仍不足以
回復被害人之名譽者，法院以判決命加害人公開道歉，作爲回復名譽
之適當處分，尚未逾越必要之程度。惟如要求加害人公開道歉，涉及
加害人自我羞辱等損及人性尊嚴之情事者，即屬逾越回復名譽之必要
程度，而過度限制人民之不表意自由。依據上開解釋意旨，系爭規定
即與憲法維護人性尊嚴與尊重人格自由發展之意旨無違。

　　末就聲請人其餘聲請解釋部分，關於民法第184條第1項前段、
第195條第1項前段、最高法院19年上字第2746號、90年台上字第
646號判例等，係爭執法院適用法令見解當否之問題，尚不生確定終
局判決所適用之法令於客觀上有何牴觸憲法之處。至最高法院62年
台上字第2806號判例，並未爲確定終局判決所適用；而同院51年度
台上字第223號民事判決，並非司法院大法官審理案件法第5條第1項
第2款所稱之法律或命令；是均不得以之作爲聲請解釋之客體。而有
關聲請補充解釋部分，查本院釋字第509號解釋係就刑法第310條所
爲之解釋，有關侵權行爲損害賠償部分，不在該號解釋範圍，自不生
就此聲請補充解釋之問題。是上開部分之聲請，均核與司法院大法官
審理案件法第5條第1項第2款規定不合，依同條第3項規定，應不受
理，併此敘明。

三、意見書中的歧見

　　本號解釋的協同與不同意見書多達七份之多，大法官之間發生的

歧見，不但表現在本案幾個釋憲聲請是否應受理的程序問題上，也表現在公開道歉作為回復名譽的適當處分是否逾越比例原則，不當的侵犯不表意自由的實體問題上。這些歧見主要顯現在下列幾個問題上，首先是程序問題：1.大法官是否應該受理針對民法第195條後段的釋憲聲請？2.大法官是否應對釋字第509號解釋為補充解釋？其次是實體問題：1.公開道歉作為回復名譽的適當處分是否違反比例原則？2.公開道歉是否為回復名譽的最後手段？

四、本號解釋的特色

　　本號解釋延續近兩年來的解釋風格，解釋文非常簡短，因此解釋文與解釋理由之間的關係，類似判決主文與判決理由，令人可以一目了然的理解大法官對於系爭法律是否違憲的結論（可理解為「判決主文」），並從解釋理由書中尋繹如此決定的理由（可理解為「判決理由」）。惟本號解釋並非直接宣告系爭法律合憲或違憲，而是對其做出限縮解釋，因此也導致有大法官指出，在解釋文與解釋理由書之間是否產生矛盾或不一致，因為解釋文並未明白提及公開道歉作為適當處分的最後手段性，解釋理由書則指出：「在合理範圍內由加害人負擔費用刊載澄清事實之聲明、登載被害人判決勝訴之啟事或將判決書全部或一部登報等手段，仍不足以回復被害人之名譽者，法院以判決命加害人公開道歉，作為回復名譽之適當處分，尚未逾越必要之程度。」由於大法官解釋具有拘束全國機關與人民的法律效力，而且一般而言，解釋文與解釋理由書同樣具有拘束力，倘若兩者之間有落差，則什麼才是具有拘束力的內容在判斷上容易引起爭議，尤其是在大法官的表決程序上，前者的可決人數須達出席人數的三分之二，後

者卻僅需要二分之一。這個問題經陳新民大法官在意見書中指出之後，就在本案中顯得尖銳化了，然而必須指出的是，這並不是個案問題，而是大法官解釋「判決書化」之後必須面對與解決的一般性問題。

　　本號解釋的另一個特色，是針對民法第195條後段之規定做出「合憲性解釋」：「**所謂回復名譽之適當處分，如屬以判決命加害人公開道歉，而未涉及加害人自我羞辱等損及人性尊嚴之情事者，即未違背憲法第二十三條比例原則，而不牴觸憲法對不表意自由之保障。**」顯而易見的是，此次合憲性解釋有其特殊性，因為大法官使用了「如屬」的字眼，所以是一種條件句的表述方式，此外，是以消極方式來表達，亦即並非積極而且具體的指明該條文的合憲內容，而是反面的指出其不合憲的內容「**涉及加害人自我羞辱等損及人性尊嚴之情事者**」。這是與過去為合憲性解釋時十分不同的風格，過去無論是在釋字第509號、第535號、第617號或是第623號解釋，大法官進行合憲性解釋時，均會正面指出系爭條文文義中與憲法相符的內容，而非如這次一般，以限定式的方式來表達可能合憲的內容。事實上，從解釋文的內容也可以合乎邏輯的推論[3]出系爭條文逾越憲法許可範圍（亦即違憲）的意義內涵：「**所謂回復名譽之適當處分，如屬以判決命加害人公開道歉，而涉及加害人自我羞辱等損及人性尊嚴之情事者，即違背憲法第二十三條比例原則，牴觸憲法對不表意自由之保障。**」綜而言之，大法官在名譽權與不表意自由之間採取一個折衷的立場，原則上認為以判決命加害人公開道歉並不違憲，而以涉及加害人自我羞辱等損及人性尊嚴之情事為其例外。

---

[3]　在邏輯上「若p則q」為有效推論，則可將其改寫為同義命題「若非q則非p」，反之亦然。

肆、介於法令違憲宣告與裁判違憲宣告之間的合憲性解釋

一、人民聲請大法官解釋的法定要件

　　本號解釋的一大爭點在於應否受理針對民法第195條第1項後段的釋憲聲請，這個問題的解決主要應該訴諸司法院大法官審理案件法第5條第1項第2款的規定，因為根據同法第5條第3項之規定，聲請憲法解釋不符合前2項之要件者應不予受理。

　　徐璧湖與池啟明兩位大法官在其部分不同意見書中主張，本件關於民法第195條第1項後段之聲請，並不符合司法院大法官審理案件法第5條第1項第2款規定，因為該款所稱之法律與命令，並不包括法院裁判本身或法院適用法律、命令所表示之見解。他們認為，法院判命被告公開道歉，乃法院審理個案後，適用民法第195條第1項後段規定所表示之見解，既然我國並未採取審查個案裁判有無違憲的「裁判憲法訴願」制度，在司法院大法官審理案件法未修正之前，大法官應該嚴守受理程序要件，僅能審查確定終局裁判所適用的法律或命令是否合憲，否則將侵犯終審法院之審判權，破壞審級制度，而成為實質的第四審或超級覆審法院，因此本件關於民法第195條第1項後段的聲請應不受理[4]。

　　許宗力大法官與李震山大法官則分別為大法官受理該聲請辯護。許大法官認為，只要涉及不確定法律概念的適用，不僅在具體個案的法律適用須作利益衡量，在較前的法律解釋階段，同樣須作利益衡量，

---

[4]　參見徐璧湖大法官與池啟明大法官所提部分不同意見書。

前者是比較具體的「個案取向衡量」（fallbezogene Abwägung），後者則是比較抽象的「規則取向衡量」（regelbezogene Abwägung）。因此當大法官闡明，強迫登報道歉只能在不得已的情況下，作為「回復名譽之適當處分」的最後手段，尚未進入個案法律適用的利益衡量，並不涉及法院審理個案適用法律所表示的見解。此外，大法官在行使法律違憲審查權時，原本就有必要先行瞭解系爭法律的意義，要瞭解法律不能不解釋法律，而在解釋法律階段根據憲法保障基本權之意旨作法益權衡，乃是「憲法取向之法律解釋」原則的具體實踐。換言之，許大法官認為，本號解釋對民法第195條第1項後段為「合憲性解釋」，並未侵犯普通法院審判權[5]。

　　李震山大法官同樣贊成受理，不過理由與許大法官不同，他首先承認，本件解釋在形式上是法官個案認事用法的問題，然而從保障人民基本權利或促進整體法規範合於憲法理念的觀點出發，認為由於案件量累積已經產生通案化的現象，由量變導致質變，對於法官、名譽受侵害者及其他關係人發生了一般、抽象的規範效果，所以不表意自由在類似案件中就形同被實質剝奪，而成為確定終局判決所適用法律有無違憲疑義的問題。由於最高法院並沒有依據憲法法理填補此漏洞，立法者也未予以調整，為了填補法院合憲性控制的漏洞，基於補充性原則，應該由大法官闡明憲法真義，使系爭規定的解釋適用趨近於憲法[6]。

　　本文認為，根據司法院大法官審理案件法第5條第1項第2款規定，得聲請憲法解釋的要件為：「**人民、法人或政黨於其憲法上所保**

---

[5]　參見許宗力大法官所提部分協同意見書。
[6]　參見李震山大法官所提協同意見書。

障之權利，遭受不法侵害，經依法定程序提起訴訟，對於確定終局裁判所適用之法律或命令發生有牴觸憲法之疑義者。」雖然大法官在歷來的解釋中，已經擴張「命令」之涵義，將最高法院、行政法院（現為最高行政法院）之判例、公務員懲戒委員會之案例、最高法院民、刑庭總會議決議、民事庭會議決議、行政法院庭長評事聯席會議決議以及最高行政法院庭長法官聯席會議決議等等，皆視同「命令」，然而大法官的審查客體，仍限於確定終局裁判所適用的法規範，而不及於確定終局裁判本身或在該裁判中法院適用法律或命令所表示之見解。

　　大法官是否應該受理本案，應以聲請書中的審查客體是否以法律或命令為標準來判斷。問題在於，本案聲請書中雖然以民法第195條第1項後段為審查客體，但是事實上卻是針對對於該規定的特定解釋而來，亦即法院判決中對於該規定的解釋適用而來。民法第195條第1項規定：「**不法侵害他人之身體、健康、名譽、自由、信用、隱私、貞操，或不法侵害其他人格法益而情節重大者，被害人雖非財產上之損害，亦得請求賠償相當之金額。其名譽被侵害者，並得請求回復名譽之適當處分。**」民事法院適用該條後段，並在判決中以登報道歉為「**回復名譽之適當處分**」，因此真正產生違憲爭議者其實並非抽象「**其名譽被侵害者，並得請求回復名譽之適當處分**」之規定，而是由法院判決強制被告「登報公開道歉」是否不當侵害被告之基本權利。換言之，「形式的」與「實質的」聲請審查客體在本案中似乎相互背離，於此應以「形式的」聲請審查客體為判斷標準，假使聲請書以民法第195條第1項後段為審查客體，大法官的受理即無疑義。至於大法官受理之後，倘若認為該規定並不全然違憲，而有合憲性解釋的可能性時，而對於該條後段的「回復名譽之適當處分」做具體的

闡釋，則是另一回事，應與是否得以受理的問題相區分。就此而言，徐璧湖與池啓明兩位大法官極力反對受理的主張，似乎混淆這兩個層面。如果再更深入的思考，假使問題如此容易釐清，那麼許宗力大法官與李震山大法官又何必如此費力的爲受理本案做辯護？其實，問題就源於民法第195條第1項後段的規定方式。

　　民法第195條第1項後段之規定是針對侵害名譽的行爲，請求法院爲回復名譽的適當處分，屬於對於侵害人格權所造成非財產損失的侵權行爲請求回復原狀的規定，以補充金錢賠償的不足。「**回復名譽之適當處分**」顯然是一個不確定法律概念，在作用上該規定授權民事法院得基於當事人訴之聲明做出決定，所以首先會產生疑問的是，此限制基本權利的法律是否符合法明確性原則，從民事法所內含的衡平性出發，雖然何爲「**適當處分**」並不明確，優點是授權法院在認定侵害名譽權之行爲存在後，可以靈活的在得以回復名譽的多種適當處分之間，選擇一個比較適當的手段。所以該規定是否違憲的關鍵應不在於該概念明不明確，而在於其具體解釋適用時是否已偏離衡平性，而在相衝突的兩個基本權利 —— 名譽權與不表意自由 —— 之間，過度的偏向其中之一。從基本權具有間接第三人效力（mittelbare Drittwirkung der Grundrechre）的角度出發[7]，民事法院在解釋適用

---

[7]　「基本權利的間接第三人效力」意謂，基於基本權利的客觀價值秩序，基本權利雖然沒有水平的、直接的在人民與人民的私法交往當中起作用，原則上人民亦無法對其他人民直接主張基本權利，但是基本權利卻是法官在解釋民法「概括條款」（Generalklauseln）與「不確定法律概念」（unbestimmte Rechtsbegriffe）時，必須尊重的準則。法官在審判中解釋與具體化「概括條款」與「不確定法律概念」時，必須依據相關基本權利的精神爲之，因此基本權可透過這些橋梁「間接的」在人民與人民的交往當中發生效力。如果法官解釋「概括條款」與「不確定法律概念」時，並未尊重相關的基本權利的客觀價值秩序，則不但在客觀上違背憲法規定，在主觀上，法官作爲公權力的行使者也違背應遵守基本權的憲法義務，其所爲之判決有可能因此違憲。有關於「基本權利的第三人效力」的意義，參閱張嘉尹，基

這個不確定法律概念時，應該受到相關基本權利的精神——基本權利的價值秩序——所拘束，所以必須先在名譽權與不表意自由之間爲價值衡量，再以衡量結果來具體化所謂的「**適當處分**」。

大法官所面臨的難題在於，這個規定的優點與缺點乃是一體兩面，其開放性使得回復名譽的方式多了許多可能性，同樣的，其開放性也使得基本權利的保護在特定手段的選擇時受到威脅。假使大法官認定該規定違憲，則除了金錢賠償之外，名譽受損的被害人將無其他回復名譽的方法（例如由加害人負擔費用刊載澄清事實之聲明、登載被害人判決勝訴之啓事或將判決書全部或一部登報）可主張，假使大法官不宣告該規定違憲，則在司法實務中，因爲常常有判命公開道歉的事例發生，就產生是否對於基本權利造成不當侵害的疑義。這個兩難使得合憲性解釋似乎成爲一個不得不做的選擇，但是這個論據只證立了合憲性解釋的必要性，至於合憲性解釋的合法性[8]——合憲性解釋是否屬於大法官的權限的問題，則須另行論證。

二、合憲性解釋的合法性

雖然本案眞正的問題在於，對於民法第195條第1項後段特定的具體解釋適用——判命登報道歉——是否合憲，但由於規範大法官管轄權的司法院大法官審理案件法之中，並無類似德國聯邦憲法法院

本權理論、基本權功能與基本權客觀面向，收錄於：當代公法新論（上）——翁岳生教授七秩誕辰祝壽論文集，2002年7月，50-51頁；張嘉尹，論「價值秩序」作爲憲法學的基本概念，臺大法學論叢，30卷5期，2001年9月，11-13頁。H. D. Jarass, Baustein einer umfassenden Grundrechtsdogmatik, in: AöR 1995, S. 353.

[8] 有關我國大法官解釋中合憲性解釋的正當向與界限問題，參閱蘇永欽，合憲法律解釋原則——從功能法上考量其運用界限與效力問題，收錄於：合憲性控制的理論與實務，1994年5月，117-131頁。

「裁判憲法訴願」（Urteilsverfassungsbeschwerde）[9]的管轄權，原則上大法官不得對法院裁判行使違憲審查權。其實這個規定大法官管轄權的規範曾經幾度為大法官所突破，無論是釋字第242號、第362號，還是第552號解釋，大法官所為的解釋幾乎可歸類為「裁判憲法訴願」。

以釋字第242號解釋為例，大法官在理由書中，一方面維持修正前民法第992條規定的合憲性，另一方面卻指出：「**國家遭遇重大變故，在夫妻隔離，相聚無期，甚或音訊全無，生死莫卜之情況下所發生之重婚事件，有不得已之因素存在，與一般重婚事件究有不同，對於此種有長期實際共同生活事實之後婚姻關係，仍得適用上開第九百九十二條之規定予以撤銷，其結果將致人民不得享有正常婚姻生活，嚴重影響後婚姻當事人及其親屬之家庭生活及人倫關係，反足以妨害社會秩序，就此而言，自與憲法第二十二條保障人民自由及權利之規定，有所牴觸。**」這意味著大法官在解釋中具體指摘最高法院判決（最高法院76年度台上字第2607號、最高法院77年度台再字第104號確定判決）違憲[10]，而且還在解釋理由書文末加上「**至此情形，聲**

---

[9] 憲法訴願（Verfassungsbeschwerde）屬於德國憲法訴訟的訴訟類型之一，規定在基本法第93條第1項第4之1款，又可區分為針對法規與針對法院裁判的憲法訴願。有關於提起憲法訴願的程序要件，規定在德國聯邦憲法法院法第90條第1項：「任何人得主張，其基本權利或在基本法第20條第4項、第33條、第38條、第101條、第103條、及第104條所規定之權利，遭受公權力侵害，而向聯邦憲法法院提起憲法訴願。」與第90條第2項：「對於上述侵害如有其他法律救濟途徑時，僅於其他法律救濟利用之途已窮時，始得提起憲法訴願。在未用盡其他法律救濟途徑前提起憲法訴願，如具有普遍重要性，或因訴願人如先遵循其他法律救濟途徑時，將遭受重大或無法避免之損害時，聯邦憲法法院亦得立即加以裁判。」有關憲法訴願的討論，參閱Christoph Gusy, Die Verfassungsbeschwerde, in: Peter Badura/ Horst Dreier (Hrsg.), Festschrift 50 Jahre Bundesverfassungsgericht. Erster Band, 2000, S. 641-671.即將於2022年正式實施的憲法訴訟法則在其第59條規定有類似德國裁判憲法訴願之裁判憲法審查程序。

[10] 有關本解釋的分析，參閱顏厥安，規則、理性與法治，收錄於：憲邦異式，2005年6月，77-83頁。他提及，大法官推翻的並不是民法的實體規定，而是規範其本身許可權的許可權規範。

請人得依本院釋字第一七七號及第一八五號解釋意旨，提起再審之訴」的文字。

釋字第362號解釋與釋字第552號解釋，一方面維持民法第988條第2款的合憲性，但是另一方面都認定特定案型無該規定適用的餘地：「**惟如前婚姻關係已因確定判決而消滅，第三人本於善意且無過失，信賴該判決而與前婚姻之一方相婚者，雖該判決嗣後又經變更，致後婚姻成爲重婚，究與一般重婚之情形有異，依信賴保護原則，該後婚姻之效力，仍應予以維持。**」

這幾號解釋都是大法官爲了保障基本權利，擴張其管轄權及於最高法院裁判的例子。值得注意的是，大法官在這些案件中發展出一種特別的論證技術與形式，亦即事實上審查的是個案判決與法院的見解，但是一方面宣告系爭規定尙屬合憲或有待未來修正，另一方面同時宣告系爭規定不通用於特定案型。如果再結合了大法官先前所做出的釋字第177號解釋與第185號解釋的解釋意旨，則大法官除了實質上宣告原因案件的判決違憲之外，也間接給予聲請人個案救濟的機會了。

除了例外的採取上述「台灣式裁判憲法訴願」的解釋模式之外，爲了達成基本權利的救濟，大法官還發展出另外一種論證技術與形式，亦即同樣是不宣告系爭法律違憲，但是限縮其意義內涵，並指出在此限縮的意涵中適用才不會牴觸憲法，這種介於法令違憲與裁判違憲之間的解釋模式常被稱爲「合憲性解釋」[11]，例如釋字第509號

---

[11] 「合憲性解釋」（verfassungskonforme Auslegung vom Gesetz）有不同的界定方式，本文在此所使用的概念指涉的是一種大法官解釋文或解釋宣告模式的類型（「判決主文」的類型），這個意義層面的討論，參閱Klaus Schlaich/Stefan Korioth, Bundesverfassungsgericht: Stellung, Verfahren, Entscheidungen, 7. Aufl., 2007, S. 245-251.有關「合憲性解釋」意義內涵的詳細解析，參閱吳庚，憲法的解釋與適用，三版，2004年6月，585-598頁。

解釋指出：「**惟行為人雖不能證明言論內容為真實，但依其所提證據資料，認為行為人有相當理由確信其為真實者，即不能以誹謗罪之刑責相繩，……就此而言，刑法第三百十條第三項與憲法保障言論自由之旨趣並無牴觸。**」釋字第535號解釋則提及：「**前述條例第十一條第三款之規定，於符合上開解釋意旨範圍內，予以適用，始無悖於維護人權之憲法意旨。**」釋字第617號解釋指出：「**刑法第二百三十五條第一項規定所謂散布、播送、販賣、公然陳列猥褻之資訊或物品，或以他法供人觀覽、聽聞之行為，係指對含有暴力、性虐待或人獸性交等而無藝術性、醫學性或教育性價值之猥褻資訊或物品為傳布，或對其他客觀上足以刺激或滿足性慾，而令一般人感覺不堪呈現於眾或不能忍受而排拒之猥褻資訊或物品，未採取適當之安全隔絕措施而傳布，使一般人得以見聞之行為……依本解釋意旨，上開規定……對人民言論及出版自由之限制尚屬合理，與憲法第二十三條之比例原則要無不符，並未違背憲法第十一條保障人民言論及出版自由之本旨。**」

　　顯而易見的是，無論是「排除適用於特定案型」的台灣式「裁判憲法訴願」還是「限縮法律文義至合憲範圍內」的合憲性解釋，在過去的大法官解釋中並不陌生，其作用在於讓聲請人對於原因案件可以提起再審之訴，使其基本權利還有一個從憲法高度而來的最後救濟機會。鑒於我國目前審判實務的常態，這類大法官費盡心思所創造出來的解釋模式，有繼續維持的必要性，因為一方面普通法院會以憲法為取向來解釋適用法律的情形畢竟少見，而且自從釋字第371號解釋做出之後，大法官已經剝奪了普通法院個案附隨的違憲審查權，目前針對違憲的法律，普通法院只享有聲請大法官釋憲的權利（具體法規審查權）。為了強化基本權利的保障，甚至在某種程度上達成（間接的）個案救濟，大法官所開創的這兩類解釋模式，在功能上至少可部

分填補基本權利保障在法院分工上的漏洞[12]。

　　歸納而言，這類人民聲請憲法解釋案都具有下列特色，首先是，在形式上皆是針對特定法規違憲所提起，其次是，實質上卻是針對確定終局裁判中法院對系爭法規的具體解釋適用而發，因此難免會發生大法官應否受理的爭議，但是大法官利用特定的論證技術，來迴避「逾越權限」或「侵害普通法院審判權」的批評。這種論證技術的關鍵在於將系爭案件抽象化為一種特定案型，亦可稱為「類型化」，所以表現在台灣式「裁判憲法訴願」的解釋模式中，就是該法規基於特定憲法上的理由不適用於該類型化的案型；表現在合憲性解釋的解釋模式中，即是根據憲法上的理由來限縮法律文義範圍，結果是該類型化的案型也被排除在法律文義的涵攝範圍之外。既然經由抽象化與類型化，所以大法官不再是直接針對個案的法院裁判，也不再是直接針對作為裁判基礎的法律見解，因此就沒有「逾越權限」或「侵害普通法院審判權」。至於個案救濟的效果，則只是適用釋字第177號解釋與第185號解釋意旨的結果。事實上，從贊成受理的大法官的意見書中，可以觀察到類似論證技術的不同論述方式，例如許宗力大法官就提出，大法官所為並非具體個案衡量而是規則衡量的論證，李震山大法官則指出，由於通案化的現象而產生了一般、抽象的規範效果，所以本案才成為確定終局判決適用法律有無違憲疑義的問題。

---

[12] 反對由釋憲者進行個案救濟的見解，參閱蘇永欽，裁判憲法訴願——德國和台灣違憲審查制度的選擇，法令月刊，58卷3期，2007年3月，10-11頁。他反對建立裁判憲法訴願制度，並援引大法官釋字第9號解釋，認為基本權利的救濟應該是普通法院的職責。本文認為這是一個評估的問題，普通法院近十年來的確有比過去更多的引用憲法觀點，然而仍不夠普遍，而且普通法院是否樂於並勇於擔負起這個保障基本權利的任務？也是一個問題。試想，倘若沒有釋字第242號解釋，在鄧元貞案的判決之後，會有多少婚姻面臨被撤銷的命運。

伍、釋字第509號解釋補充解釋的必要性

本號解釋的聲請內容，還包含有關釋字第509號解釋的要旨，是否同樣適用於民事妨害名譽的侵權行為事件，多數意見認為，由於釋字第509號解釋是針對刑法第310條所為的解釋，所以有關侵權行為損害賠償的部分並不在該號解釋範圍內，因此不生就此聲請補充解釋的問題。對此，林子儀大法官、許玉秀大法官以及陳新民大法官，分別在其意見書中表達反對意見，均主張大法官應補充解釋釋字第509號解釋，以一併解決該號解釋是否適用於妨害名譽民事案件的問題。事實上，三位主張應該在程序上應受理補充解釋的大法官，在實質上也都贊同，釋字第509號解釋的解釋意旨應同樣適用於民事妨害名譽的損害賠償事件。

林子儀大法官主張，釋字第509號解釋認為依刑法第310條第3項前段規定，有關誹謗事項之真實，不應由被告單獨負擔證明義務，同時被告雖不能證明言論內容為真實，但依其所提證據資料，認為被告有相當理由確信所言為真實者，即不能科以誹謗罪之刑責。但是在該解釋公布之後，對於該號解釋意旨是否應適用於妨害名譽的民事訴訟，在民事審判實務上一直意見紛歧未有定論。既然聲請人聲請就該號解釋予以補充解釋，即是聲請就釋字第509號解釋意旨，是否亦適用於民事損害賠償事件為明確的表示，所以並沒有不符合本院大法官審理案件法第5條第1項第2款程序要件。此外，林大法官也主張，即使多數意見認為釋字第509號解釋不應適用於民事案件，也應予受理並做出明確解釋，以在名譽權與言論自由如何權衡的問題上建立一個

憲法原則，平息審判實務爭議[13]。

許玉秀大法官也有類似主張，她認為對於補充解釋的不受理，就使得言論自由與名譽權的保護之間，在憲法上欠缺一個清楚而一致的界線，導致對此問題未來仍舊會陷入爭執[14]。

陳新民大法官則主張，雖然本號解釋涉及的是民事爭議，而與釋字第509號解釋所針對的刑法第310條有別，然而兩號解釋的原因案件極為類似，皆是有關媒體誹謗與公眾人物名譽保障的問題。而且自從釋字第509號解釋公布後，刑法與民法對於誹謗責任與法律後果的判斷是否具有同一標準，即成為爭議問題，本於憲法位階高於民刑法，應該統一各個法律規範所創造的秩序，這也是法治國家法秩序統一性的要求，因此他傾向於主張，本號解釋應該一併闡明該號解釋的適用效力是否及於民事案件[15]。

多數意見不受理補充解釋的理由，主要是聲請的問題並不在原解釋的範圍。因為釋字第509號解釋原本即是針對刑法第310條所為的違憲審查，大法官一方面認為誹謗罪的規定（刑法第310條第1項與第2項）並不違憲，另一方面卻對刑法第310條第3項前段的免責條款做合憲性解釋：「**至刑法同條第三項前段以對誹謗之事，能證明其為真實者不罰，係針對言論內容與事實相符者之保障，並藉以限定刑罰權之範圍，非謂指摘或傳述誹謗事項之行為人，必須自行證明其言論內容確屬真實，始能免於刑責。惟行為人雖不能證明言論內容為真實，但依其所提證據資料，認為行為人有相當理由確信其為真實者，即不能以誹謗罪之刑責相繩，亦不得以此項規定而免除檢察官或自訴**

---

[13] 參見林子儀大法官部分不同意見書。

[14] 參見許玉秀大法官部分不同意見書。

[15] 參見陳新民大法官部分協同、部分不同意見書。

人於訴訟程序中，依法應負行為人故意毀損他人名譽之舉證責任，或法院發現其為真實之義務。」將該項前段的「真實抗辯原則」擴充為類似美國憲法實務所發展出來的「真實惡意原則」[16]。對於多數意見而言，既然釋字第509號解釋只審查刑法第310條的合憲性，針對妨害名譽的侵權行為的補充解釋聲請，顯然已經超出原解釋範圍，從而不生補充解釋的問題。

從多數意見的簡單論述可以推論，決定是否受理的判準在於是否屬於原解釋的範圍，而非原解釋公布之後，在司法實務留下的問題，亦即針對刑法誹謗罪所提出的免責條款新解：「**惟行為人雖不能證明言論內容為真實，但依其所提證據資料，認為行為人有相當理由確信其為真實者，即不能以誹謗罪之刑責相繩。**」是否能適用於民事侵權行為損害賠償的事件上？

補充解釋作為一種大法官解釋的類型，並未規定在司法院大法官審理案件法之中，而是在大法官解釋實務中發展出來的[17]。不但「補充解釋」並非法定用語，聲請補充解釋的程序要件，亦付之闕如，而是由大法官逐案形成，由於補充解釋通常附隨著其他解釋類型的聲請而提出，因此首先必須具備個別類型的一般聲請要件，至於專屬於補充解釋特別要件，根據學者的歸納[18]，至少有二，首先必須陳述先前解釋中有文義未明有須補充之處，其次必須主張「有補充的必要」，亦即有請求補充的正當理由。尤其是後者更被認為是一個跨越各個補

---

[16] 雖然有不少學者認為大法官所闡明的相當於美國法上的「真實惡意原則」，但是仔細解讀還是會發現兩者之間有相當差異存在。有關於「真實惡意原則」的意義及其發展，參閱吳永乾，美國誹謗法所稱「真正惡意」法則之研究，中正法學集刊，15期，2004年4月，1-97頁。

[17] 參閱吳庚，憲法的解釋與適用，三版，2004年6月，394-395頁。

[18] 參閱吳信華，再論「補充解釋」，收錄於湯德宗、廖福特主編，憲法解釋之理論與實務（第五輯），2007年3月，299頁。

充解釋類型的特殊共通要件[19]，問題是，這樣一個抽象的、不確定的法律概念就使得大法官有過大的裁量空間，可以決定是否受理補充解釋的聲請。本文認為，大法官創設補充解釋類型的主要目的或是正當化的基礎，如同大法官主要的憲法解釋權限一般，應該在於維護客觀的憲法秩序，因此無須自限於第一個要件，亦即只針對先前解釋文義未明之處而為補充或修正，亦無須執著於所謂的「原解釋範圍」。既然司法實務從釋字第509號解釋以來，一直未能就該解釋意旨是否適用於民事妨害名譽事件達成共識，補充解釋的必要性於為成立[20]。至於大法官是否同意應予適用，亦即認為在言論自由與名譽權之間，應建立一個跨越刑法以及民法領域的統一權衡原則，則是另一個有待深究的實質問題。

陸、人性尊嚴的重量──判命公開道歉的違憲性

由於民法第195條第1項後段：「**其名譽被侵害者，並得請求回復名譽之適當處分。**」的規定方式，有關回復名譽適當處分的決定，是授權法院在當事人的聲請範圍內做出，因此爭議的核心在於，法院判命被告登報道歉是否不當的限制人民的基本權利，因而不再是合憲的適當處分？

對於民法第195條第1項後段規定是否侵害人民基本權利的問題，多數意見肯認本案所涉及的兩個權利皆是憲法所保障的基本權

---

[19] 吳信華，同註18，324-326頁。

[20] 相似見解，參閱李建良，強迫公開道歉與人性尊嚴之憲法保障：民事侵權事件中不表意自由與名譽權之法益權衡／釋字第六五六號解釋，台灣法學雜誌，127期，2009年5月1日，232頁。

利，名譽權由憲法第22條所保障，不表意自由則屬於憲法第11條言論自由的內容之一。系爭規定的合憲性審查，多數意見首先確認目的的正當性：由於名譽受損的個案情狀不一，金錢賠償不一定能夠回復或填補其受損狀態，系爭規定授權法院審酌個案並決定適當處分，其目的正當。多數意見雖然沒有明白指出屬於憲法第23條所列的何種目的，很明顯的「維護名譽權」落在防止妨害他人自由的概念範圍內，就此而言，系爭規定的目的正當性應無問題。

在手段審查上，多數意見依例使用比例原則，但是論證顯得過於簡略，因此在解釋理由書中，所能得知的只是多數意見的審查結果：法院在原告聲明範圍內，權衡案情後倘認為在合理範圍內由加害人負擔費用刊載澄清事實之聲明、登載被害人判決勝訴之啓事或將判決書全部或一部登報等手段，仍不足以回復被害人之名譽，判決命加害人公開道歉，作為回復名譽之適當處分，尚未逾越必要之程度。只有當要求加害人公開道歉，已涉及加害人自我羞辱等損及人性尊嚴的情事，才屬於逾越必要程度，過度限制人民之不表意自由。至於如何得到這些審查結果，則不得而知。雖然多數意見在關鍵處語焉不詳，然而從幾份意見書的針鋒相對可以發現，本號解釋雖然最後獲得三分之二以上的多數支持（解釋理由書則是獲得二分之一以上多數），大法官們對於一些實體性的關鍵問題並無共識。

多數意見在解釋理由書中首先指出，民法第195條第1項後段規定，目的在於維護被害人憲法第22條所保障的名譽權，由於金錢賠償未必能夠填補或回復名譽，因此授權法院在原告聲明的範圍內為適當處分，如果有限制加害人憲法第11條所保障言論自由（不表意自由）的必要時，應該審酌侵害情節的輕重與強制表意的內容，決定內容應符合憲法第23條的比例原則。其次，在適當處分的決定上，多

數意見並指出公開道歉具有最後手段性，亦即當加害人負擔費用刊載
澄清事實之聲明、登載被害人判決勝訴之啓事或將判決書全部或一部
登報等手段，仍不足以回復被害人名譽時，法院以判決命加害人公開
道歉，才不會逾越必要之程度。如果要求加害人公開道歉，已經涉及
加害人自我羞辱等損及人性尊嚴的情事，對於不表意自由的限制則已
逾越必要程度。

　　許宗力大法官與李震山大法官皆同意，本案所涉及不表意自由與
良心自由、人性尊嚴有密切關聯，雖然在結論上也都贊成多數意見，
但是對於公開道歉作爲回復名譽的適當處分一事，皆表達其疑慮。李
大法官認爲，由於多數意見認定公開道歉是最後手段，而且只能在未
涉及加害人自我羞辱等損及人性尊嚴的情況下，才有其合憲性，因爲
法院本於「不損及人性尊嚴」的解釋意旨，裁量空間已大幅萎縮[21]。

　　許大法官原則上並不贊成公開道歉是適當處分，他認爲以強迫登
報公開道歉作爲回復名譽適當處分的一種，是明顯錯誤、違憲的利益
衡量，因爲公開道歉的副作用實在太大，不但侵害加害人的不表意自
由與良心自由，此外，還因具有公開懲罰功能，使加害人受到類似遊
街示眾的屈辱，嚴重打擊其人格尊嚴。而且，單單以強迫登報道歉爲
手段，因爲對加害人所造成人格尊嚴的屈辱，在憲法上即很難站得住
腳。他會同意多數意見的結論，是著眼於公開道歉作爲最後手段的見
解，認爲啓動此一最後手段在現實幾乎不可能，因爲在現實生活中很
難想像還有侵害名譽的事件，連「刊載澄清事實之聲明、登載被害人
判決勝訴之啓事或將判決書全部或一部登報等手段」，仍不足以回復

---

[21]　參見李震山大法官所提協同意見書。

被害人名譽[22]。

在最後手段的問題上，陳新民大法官明顯與前述二位大法官針鋒相對，陳大法官批評解釋理由書中將判決命被告登報道歉列為最後手段，認為此種解釋不但剝奪法官的裁量權，也過度偏向保護加害人的不表意自由。此外，強迫道歉並不具違憲性，因為不言論自由與言論自由一樣，都可以受到法律拘束，而且在法益權衡上，不言論自由並不會因為援引人性尊嚴而比名譽權更值得保障。他認為，登報道歉作為回復名譽的手段，立基於國民普遍法感情，所以作為手段並不會欠缺正當性，而且這也是立法者「關於社會多數價值所為之判斷」，不應由釋憲者予以取代。他認為解釋文中提及「未涉及加害人自我羞辱等損及人性尊嚴之情事者，即未違背憲法第二十三條比例原則」，乃是贅言，因為法官的裁量原本即受到比例原則與裁量處分應有的限制。最後他並訴諸儒家思想，認為「最後手段論」誇大了這種強制手段所具有的惡性強度[23]。

根據多數意見，系爭規定是否合憲涉及了名譽權與言論自由──不表意自由──的衝突，而且多數意見雖然肯認：「**惟因不表意之理由多端，其涉及道德、倫理、正義、良心、信仰等內心之信念與價值者，攸關人民內在精神活動及自主決定權，乃個人主體性維護及人格自由完整發展所不可或缺，亦與維護人性尊嚴關係密切。**」另一方面卻又認為：「**惟如要求加害人公開道歉，涉及加害人自我羞辱等損及人性尊嚴之情事者，即屬逾越回復名譽之必要程度，而過度限制人民之不表意自由。**」這兩段話看似相互補充，實則表現出多數意見對於

---

[22] 參見許宗力大法官所提部分協同意見書。
[23] 參見陳新民大法官部分協同、部分不同意見書。

不表意自由與人性尊嚴的關聯有著模稜兩可的態度。多數意見的看法似乎是，在被法院強迫公開道歉的情形，限制不表意自由的同時，有可能不損及人性尊嚴。多數意見的這種表達方式容易引起誤解，讓人以為只要在公開道歉文上稍作調整，即不會損及人性尊嚴，而模糊了原來的焦點。這種詮釋觀點，似乎表現在陳大法官的意見書中，所以他雖然不贊成將強迫道歉作為最後手段來看待，卻也認為「自我汙衊式的用語與措辭」將傷及人性尊嚴，因此牴觸憲法的精神[24]。

　　本文認為，主要的問題應在於被迫公開道歉本身，公開道歉的內容雖然也相關，卻是次要的問題。為何在此情形，言論自由的保障會連結到人性尊嚴的維護？因為很難想像，在被迫公開道歉的情形，不表意的理由會不涉及「**道德、倫理、正義、良心、信仰等內心之信念與價值**」，而與「維護人性尊嚴」不密切相關。被迫公開道歉在形式上限制了言論自由，但是實質上則侵犯到良心自由，因為違反行為人的意願而強迫他公開道歉，事實上正是侵害了他的自主決定權，他的主體性與人格完整性也被否定了，而這些內容正是人性尊嚴的核心內涵。雖然會有質疑認為，我國憲法中並未明文規定良心自由或人性尊嚴，但是這只是一個技術性問題而已，因為憲法中原本就有第22條的補遺規定，迄今為止，大法官已經從該條導出不少未列舉的基本權利，例如婚姻權、隱私權、資訊隱私權。更何況，憲法中早有宗教自由的規定，同樣保障人民內在的精神活動，因此良心自由作為憲法所承認的基本權利殆無問題。至於人性尊嚴，則舉輕足以明重，作為一切基本權利核心內涵的人性尊嚴，雖無明文規定，但是只要有基本權利清單的憲法，似乎都可以解釋為，人性尊嚴的價值內在於該基本權

---

[24] 參見陳新民大法官部分協同、部分不同意見書。

利體系之中，更何況在歷來的大法官解釋中，人性尊嚴已經成為大法官解釋論證中所承認的憲法基本價值[25]。所以關鍵不在於論證技術上基於哪一條憲法規定，可以訴諸良心自由與人性尊嚴，更重要的毋寧是，當國家權力強迫人民違反其意願而為公開道歉時，所否定的是哪一些基本權利所保護的法益與價值。

很顯然的，由於本案型所觸及的正是基本權利價值體系的核心──人性尊嚴，鑒於人性尊嚴保障的絕對性，因此並不存在多少可為價值衡量的餘地。這個觀點立基於現代憲政主義的文明高度，而非僅僅訴諸於所謂的國民普遍法感情即可以相對化。雖然基本權利保障的對象，原則上是一般的人民，但是基本權利卻具有對於少數壓迫的敏感性，因此基於多數的價值、情感或法意識，與只是訴諸於民主的多數決，並沒有很大的區別，因為憲法對於立法者同樣發揮拘束力，基本權利也限制著限制基本權利的法律[26]，少數的保障在此更為優先。更何況，「國民普遍法感情」是否持判決強迫道歉的正當性，仍是一個有待實證調查的課題。

並不是所有涉及不表意自由的事件，都與思想自由、良心自由甚至人性尊嚴有關。本案所涉及的強迫登報道歉，與釋字第577號解釋中強制刊登菸害警語，或是刑事訴訟法中擔任證人的義務等情事，無法相提並論的原因就在於這是觸及人性尊嚴的案件。同樣的，不表意自由與言論自由雖然都得以基於公益或其他正當目的而受法律限制，

---

[25] 例如在釋字第400號、第485號、第490號、第550號、第567號、第585號、第603號、第631號解釋中，皆有訴諸於人性尊嚴的保障。近年來更有法哲學家主張人性尊嚴是民主社會的共同基礎，參閱Ronald Dworkin著，司馬學文譯，人權與民主生活，2007年9月，1-24頁。

[26] 這是有名的「交互影響理論」（Wechselwirkungstheorie），參閱Horst Dreier (Hrsg.), Grundgesetz Kommentar, Bd. I, Aitikel 1-19, Rn. 126 zu Art. 5 I-II, 1996.

也只是一個原則性的說法，因為重要的仍然是系爭個案中受到侵害的那一些基本權利與憲法價值。

　　民法第195條第1項後段規定，為了適當的回復名譽受損者的人格權而設，所追求的固然屬於合憲的正當目的，而且人格權保障背後亦有其人性尊嚴的基礎，然而在手段的選擇上，由於司法實務的具體解釋適用，卻造成名譽權（人格權）與不表意自由、良心自由暨人性尊嚴的衝突，或許有人會將其簡化為人性尊嚴v.s.人性尊嚴的對抗，然而在具體觀察後卻會發現，無法如此化約的將問題定性。因為名譽權受損來自於同樣屬於人民的第三者所為，不表意自由的限制卻由國家公權力所發動的，所以這個價值衝突的問題無法從以牙還牙以眼還眼的角度去處理，因為在現代憲政主義的法治國家中，不但基本權利構成公權力行使的界限，人性尊嚴更是所有公權力必須加以尊重與維護的基本價值。對後者而言，至關緊要是基本權利對抗國家的防禦性功能能否實現的問題，本案的深層意義，即在於測試基本權利保障體系之中人性尊嚴所具有之重要性。

　　即使行之有年，即使不違背國民普遍法感情，即使與傳統文化若合符節，由於強迫登報道歉作為法律回復名譽的手段，在違反當事人意願的情況之下，已經嚴重的剝奪作為自主個體之國民的內在自我決定權，不但造成公開的羞辱與屈辱，更對良心自由與人性尊嚴造成的重大傷害，形成與憲法價值秩序的重大衝突，因此根本不是一個合憲的手段。總結而言，本文贊成許宗力大法官在部分協同意見書之中所言：**「不從法益權衡是否明顯失當、錯誤著手，單單強迫登報公開道歉本身的採用，是否在憲法面前站得住腳，就已值得強烈懷疑。……如果我們允許強迫登報道歉，就沒有理由反對強迫在大眾面前公開道歉，而這種道歉方式或許在未經人權洗禮的傳統農業或部落社會習**

以爲常，但於尊重人格尊嚴的現代文明社會，實難想像還有存在空間。」質言之，強迫登報道歉之所以違憲，主要不在於法益權衡的失衡（狹義比例原則），而在於強迫登報道歉根本不相容於憲法價值秩序，一個對於人性尊嚴傷害如此嚴重的手段，就其本身而言根本不具有合憲性[27]。

柒、結論

文明與野蠻社會的區別，在於其法秩序與道德秩序是否尊重人性尊嚴，一個社會即使自以爲是文明社會，只要仍然不尊重一個人作爲主體的自我決定權與尊嚴，距離文明的標準仍有不小的落差。當我們驚訝於另一個社會竟然採取「鞭笞」作爲刑罰手段時，卻可以無視於「洗門風」或是強迫登報道歉對於人性尊嚴的戕害，那麼所證明的不過是自相矛盾的價值標準，本案的重大意義就在於，強迫登報道歉的合憲性不但是憲法中人性尊嚴重量的磅秤，也是台灣社會文明程度的試金石。而人性尊嚴到底多重？在小說《我願意爲你朗讀》（電影名爲「爲愛朗讀」）（Der Vorleser）之中[28]，那位因爲無知與狹隘的遵守職務，造成三百多位猶太人葬生火窟的前納粹黨衛隊隊員Hanna

---

[27] 本號解釋公布大約十年後，由於社會與價值的變遷，關於民法第195條回復名譽之適當處分包含「判決命被告公開道歉」是否牴觸憲法基本權利的保障，再起爭議，司法院大法官受理會台字第12668號朱育德聲請案後，於2020年3月召開說明會，就相關爭點再次進行討論。討論之爭點有二，首先是命加害人強制公開道歉所涉及基本權利爲何？有關民法第195條第1項後段「回復名譽之適當處分」應如何平衡名譽權與可能牽涉之基本權？其次是，系爭規定所謂回復名譽之適當處分，是否得包括法院以判決命加害人公開道歉之處分？司法院釋字第656號解釋之意旨是否應予變更？截至本論文集出版之日，司法院尚未就此案件做出解釋。

[28] 原作：Bernhard Schlink, Der Vorleser, 1. Aufl., 1995；中文版：徐林克著，張寧恩譯，我願意爲你朗讀，初版，2000年。後來拍成電影，中文名爲「爲愛朗讀」。

Schmitz，在面臨刑事控訴時，寧願認罪被判終身監禁，卻不願意承認自己是一個文盲，或許是一個值得深思的例子。

原文出處：張嘉尹，人性尊嚴的重量——評析大法官釋字第656號解釋，世新法學，
　　　　　2卷2期，2009年6月，1-33頁。

CHAPTER

4

死刑與憲法解釋
——請大法官認眞對待生命

壹、前言

　　2010年3月，死刑存廢的爭議隨著前法務部長的公開信再度燃起，輿論與大部分的民眾義正辭嚴的拒絕廢除死刑，不但導致王清峰的迅速下台，當時新任的法務部長在強大的社會壓力下，也在次月月底簽署死刑執行令，以迅雷不及掩耳的方式執行了四個死刑，讓提出釋憲的一方措手不及，雖然當時司法院已同意在5月3日之前補件，但是最後的希望終於還是粉碎了。作家張娟芬於同年年底出版了一本關切死刑與死刑犯的文學作品《殺戮的艱難》[1]，集結了她參與廢除死刑運動所發表的一系列文章，該書封面的文字為：「**死刑是一種誘惑，有正義感的人，多少都曾經把死刑當作是一種實現正義的方式……。**」這是一段蒼白卻又深沉的警語，一般老百姓素樸的正義感，加上大眾傳播媒體以及輿論對於該議題刻板印象式的設定，讓死刑是否廢除的問題沒剩下多少理性討論的空間，大法官如同往昔的「從善如流」[2]，以高度的法學技巧「技術性的」不受理釋憲聲請，就使得這個涉及生命與死亡的嚴肅議題，再次失去在廟堂之上深思熟慮的機會。

　　在台灣目前的社會條件之下，針對死刑的議題，例如是否廢除死刑？需要哪一些配套措施？等問題，唯一有可能進行理性辯論的憲法

---

[1] 2010年11月初版一刷，行人文化實驗室出版。這本書出版之後廣受好評，於同年12月再版，並獲選2010年中時電子報開卷非文學類十大好書之一。網址：http://news.chinatimes.com/Chinatimess/Philology/Philology-Book/0.3427.112010122000084+11051303+20101226+news.00.html，最後查訪日：2011/01/09。

[2] 從我國司法院大法官解釋的歷史觀察，雖然大法官曾經在某些歷史轉捩點扮演過舉足輕重的角色，但是大法官從來都不是社會改革的急先鋒，而是每個時代「多數意見」的擁護者。

機關，或許只剩下司法院大法官而已[3]。然而大法官有可能在釋憲聲請下重啓辯論嗎？近年來釋憲路線的挫敗，似乎已經給予了明顯的答案。那麼可以換個角度問：憲法學在這件事情上可以做什麼？本文認爲，從2000年以來的不受理決議看來，大法官（至少是那些贊成不受理的多數意見）對於自身過去所做的解釋（解釋先例）以及自己在憲法秩序中的角色，似乎欠缺足夠深度與完整的自我反思，本文的論述策略因此在於爲大法官「解套」，分析與檢討大法官過去曾經做出的幾號解釋以及不受理決議中的特定關鍵性見解，並從中指出，基於大法官對於憲法以及其所保障基本權利的責任，未來如果有大致符合聲請要件的釋憲聲請，不宜再做技術性的迴避，應該勇於面對死刑合憲性問題的挑戰，理性的進行實質的討論，並做出影響未來的關鍵性解釋[4]。

貳、討論背景

　　爲了回應檢察總長被提名人黃世銘在立法院答詢時，針對當時44名判處死刑定讞的被告，主張應依法執行死刑，前法務部部長王清峰於2010年3月9日深夜，發表一封名爲「理性與寬容─暫停執行死刑」的公開信[5]，表達反對執行死刑的立場，第二天她接受記者訪

---

[3]　相同見解，參閱蘇永欽，廢不廢死，誰來決定，台灣法學雜誌，152期，2010年5月15日，69-72頁。

[4]　這個選擇並未迴避另一條符合民主原則的路徑，亦即透過公民的民主審議來決定死刑的未來，而是鑒於目前台灣的社會條件，認爲當前以走「憲政主義」路徑比較可行。有關於這兩條途徑的政治哲學反思，參閱蕭高彥，死刑存廢，思想，17卷，2011年1月，134-149頁。

[5]　網址：http://www.moj.gov.tw/public/Attachment/031016413364.pdf，最後查訪日：2012/09/03。

問時，公開表示任內絕對不會執行死刑，在11日經報章雜誌披露之後，立即引起被害人家屬的激烈反應，當天王清峰即向行政院院長吳敦義請辭，並即刻獲准辭職。這一場有關是否應廢除死刑的爭議，並沒有隨著王清峰的下台而平息，在同一年3、4月間演變為兩個不同意見陣營的極端對立，或者更正確的說，是絕大多數認同死刑者與一小群反對死刑者之間的對立。在巨大的社會壓力之下，法務部一方面舉行座談會討論是否廢除死刑，另一方面卻在4月30日晚間7點多，以迅雷不及掩耳的速度，悄悄的執行4名死刑犯的槍決，台灣歷經四年多暫緩執行死刑的紀錄，就此歸零重新起算。

　　姑不論2010年在重大輿論壓力下，隨著王清峰的下台與死刑的重起執行，政府是否真的改變了死刑政策[6]。事實上，漸進式並有配套措施的廢除死刑，是台灣從2000年以來的既定政策，從2002年起逐步廢除「懲治盜匪條例」，刑法與特別刑法中唯一死刑的規定，因此在2007年以後，我國刑法中已經沒有唯一死刑的規定[7]。

　　相對於此，長期以來台灣社會有關「是否贊成廢除死刑」的民意調查，一直呈現相近的結果，有66%到77%之間的受訪民眾，並不贊成廢除死刑，贊成廢除死刑的民眾則最多只有21%[8]，質言之，我國一直有三分之二左右的民眾反對廢除死刑。然而值得注意的是，當問題轉換為「如果將死刑廢除，並改為終身監禁不得假釋」，則贊成的

---

[6]　2011年3月4日，在立法委員補選前夕，法務部再度同意執行死刑，處決5名死刑犯。

[7]　參閱王兆鵬，台灣死刑實證研究，月旦法學雜誌，183期，2010年8月，107頁。

[8]　這是中研院從1990年到2006年之間所做的實證調查結果，參閱「台灣民眾對廢除死刑的態度（1990-2006民意調查結果）」網址：http://www.ios.sinica.edu.tw/TSCDedia/index.php/%E5%8F%B0%E7%81%A3%E6%B0%91%E7%9C%BE%E5%B0%8D%E5%BB%A2%E9%99%A4%E6%AD%BB%E5%88%91%E7%9A%84%E6%85%8B%E5%BA%A6%EF%BC%881990-2006%E6%B0%91%E6%84%8F%E8%AA%BF%E6%9F%A5%E7%B5%90%E6%9E%9C%EF%BC%89，最後查訪日：2012/09/03。

民眾大約有53%，反對者則占45%[9]。由此可見，雖然大多數的人不贊成廢除死刑，但是如果有配套措施可以將死刑犯永久隔絕於社會，則將近30%的民眾，在態度上轉變為贊同廢除死刑，因此廢除死刑的議題在台灣並非完全沒有討論空間。

　　概括而言，廢除死刑是指法律上廢除死刑或是由僅廢除普通刑法的死刑進而完全廢除死刑，一直到2009年底，全世界有大約133個國家（大約占全世界國家總數的三分之二）在法律上或是實務上廢除死刑[10]。

　　就常被引用為比較法對象的歐洲國家而言，德國（德意志聯邦共和國）鑒於納粹時期濫用死刑的歷史經驗，在1949年制定憲法（即基本法）時，即在第102條規定「廢除死刑」，雖然當時的民意並不支持廢除死刑，甚至曾經有兩次廢除基本法第102條的修憲提案[11]。其他一些國家則經過不短的歷程才廢除死刑，例如英國在1965年通過暫行五年的「廢除死刑法」（Murder (Abolition of Death Penalty) act），在大英國協境內停止死刑規定的適用，到了1969年，國會表決通過繼續施行「廢除死刑法」，正式廢除謀殺罪的死刑規定，然而到了1998年，英國法律始無死刑之規定。1999年英國簽署「歐洲人權公約」第6協議書以及「公民與政治權利國際公約」第2任擇議定

---

9 參閱陳新民等著，廢除死刑暨替代方案之研究（期末報告），法務部委託中央研究院之研究出版，2007年12月10日，48頁，網址：http://www.criminalresearch.nroj.gov.tw/publk/Auachment/9111216225636.pdf，最後查訪日：2012/09/03。

10 參閱「國際特赦組織台灣總會」的網頁「2009全球死刑報告｜廢除死刑與保留死刑的國家（迄2009年12月31日止）」，網址：http://www.amnesty.tw/?p=1012，最後查訪日：2012/09/03。

11 參閱馬躍中，監獄改革與死刑存廢──兼具社會功能與特別預防功能的新思維，收錄於：台灣廢除死刑推動聯盟主編，死刑存廢的新思維，2009年6月，45頁。

書，才眞正全面廢除死刑[12]。法國從1977年起認眞討論廢除死刑的問題，1981年由國會修改法律廢除死刑，到了2007年通過修憲正式廢除死刑[13]。

在死刑議題上，司法院大法官曾經做出三號解釋，分別爲釋字第194號、第263號與第476號解釋。釋字第194號認爲，「戡亂時期肅清煙毒條例」之設立正值勘亂時期，因此若無澈底禁絕煙毒，則會危害到國家安全與社會秩序，因此不違背憲法第23條。釋字第263號解釋則表示「懲治盜匪條例」雖然針對意圖勒贖而擄人者，訂立唯一死刑，但是由於依同條例第8條而在量刑時有適用刑法第59條之酌量減輕，因此可避免過嚴之刑罰，與憲法尙無牴觸。釋字第476號解釋則認爲，「肅清煙毒條例」對於製造、販賣與運輸煙毒行爲者，設立死刑或無期徒刑，而由於該等行爲具有高度不法內涵且極具暴利，因此僅藉由長期自由刑之措置，而難以達成防制與肅清的成效，因此關於死刑之法定刑規定與憲法第23條尙無違背。

值得注意的是，這三號解釋都是在2000年以前做成的。在2000年之後，並非沒有指摘死刑違憲的釋憲案被提出，可惜的是大法官均以程序上的理由議決不受理，自願放棄了從憲法高度再次審視這個問題的機會。

立法院在2009年3月31日不但批准了「公民與政治權利國際公

---

[12] 參閱Roger Hood，英國死刑廢除的過程，2007年8月，11頁，網址：https://www.taedp.org.tw/sites/default/files/Roger%20Hood%EF%BC%89.pdf，最後查訪日：2021/06/14。

[13] 參閱台灣廢除死刑推動聯盟主編，死刑存廢的新思維，2009年6月，103頁。另，參閱2007年2月13日通過的法國憲法第66條之1規定：「任何人不得被宣判死刑。」（Art. 66-1. - Nul nc pcut être condamné à la peine de mort.）網址：http://wwwxonseil-constitutionneliV/conseil-constitutionnel/francais/la-constitution/la-constitution-du-4-octobre-1958/revisions-coni;titutionne]les-de-fevrier-2007.5159.html，最後查訪日：2012/09/03。

約」和「經濟社會與文化權利國際公約」，還通過了將其內國法化的「公民與政治權利國際公約及經濟社會文化權利國際公約施行法」，並訂於同年12月10日開始施行，根據此施行法第2條的規定，兩公約所揭示保障人權之規定，具有國內法律之效力。其中與死刑的執行與存廢密切相關的，是「公民與政治權利國際公約」第6條的規定。

由於兩公約皆具有內國法的性質，其施行勢必對於原有的法律體系造成一定程度的影響，即使對於釋憲者而言，都是不能不認真對待的有效規範，法律解釋適用者亦無法迴避國內法秩序納入兩公約之後的新處境。

雖然是否廢除死刑不但是法律議題（刑法的、刑事政策的、憲法的議題），同時是社會議題、民主議題、哲學議題。然而，所有角度的切入最終仍將匯聚於規範死刑法律的修改與執行上，在服膺憲政主義的民主國家裡，這類法律由於對於生命採取一種最嚴重的限制手段——生命的剝奪，因此必須從憲法的高度檢視其合法性與正當性，一旦這個憲政民主國家設置有違憲審查制度，則有必要探討憲法法院或釋憲機關對於這類問題的看法。本文將以相關的大法官解釋作為分析與檢討的起點，嘗試在現今的社會條件下，開啟大法官重新思索死刑合憲性的可能性。

參、相關司法院解釋的批判性反思

一、釋字第194號解釋（1985年）

本號解釋內容略為：「**戡亂時期肅清煙毒條例為特別刑法，其第**

五條第一項：『販賣、運輸、製造毒品或鴉片者，處死刑』之規定，立法固嚴，惟因戡亂時期，倘不澈底禁絕煙毒，勢必危害民族健康、國家安全及社會秩序，故該項規定與憲法第二十三條並無牴觸。」

雖然大法官沒有言明，但是系爭法律所限制或侵害的基本權利為憲法第15條所保障的生存權（生命權），殆無疑義。大法官在本號解釋中，依據憲法第23條來審查「戡亂時期肅清煙毒條例」第5條第1項規定的合憲性，認為該死刑規定雖嚴，但是並不牴觸憲法第23條。其理由可分下列幾項：（一）目的合憲：避免危害民族健康，國家安全及社會秩序；（二）死刑作為手段具有適當性得以達成目的；（三）加上一個特定時空的限制，亦即該條之所以不牴觸憲法第23條，還必須加上當時的政治條件；動員戡亂時期。換言之，如果沒有加上動員戡亂時期這個條件，雖然有前述兩個理由，亦即目的正當與手段適當，該條所規定的「絕對死刑」仍不具合憲性。進一步可以推論，因為目前已經不再處於動員戡亂時期，系爭規定基於其對於生命剝奪的嚴厲性，因此違憲。然而此處留下一個問題，就是系爭規定的嚴厲性，究竟是在於其一律規定死刑的嚴厲性，亦即絕對死刑的嚴厲性，還是因為死刑本身對於生命而言就是過於嚴厲的刑罰？另一種可能是，兩者兼具而有的嚴厲性。

值得一提的是，本號解釋雖然沒有正式提及比例原則，但是大法官的三言兩語蘊含了比例原則的適用，尤其是目的正當性與手段必要性的考量。動員戡亂時期作為系爭法規合憲的時空條件，更可詮釋為狹義比例原則的體現。

二、釋字第263號解釋（1990年）

本號解釋內容略為：「**懲治盜匪條例為特別刑法，其第二條第一項第九款對意圖勒贖而擄人者，不分犯罪情況及結果如何，概以死刑為法定刑，立法甚嚴，惟依同條例第八條之規定，若有情輕法重之情形者，裁判時本有刑法第五十九條酌量減輕其刑規定之適用，其有未經取贖而釋放被害人者，復得依刑法第三百四十七條第五項規定減輕其刑，足以避免過嚴之刑罰，與憲法尚無牴觸。**」

大法官在理由書中，一方面認為：「**懲治盜匪條例為特別刑法，其第二條第一項第九款對意圖勒贖而擄人者處死刑之規定，則旨在提高意圖勒贖而擄人罪之刑度，期能遏阻此種犯罪，維護治安，使社會大眾免於遭受擄人勒贖之恐懼。此項規定，不分犯罪之情況及其結果如何，概以死刑為法定刑，立法甚嚴，有導致情法失平之虞，宜在立法上兼顧人民權利及刑事政策妥為檢討。**」似乎質疑該法定刑（絕對死刑）的合憲性，認為不加區分犯罪情況與結果，概以死刑為法定刑，可能會導致罪與刑的不平衡。但是另一方面卻主張：「**惟依同條例第八條之規定，上述擄人勒贖案件，仍適用刑法總則及刑法分則第一百六十七條、第三百四十七條第五項之規定。裁判時若有情輕法重之情形者，本有刑法第五十九條酌量減輕其刑規定之適用，其有未經取贖而釋放被害人者，亦得減輕其刑，足以避免過嚴之刑罰，是上開懲治盜匪條例第二條第一項第九款之規定，尚難謂與憲法牴觸。**」基於量刑上可依情節輕重減輕其刑，已可避免過嚴的刑罰，因此明白宣示其合憲。

本號解釋中，大法官維持「懲治盜匪條例」第2條第1項第9款合憲性的論證策略在於區分法定刑與宣告刑：（一）一方面間接承認，不區分擄人勒贖的情節而一律處以死刑，有造成情法失衡的可能，已

經指出系爭規定潛在的或可能的違憲性，因此要求立法者要檢討這種立法方式；（二）另一方面則指出，由於有量刑規定的存在，法官可以根據情節輕重減輕其刑，足以避免立法過嚴與情法失衡的情況，峰迴路轉的認為因此系爭規定沒有牴觸憲法。

從大法官論證的外形看來，這號解釋至多是「合憲非難」，因為大法官的確結論上說**「尚難謂與憲法牴觸」**。「合憲非難」或「警告性裁判」（Appellentscheidung）的解釋模式[14]，主要在於指出系爭法規不當並要求立法者檢討改進的同時，維持其合憲性，因此本質上屬於合憲的宣告。然而大法官本號解釋中的論證，並非沒有矛盾或缺失，使得其合憲的結論大有疑義，問題主要出在大法官論證策略的出發點──對於法定刑與宣告刑的區分。法定刑與宣告刑的區分作為刑法有關於刑的分類，本身並無問題，問題是作為本號解釋中大法官論證的大前提，可表述為「系爭條文中的法定刑（絕對死刑），因為過於嚴厲與未區分情節一律求死兩個理由違憲，但是只要在刑之宣告時法官有裁量權可以酌量情節減輕其刑，則可治癒其違憲性。」

這個大前提的缺失首先在於，大法官模糊了聲請釋憲的對象，因為聲請人主張的是，「懲治盜匪條例」第2條第1項第9款絕對死刑（法定刑）的規定，由於過於嚴厲又沒有區分犯罪情節因而違憲，大法官的回答卻是，法官有裁量權審酌情節減輕其刑（宣告刑），因此該條規定並沒有所主張的嚴厲性，而且該條文的沒有區分情節並沒有阻止法官實際量刑時區分情節，兩個理由都不成立，所以該條文合憲。換言之，一方面是法定刑的過於嚴苛，另一方面是宣告刑可以不

---

[14] 參閱吳庚，憲法的解釋與適用，四版，2004年6月，419-420頁。吳庚認為我國大法官的這種宣告模式與德國聯邦憲法法院的「警告性裁判」不盡相同，惟觀諸德國學者對於「警告性裁判」的闡釋，兩者之間並沒有這麼大的區別，參閱Benda/Kiein, Veriassungsprozeßrecht, 2000, 2. Aufl., S. 529-530.

嚴苛，當大法官這樣論證時，已經弄錯了違憲審查的對象。

這個大前提更嚴重的缺陷是，法定刑規定違憲的理由有三，其一是絕對死刑本身的嚴屬性，可能通不過兩個標準：本身就是不正當／違憲的手段；違反狹義比例原則，因為在法益權衡上出了問題。其二是不區分情節的違憲性，可能通不過手段的適當性、手段的必要性暨法益權衡三個子原則的檢驗。其三是系爭法規的規定「構成要件＋法律效果」是一種條件程式（Konditionalprogramm）[15]，絕對死刑在系爭規定中是一種規範邏輯上的必然，一旦構成要件該當，法律效果就只有一個——死刑。大法官的回答卻是，因為法官具有裁量權，可以在構成要件該當時，審酌犯罪情節，因而減輕其刑，因此同時治癒了兩個違憲的理由。針對第一個理由，問題在於，如果唯一死刑具有違憲的嚴屬性，因此不是合憲的刑罰手段，並不會因為法官在個案中得以減輕其刑——不判處死刑，唯一死刑就因此成為合憲的刑罰手段，兩者之間實不具有任何邏輯上的關聯。此外，法官得不判處死刑，是屬於偶然的、不確定的因素，不一定會成為事實，以此不確定的因素要合憲化不正當性的確定手段，並無其說服力。針對第二個理由，問題則在於，即便法官得以適用刑法第59條規定[16]酌減其刑，並沒有因此就治癒了系爭規定不分情節一律求死的違憲性，因為第59條是量刑規定，其要件是「犯罪情狀可憫，最低刑度仍嫌過重」，刑法第59條的存在並沒有在法規結構上變更了系爭規定。

最後，即使不去質疑大前提的正確性，大法官論證的小前提也有問題，因為減輕其刑的量刑規定存在是一回事，法官是否以及如何適

---

[15] 條件程式的概念指涉的是具有「若……則……」形式的法規範，參閱Niklas Luhmann, Das Reckt der Gesellsckaft, 1993, 5. 195.

[16] 其內容略為，「犯罪之情狀顯可憫恕，認科以最低度刑仍嫌過重者，得酌量減輕其刑」。

用它是另外一回事，大法官如何保障承辦案件的法官都會根據刑法第59條來審酌情節減輕其刑？這同樣是屬於經驗性的偶然因素，是否成就只能存乎承辦法官的一心，因此大法官說刑法第59條「足以避免過嚴之刑罰」，亦不具說服力。

如果上述分析站得住腳，則本號解釋中值得參考與借鏡的，不是大法官的結論，而是其論述中提及的：「此項規定，不分犯罪之情況及其結果如何，概以死刑爲法定刑，立法甚嚴，有導致情法失平之虞，宜在立法上兼顧人民權利及刑事政策妥爲檢討。」亦即，對於絕對死刑具有潛在違憲性的間接肯定。雖然大法官強調的是情法失平，亦即罪與刑之間的不相當導致的違憲可能性，似乎側重比例原則的審查，但是由「立法甚嚴」的強調，並非不能夠開啓另一個思考層面，反思死刑作爲刑罰手段本身的合憲性。此外，既然要「兼顧人民權利及刑事政策」，則必須更細緻的適用比例原則，在手段的適當性、手段的必要性暨法益權衡三方面提出有說服力的論證。

三、釋字第476號解釋（1999年）

本號解釋內容略爲：「**人民身體之自由與生存權應予保障，固爲憲法第八條、第十五條所明定；惟國家刑罰權之實現，對於特定事項而以特別刑法規定特別之罪刑所爲之規範，倘與憲法第二十三條所要求之目的正當性、手段必要性、限制妥當性符合，即無乖於比例原則，要不得僅以其關乎人民生命、身體之自由，遂執兩不相侔之普通刑法規定事項，而謂其係有違於前開憲法之意旨。中華民國八十一年七月二十七日修正公布之『肅清煙毒條例』、八十七年五月二十日修正公布之『毒品危害防制條例』，其立法目的，乃特別爲肅清煙毒、防制毒品危害，藉以維護國民身心健康，進而維持社會秩序，俾免國**

家安全之陷於危殆。因是拔其貽害之本，首予杜絕流入之途，即著重煙毒來源之截堵，以求禍害之根絕；而製造、運輸、販賣行為乃煙毒禍害之源，其源不斷，則流毒所及，非僅多數人之生命、身體受其侵害，并社會、國家之法益亦不能免，為害之鉅，當非個人一己之生命、身體法益所可比擬。對於此等行為之以特別立法嚴屬規範，當已符合比例原則；抑且製造、運輸、販賣煙毒之行為，除有上述高度不法之內涵外，更具有暴利之特質，利之所在，不免群趨僥倖，若僅藉由長期自由刑措置，而欲達成肅清、防制之目的，非但成效難期，要亦有悖於公平與正義。肅清煙毒條例第五條第一項：『販賣、運輸、製造毒品、鴉片或麻煙者，處死刑或無期徒刑。』毒品危害防制條例第四條第一項：『製造、運輸、販賣第一級毒品者，處死刑或無期徒刑；處無期徒刑者，得併科新臺幣一千萬元以下罰金。』其中關於死刑、無期徒刑之法定刑規定，係本於特別法嚴禁毒害之目的而為之處罰，乃維護國家安全、社會秩序及增進公共利益所必要，無違憲法第二十三條之規定，與憲法第十五條亦無牴觸。」

大法官首先建立大前提，認為雖然涉及憲法第15條的生存權與憲法第8條的人身自由權，只要符合憲法第23條的比例原則（目的正當性、手段必要性、限制妥當性），即沒有違反憲法意旨。其次在小前提則主張，無論是「肅清煙毒條例」或是「毒品危害防制條例」，其中關於死刑、無期徒刑的法定刑規定，係本於特別法嚴禁毒害之目的而為之處罰，乃維護國家安全、社會秩序及增進公共利益所必要，並不違反憲法第23條之規定，因此結論說，系爭規定與憲法第15條並無牴觸。

本號解釋與先前兩號解釋不同之處在於，受到違憲審查的標的不再是「絕對死刑」，而規定有「處死刑或無期徒刑」，法官量刑時得

以選擇其一。是故本號解釋對於「死刑是否合憲」的問題具有更直接的意義。

　　本號解釋中的論證大前提，針對限制基本權利的法律是否違憲，明白的採取比例原則加以審查。大法官以比例原則來闡釋憲法第23條中的「必要（性）」概念，要求限制基本權利的法律必須具備「目的正當性、手段必要性、限制妥當性」。值得注意的是，大法官在本號解釋中對於基本權利採取一種在保障上一律平等的詮釋立場，不因為所涉及的是行使其他基本權利的基礎生物條件與物理條件──生命與人身自由，而加強保障。可以說，決定死刑是否合憲的關鍵就在於比例原則的操作。

　　大法官在本號解釋中，對於小前提，亦即何以「肅清煙毒條例」或是「毒品危害防制條例」中的死刑與無期徒刑規定合乎比例原則，有比前兩號解釋稍微多一點的論述，但是大多聚焦在比例原則各項子原則的解釋與適用上。大法官認為，在目的正當性方面，系爭規定想要達成肅清煙毒與防制毒品危害，是為了維護國民身心健康，維持社會秩序與國家安全，同時具有保障他人基本權利與公共利益的目的。此外，針對為何要制定特別刑法規定特別罪刑來處罰相關行為，大法官在解釋理由書中訴諸「國民之期待」與「國民法的感情」為標準，認為**「倘該目的就歷史淵源、文化背景、社會現況予以觀察，尚無違於國民之期待，且與國民法的感情亦相契合，自難謂其非屬正當」**，甚至加了一段歷史敘述，從清末迄民國的煙害強調制定特別刑法來處理煙毒問題的正當性。

　　大法官認為，在手段適當性（合目的性）方面，截堵煙毒來源才能根絕禍害，因此處罰製造、運輸與販賣的行為才能保障他人的生命與身體健康，並維護公共利益。在必要性方面，鑒於製造、運輸與

販賣煙毒的行為具有暴利性質，會引誘行為人鋌而走險，所以單是藉由長期自由刑無法抑制相關行為，大法官似乎認為，無期徒刑與死刑以外的其他手段難以達成目的，雖然所規定的刑罰極其嚴厲，但是不存在比較輕微的有效手段，所以並不違背必要性原則。最後，在狹義比例原則亦即法益權衡方面，大法官認為基於煙毒對於生命與身體健康、社會秩序暨國家安全的重大危害，具有高度的不法內涵，不是行為人個人的生命與身體法益所能比擬，所以處以死刑或無期徒刑，才符合正義與公平，亦即在對於基本權利限制的負面價值與所追求目的的正面價值之間，才具有合乎比例的關係，所以不違背狹義比例原則。

如同前兩號解釋，大法官在本號解釋中，**並沒有注意到死刑作為刑罰手段本身是否合憲的問題**，因此沒有做這方面的討論。至於具有關鍵地位的比例原則，大法官則以想當然爾的方式進行操作。就以手段適當性的檢驗為例，雖然認為處罰製造、運輸與販賣的行為才能保障他人的生命與身體健康，並維護公共利益，但是並沒有進一步說明，何以死刑是抑制相關行為的有效手段。連結到必要性的檢驗，大法官也僅僅指出，由於製造、運輸與販賣煙毒是具有暴利的行為，長期自由刑成效難期，難以達成目的，這樣的論述並非基於有根據的理性考量，而是武斷的認定。這兩個子原則的檢驗，恰好涉及了死刑存廢的討論中兩個重要問題：死刑的社會維安效果[17]與替代措施的可能性，即使從刑事政策的角度也大有論述的可能性與必要性，可惜的是，大法官未能站立在憲法的高度，理性的審視這兩個問題，反而輕易的從常識的角度，不但迷信死刑的嚇阻作用，對於人性也採取過度簡化的觀點，亦即在暴利的引誘之下，長期自由刑由於連結到假釋制

---

[17] 參閱Hans-Jürgen Kerner著，盧映潔譯，為了維持社會安全，死刑是必要的嗎？——從歐洲觀點之犯罪學觀察，收錄於：台灣廢除死刑推動聯盟主編，死刑存廢的新思維，13-23頁。

度，可能讓行為人產生僥倖心理，但是這畢竟只是一種主觀的臆測。此外，選項並不只有死刑、無期徒刑與長期自由刑這三種，如果一直認為可以依賴死刑，那麼就沒有動機去找尋同等有效或是更有效的替代方案。

如果說，手段的適當性與手段的必要性兩者的檢驗，無可避免的涉及某種程度經驗事實的探究與判斷，那麼到了狹義比例原則的檢驗，價值衡量的面向就成為判斷的重點。大法官首先確認了製造、運輸與販賣煙毒的行為，具有高度的不法內涵，因為這些行為不僅侵犯個人法益（傷害人民的身心健康），而且這些受侵害的法益還具有累積關係，不僅是一個個人受害，而是多數人的生命與身體法益受害，而且這種受害法益的累積還會從個人層面躍升到社會與國家層面，造成重大公共利益的極大損害（讓社會秩序與國家安全陷入危險），受到刑罰的個人，即使是剝奪他的生命法益，相較之下顯得微不足道。

大法官的論述邏輯顯然有問題，關於受害法益的累積與質變的推論，雖然看似有理，然而流之於想當然爾，雖然個別的製作、運送與販賣的行為，可能傷害到一個以上煙毒使用者，但是從微視的（個人）層面要躍升到結構的（社會）層面的傷害，需要更多的經驗事實來佐證，而且即使公共利益受到傷害，是否在程度上已經造成社會與國家的傾危，則更需要強而有力的證據來支持，大法官在解釋理由書的論述像是在作文，「**煙毒之遺害我國，計自清末以迄民國，垂百餘年，一經吸染，萎瘁終身，其因此失業亡家者，觸目皆是，由此肆無忌憚，滋生其他犯罪者，俯首即得；而製造、運輸、販賣無非在於使人吸食，其吸食者愈眾，則獲利愈豐，因是呼朋引類，源源接濟，以誘人上癮為能事。萃全國有用之國民，日沈湎於鴆毒之鄉而不悔，其戕害國計民生，已堪髮指；更且流毒所及，國民精神日衰，身體日**

弱，欲以鳩形鵠面之徒，為執銳披堅之旅，殊不可得，是其非一身一家之害，直社會、國家之鉅蠹，自不得不嚴其於法；而欲湔除毒害，杜漸防萌，當應特別以治本截流為急務，蓋伐木不自其本，必復生；塞水不自其源，必復流，本源一經斷絕，其餘則不戢自消也。」這段敘述作為一個歷史敘述即已失之簡略，更嚴重的缺點在於，無視於19世紀下半葉的大清帝國與20世紀末的中華民國之間，無論是所處的國際局勢，還是所具有的經濟、文化、社會、政治情狀、國民的教育水平，以及毒品的種類、傳播方式、危害的型態等條件，皆無法相提並論。這類對於煙毒危害深惡痛絕的剴切之詞充其量只具有修辭的功能，但是以大法官憲法解釋的重要性以及其所具有的權威高度，需要的恐怕是更具有當代社會學知識、心理學知識與犯罪學知識水平的論述。

此外，（受刑人）個人生命法益的完全剝奪，相較於重大公共利益的維護而言是無可比擬（微不足道）的看法，更是一個非常有問題的價值論斷。首先，生命法益的剝奪與公共利益的維護之間的關係，更有可能是顛倒過來，因而只有在非常例外的情況，才有可能正當化如此嚴重的法益侵害，死刑不但侵害最重要的基本權利，而且還是對其最嚴重的侵害。其次，大法官在進行法益衡量時，只注意到公共利益的重要性，卻忽略了另一個同等重要的面向──保護公共利益的迫切性，亦即如果法律不採取防護措施，公共利益將面臨的危險程度（危險的嚴重性與發生的可能性）[18]。

更有問題的是解釋文中的一個觀點：製作、運送與販賣煙毒的行為，不但具有高度不法內涵，而且是追求暴利的行為，如果不採取

---

[18] 參閱許宗力，比例原則之操作試論，收錄於：法與國家權力（二），2007年1月，135-136頁。

死刑（與無期徒刑）來處罰，則有悖於公平與正義。這個論述似乎蘊含著，採取死刑來處罰這些行爲不但是憲法所允許的，還是憲法所要求的。如此一來，大法官認爲死刑合憲時所立基的價值觀就昭然若揭了，這不但是一種應報思想，而且是一種「非常素樸的、庶民的正義觀和道義觀」[19]。這就呼應了解釋理由書中所言：「**尚無違於國民之期待，且與國民法的感情亦相契合**」。問題是，從憲法的高度檢驗死刑的合憲性時，應該謹記憲法作爲人民權利保證書暨大法官作爲憲法守護者的觀點。如果大法官解釋憲法時，對於看似主流的民意亦步亦趨，姑不論民意如流水，怎麼樣的民意才值得大法官予以重視，本即不易確定而有待深究[20]，更何況即使當前的民意眞的如此，也會讓社會錯失一個從憲法的高度重新思索重大問題的契機，這個議題涉及的是對於每個人民而言都是最寶貴的生命，因此同時是一個與基本權利保障具有高度關聯的憲法問題。

四、2000年之後的不受理決議

往者已矣，來者可追。即使大法官在過去，囿於時代背景與社會條件的限制，錯失了幾次從憲法的高度以及從更理性的角度省思死刑法制的機會，在2000年之後，隨著政治菁英以及執政者對於死刑的態度轉變，本有機會再度發揮其「公共理性」的功能，可惜的是從近年來的不受理決議看來，大法官似乎有意讓社會與歷史的緩慢腳步來

---

[19] 這個用語來自謝世民，堅持死刑的危險性，中國時報（言論廣場），2010年3月14日。

[20] 即使是透過所謂民意調查的方法來探究，仍必須注意問題的設計會影響一般民眾的回答。例如同樣是問是否贊成廢除死刑，如果一個問法是直接問「你是否贊成廢除死刑？」另一個問法是「如果有適當的配套措施存在，你是否贊成廢除死刑？」所得的贊成百分比即有很大的不同。

決定，而不願意扮演時代的火車頭。

與死刑合憲性相關的三號司法院解釋都做成於2000年以前，在2000年之後，台灣社會對於死刑的態度雖然沒有多大的改變，然而由於政府有意識的往廢除死刑方向進行，並從2002年起逐步廢除「懲治盜匪條例」，並廢除刑法與特別刑法中唯一死刑的規定，因此在2007年以後，我國刑法中已經沒有唯一死刑的規定。此後問題就更清楚了，不再是唯一死刑是否合憲的問題，而是直搗核心的面對死刑是否合憲的問題。

2000年之後，並不是沒有針對死刑合憲性的質疑而提出的釋憲聲請，可惜的是，大法官並沒有在時代改變的同時，勇於接受新的挑戰，對於釋憲聲請均以程序不符的理由議決不受理。其中備受矚目的，例如第1353次會議針對鍾德樹所提出的釋憲聲請所為之不受理決議，以及針對2010年4月另由44名死刑犯提出的釋憲聲請，在第1358次會議所為的不受理決議。

大法官不受理這些釋憲聲請的理由，大多是以下幾種：（一）已做成相關解釋，而無再行解釋之必要[21]；（二）未客觀上指摘系爭法律或解釋有何違憲之處[22]；（三）確定終局判決未適用系爭司法解釋或法律[23]；（四）聲請人未委任律師或聲請書及委任狀未依法

---

[21] 例如第1297次會議不受理之案件、第1209次會議不受理之案件、第1165次會議不受理之案件、第1124次會議不受理之案件、第1035次會議不受理之案件。

[22] 例如第1387次會議不受理之案件、第1381次會議不受理之案件、第1371次會議不受理之案件、第1358次會議不受理之兩個案件、第1353次會議不受理之案件、第1295次會議不受理之案件。

[23] 例如第1387次會議不受理之案件、第1386次會議不受理之案件、第1371次會議之不受理之案件、第1358次會議不受理之兩個案件、第1353次會議不受理之案件、第1297次會議不受理之案件。

補正[24]：（五）非確定終局裁判[25]。如果依時間先後來看，2006年以前最常出現的不受理理由是「已做成相關解釋，而無再行解釋之必要」。近年來則較常出現「未客觀上指摘系爭法律或解釋有何違憲之處」、「確定終局判決未適用系爭司法解釋或法律」等理由。雖然大法官幾乎都是基於司法院大法官審理案件法第5條第1項第2款與同條第2項的規定，以程序不符為理由不受理。然而比較值得注意的是，在兩公約施行法公布施行之後，當聲請釋憲者以其為死刑違憲的理由時[26]，大法官雖然仍舊以程序不符為理由而不受理，但是似乎已經進行實質審查。

　　基於本文的目的，並不打算逐一討論這些不受理的理由，而是將重點置於兩個重要問題上。

　　首先，大法官一再迴避死刑是否牴觸憲法第15條生命權保障暨憲法第23條比例原則的爭議，認為死刑的違憲疑義在前揭三號解釋中已經處理，甚至認為並不符合做補充解釋的程序要件。針對鍾德樹在釋憲聲請書中主張：「**最高法院……刑事判決，所適用之刑法第二百七十一條第一項，科予刑事被告『死刑』之法律規範，有侵害憲法第七條之平等原則、第十五條之生存權及第二十三條比例原則之疑義。**」大法官在2006年12月29日的第1297次不受理案件決議中，認為「查其所陳，關於死刑為法定刑是否違憲部分，業經本院釋字第一九四號、第二六三號及第四七六號等號解釋有案，尚無再行解釋之必要」。同樣針對鍾德樹在釋憲聲請書中主張：「**刑法第二百七十一條第一項規定，以死刑為法定刑之一，不當侵害人民受憲法保障之平**

---

[24] 例如第1358次會議不受理之案件（會台字第9741號）。
[25] 例如第1333次會議不受理之案件、第1209次會議不受理之案件。
[26] 第1358次會議不受理之案件。

等權、生存權，有違憲法比例原則之要求，且有補充解釋司法院釋字第四七六號解釋之必要。」大法官在2010年3月26日的第1353次不受理案件決議中，認爲：「**經查關於刑法第二百七十一條第一項規定違憲及補充解釋本院釋字第四七六號解釋部分，聲請人前曾就上開確定終局判決以相同事由聲請解釋，業經本院大法官第一二九七次會議議決不受理在案。茲聲請人復執同一事由再行聲請解釋，僅係以個人主觀之見解指陳刑法第二百七十一條第一項死刑規定不當，尚難謂已客觀指摘該規定有何牴觸憲法之處。**」

　　其次，在兩公約施行法施行之後，大法官一方面淺化兩公約對於死刑的意義，另一方面則迴避面對兩公約對於我國法秩序影響，甚至將問題都推給立法者。針對張○堡等14人在釋憲聲請書中主張：「**公民與政治權利國際公約及經濟社會文化權利國際公約已於中華民國九十八年十二月十日施行，刑法第二百二十六條之一等規定，已牴觸公民與政治權利國際公約第六條、第十六條及前述世界人權宣言等規定，司法院釋字第二六三號，第四七六號、第五一二號解釋亦應予變更。**」大法官在2010年5月28日的第1358次不受理案件決議中，認爲：「**公民與政治權利國際公約第六條第六項雖規定，該公約締約國不得援引該條，而延緩或阻止死刑之廢除。惟依同條第二項前段規定之意旨，凡未廢除死刑之國家，如犯情節重大之罪，且依照犯罪時有效並與該公約規定及防止及懲治殘害人群罪公約不牴觸之法律，尚非不得科處死刑。**」同樣的，針對王○欽等38人在釋憲聲請書中主張：「**刑法第二百七十一條等規定，已牴觸公民與政治權利國際公約第六條、第十六條及前述世界人權宣言等規定，司法院釋字第二六三號、第四七六號、第五一二號解釋亦應予變更。**」大法官在第1358次不受理案件決議中，亦認爲：「**公民與政治權利國際公約第六條第**

六項雖規定，該公約締約國不得援引該條，而延緩或阻止死刑之廢除。惟依同條第二項前段規定之意旨，凡未廢除死刑之國家，如犯情節重大之罪，且依照犯罪時有效並與該公約規定及防止及懲治殘害人群罪公約不牴觸之法律，尚非不得科處死刑。……衡諸上開相關規定，尚難謂聲請人已客觀指摘刑法第二百七十一條……有何牴觸憲法之處。」

肆、大法官解釋過死刑是否合憲的問題嗎？

在不受理決議中，大法官有時會提到，當事人的釋憲聲請並不符合做補充解釋的程序要件，並以此作為不受理的理由之一。「補充解釋」是大法官在過去解釋中創造出來的類型，相關程序要件主要依據過去的解釋與大法官會議所做的數個相關決議，大法官提及的要件，例如聲請人限於原當事人（原聲請人）、必須針對原解釋漏未就聲請之事項為解釋、有補充解釋之必要等，由於這些要件是否都是聲請補充解釋的必要程序要件，並非沒有疑義，而且留給大法官操作的空間很大，大法官如果不願意受理，很容易在這些程序要件中找到理由，因此是否受理很大部分就決定於大法官的主觀意願，而非程序要件的客觀解釋與適用[27]。

大法官要面對於死刑的問題進行憲法的辯論與解釋，除了必須存在一個或多或少符合程序要件的聲請案之外，更具有關鍵性的問題

---

[27] 相關程序要件的討論，參閱吳信華，論大法官釋憲程序中的「補充解釋」，收錄於：憲法訴訟專題研究（一）：訴訟類型，2009年10月，327頁以下；吳信華，再論「補充解釋」，收錄於：憲法訴訟專題研究（一）：訴訟類型，2009年10月，351頁以下。

在於，必須先克服一個迷思或是藉口，亦即在第1297次不受理案件決議中提到的：「**關於死刑爲法定刑是否違憲部分，業經本院釋字第一九四號、第二六三號及第四七六號等號解釋有案，尚無再行解釋之必要。**」大法官認爲，既然在前三號相關的司法院解釋中曾經做過解釋，死刑是否合憲的問題並沒有再行解釋的必要。本文認爲，大法官這個見解站不住腳。

死刑作爲法定刑的合憲性問題，是否如決議中所稱業經解釋在案，亦即已經在上述三號解釋中曾經做過解釋，並非毫無疑義。大法官在決議中的結論只有在幾個前提上才能成立。亦即不區分動員戡亂時期與民主憲政秩序下的法秩序、不區分特別刑法與普通刑法、不區分過去解釋中被指謫違憲的具體法律條文（分別**爲戡亂時期肅清煙毒條例爲特別刑法第5條第1項、懲治盜匪條例第2條第1項第9款與肅清煙毒條例第5條第1項**）與目前聲請釋憲案中被指謫違憲的具體法律（刑法第271條第1項與刑法第226條之1）。只有在如此高度的去脈絡化操作下，大法官才可以主張死刑作爲法定刑的合憲性問題已經解釋過了，但是這個論點站不住腳卻是很明顯的，因爲動員戡亂時期的法律特別嚴厲，理由在於憲法所定緊急狀態的急迫性與嚴重性，此外，特別刑法與普通刑法各有其不同的立法目的[28]，無法在未經論證下即相互援用，最後，司法院解釋即使在性質上屬於抽象解釋，在每個釋憲案中仍舊有具體被指謫違憲的法律，在個別解釋中被宣告合憲或違憲的也只是系爭法律，而不及其他。由此可見，僅僅因爲在過去的三號解釋中，曾經有三個特別法的條文因規定死刑被指謫違憲，就理所當然的主張，死刑作爲法定刑的合憲性問題「業經解釋」，是多

---

[28] 至於在過去很長一段時期中特別刑法被濫用，則是另外一個議題。

麼輕率的見解。更何況，一般針對基本權限制的合憲性審查，必須適用憲法第23條中所規定的比例原則，在進行比例原則審查時，必須針對系爭法律的具體立法目的與具體限制方武，才能夠操作，既然審查的具體對象並不相同，如何能主張「業經解釋」？

大法官的上述見解還蘊含了一個對於自身功能與角色的錯誤預設，亦即將司法院解釋的抽象審查性質過度擴張，以致於司法院解釋似乎取得了某種抽象法規性，這就涉及了非常嚴肅的權力分立問題與權限問題，並牽涉司法院解釋的效力問題。即使大法官多次申明，其解釋具有拘束全國機關與人民的效力，但是大法官作為司法的一環，所從事的仍舊是憲法解釋與違憲審查，並不會因為其所為解釋具有普遍的拘束力，就讓大法官成為某種意義的立法者，因此，即使大法官曾經在具體個別的解釋中，針對具體法律規定中死刑作為法定刑是否合憲的問題表達過見解，並不會使其見解成為普遍拘束性的結論[29]。

由於憲法作為法秩序的最高規範，在做憲法解釋時，除了穩定性之外，同樣重要的是，憲法解釋必須與時俱進，在規範政治與社會秩序的同時，將社會的事實變遷與價值變遷納入考量，尤其是一個社會越文明，就會要求隨著時代進步而越高程度的基本權保障，此外，人性尊嚴的標準亦會隨之而提高，過去有關死刑的三號司法院解釋都是在2000年以前做成，在將近十幾年之後的今日，正是重新省思與面對死刑存廢與死刑合憲性的適當時機，大法官言「**尚無再行解釋之必要**」的見解，實有修正的必要，因為在法律秩序的過去與今日之間進行協調，正是司法對於社會的重要貢獻，大法官如果能體認到這個司

---

[29] 這個問題還涉及大法官解釋效力是否包含所謂「重複立法禁止」的內容，由於並非本文重點，因此不再追蹤下去。

法所內涵的職責，就應該勇於面對死刑合憲性的問題，而不是把它僅僅交給隨時擺盪的未知民意來決定。

有一種見解似乎認為，既然六十多年前制憲時，死刑就存在了，可見憲法並不否認死刑的合憲性，這種見解似乎訴諸於制憲者原意，然而並不能提出證據，證明制憲者在制憲之時對於死刑合憲性問題曾經明示或默示的表示過意見。此外，這種見解的不合時宜極其明顯，因為該見解可能蘊含下列主張，亦即有關基本權利的保障只能夠根據離我們越來越久之前的價值水平，而無法納入社會與文明進步所帶來的價值變遷，這將對於基本權利的保障非常不利，悖離了憲法原則中對於基本權利保障的誡命，以及基本權利所具有的原則性質：要求在事實與法律條件下儘可能的實現其內容的誡命（亦可稱為「最佳化誡命」），因此極有問題[30]。

伍、兩公約對於憲法解釋的影響

如果憲法解釋在某種程度上必須與時俱進，那麼除了應考量上述社會事實與價值變遷之外，法律秩序內在的變遷更不宜視而不見，甚至可以說，後者對於憲法解釋的影響更深，這也是憲法解釋必須面對的一般性問題。在形式上，憲法固然具有最高位階，而且是作為司法審查的審查標準，但在實質上，一般的法律有時候反而會決定憲法的具體內容，這尤其表現在法律對於憲法的具體化之上，所以在過去憲法學曾經發展出實質憲法概念，用來指稱一些非憲法位階，卻規範著

---

[30] 相似看法，參閱朱石炎，死刑法制之探討，法令月刊，63卷8期，2012年8月，46頁以下。

國家機關的組織、權限與秩序的法律[31]。實際上，當這些法律被修改時，憲法的實質內容就改變了。

如果把國際條約與國際條約施行法納入考慮，則問題將更複雜化，因為國際條約的內國法化，不只意味著它們是法律，還意味著它們具有比法律更優勢的地位，甚至有學者認為具有準憲法位階的法律地位[32]，但是這就是目前大法官必須面對的處境：隨著「公民與政治權利國際公約」和「經濟社會與文化權利國際公約」的批准以及其內國法化，亦即「公民與政治權利國際公約及經濟社會文化權利國際公約施行法」的通過施行，面對質疑死刑合憲性的釋憲聲請時，大法官不但不應該再認為「**死刑為法定刑是否違憲業經本院解釋**」，更不應該再認為「**尚無再行解釋之必要**」。即使是既經聲請，但本文沒有特別探討的，例如相關刑事訴訟法、赦免法等法律是否因為不符合兩公約而違憲的問題，大法官亦不宜只是在幾個不受理決議中以簡要說明的方式處理。因為兩公約的內國法化，意味著我國的憲法秩序將採取比過去更高的標準，來對待相關的基本權利，此時「與時俱進的憲法解釋原則」就會要求，除非有明顯的違憲疑義，否則大法官應該要遵守兩公約的內容，並根據兩公約的精神來解釋憲法，並進行法律的違憲審查，換言之，憲法的基本權利規定雖然沒有字面上的變動，但是已經在兩公約內國法化之後，升級成為「新版本」的基本權利篇，要求大法官以更高的標準來解釋與適用相關的基本權利。

---

[31] 這個概念雖然在此面向上具有特定的說明力，但是同時是一個「危險」的概念，試想，如果憲法位階以下的法律也可以被稱為憲法的話，違憲審查機關要如何根據形式意義的憲法來審查這些實質意義的憲法？

[32] 參閱張文貞，自外於國際人權規範的台灣司法──大法官不受理死刑釋憲之評析，收錄於：我的國家殺了人：廢死的釋憲故事，2011年6月，42頁。

　　對於大法官而言，兩公約的內國法化帶來了成長的動力，在過去，大法官可以只是一般法律專家或憲法專家，但是兩公約施行法通過後，大法官還必須同時是國際人權法的專家！就此而言，大法官在2010年5月28日第1358次不受理案件決議中的論述，就顯得過於輕率，並沒有認真對待兩公約對於憲法秩序所帶來的影響，不但沒有適當的回應釋憲聲請中的詳盡論理，對於與生命權保障至關緊要的條文「公民與政治權利國際公約」第6條的解釋時，甚至完全忽視了作為有權解釋機關之人權事務委員會的詳盡解釋，無怪乎有學者會以「對公約權利的無知及錯誤解讀」為題，予以嚴厲批評[33]。

陸、結語

　　死刑存廢在台灣一向是具有高度爭議性的問題。近一、二十年來的民意調查顯示，如果有適當的配套措施，支持與反對維持死刑的人數大約五五波，然而另一方面，如果單純針對死刑的存廢問題，卻有穩定的多數（大約65%到80%之間）支持維持死刑，而且，每當社會發生駭人聽聞的嚴重犯罪，支持死刑的聲音就會急劇上升；即使不做嚴謹的社會調查，也可以很容易推論，這個問題在公共領域中不容易做理性的討論[34]。因此要求諸於極易受到輿論壓力影響的立法機關，能夠排除眾議的理性討論，並從立法層面著手，顯然會遭遇到很大的困難。大法官雖然曾針對死刑的違憲與否的問題做過三號解釋，然而

---

[33] 參閱張文貞，同註32，40頁。
[34] 2010年的廢死爭議中，甚至發生廢死聯盟與其會長遭受恐嚇與威脅，被迫遷移辦公室的事件。

皆是針對特別法，甚至是動員戡亂時期的法律，在2000年之後，對於相關的釋憲聲請，則皆以不受理的方式處理。如果在台灣有關死刑存廢的爭議，很難在公共領域或是有權做出具有集體拘束性決定的立法者那裡得到理性的辯論，作為憲法守護者與人權保護者的大法官，或許最有可能基於「公共理性」來探討這個議題。

根據本文的討論，既存的三號有關死刑的司法院解釋，在論理上都存在著明顯的缺失，不但在比例原則的操作上不盡妥當，而且也忽略了一個重要的問題：以剝奪生命作為限制基本權利的手段，即使就手段本身而言，是否合憲仍有很大的疑義，因此並非沒有重新解釋或補充解釋的必要。此外，由於在三號解釋中所涉及者都是特別法中的死刑規定，甚至是屬於動員戡亂時期的非常法制，無法與正常憲政秩序下的法律相提並論，遑論當時的審查客體並非普通刑法的規定，更何況在兩公約內國法化之後，連憲法秩序的價值標準都已經發生變遷，更有必要在遵守兩公約的內容與精神下，直接面對死刑合憲性問題的挑戰並予以解釋。以今日的時點而言，既然大法官作為釋憲機關，並不曾在法律意義上針對死刑作為法定刑的合憲性做過解釋，未來如果還有釋憲聲請，大法官實不宜再以曾經解釋過或是無重新解釋的必要為托詞，繼續迴避死刑的合憲性問題。

請大法官認真對待生命！

原文出處：張嘉尹，死刑與憲法解釋——請大法官認真對待生命，法令月刊，63卷10期，2012年10月，13-29頁。

Part 3

表意自由與學術自由

CHAPTER

5

言論自由的保障與限制

壹、序言

　　本文以解嚴前與解嚴後作爲觀察台灣言論自由保障的分水嶺，解嚴前，言論之內容與言論表達的媒介受到嚴密控管，而解嚴後，言論內容雖然有多元化與多樣化的發展，然而人格權與隱私權卻受到極大威脅；且在言論媒介上，傳統報業仍主要是三分天下，而有線電視台與衛星電視則凸顯出表面的多樣化，若以新聞報導爲例品質卻未提升。對憲法學而言，最佳之方式是以言論自由、新聞自由與其他基本權利之衝突爲主軸，思考如何在基本權利中取得其平衡。本文主要以台灣之言論自由保障之發展爲考察重心，透過法學概念分析之方式，先考察言論自由之意義，並且說明在我國憲法上言論自由具有何種意義。其後進一步討論言論自由之保障範圍，這將有助於反省傳統基本權受到國家權力之侵害時，系爭行爲應在何種基本權利之保障範圍之中。本文區分了三種言論自由，首先是狹義的言論自由，原則上包含以任何媒介來表達意見的行爲；其次是出版自由暨新聞自由，著重保障出版品；最後是廣播電視自由，涉及到建立與經營廣播電視事業、資訊之取得、電視節目之製作與播放等。最後本文將探討對於言論自由之限制，本文區分了事前檢查、行政管制、政治性言論之限制、誹謗性言論之限制、猥褻性言論之限制、商業性言論之限制。針對各種類型言論所受限制進行討論，將有助於釐清具體案例中各種基本權利衝突的可能態樣[1]。

---

[1] 本文撰寫於2006年，經過了十五年後的今天，不但與言論自由相關的司法院解釋層出不窮，在網際網路成爲言論溝通的重要場域，以及數位匯流的技術條件下，許多有關言論自由、新聞自由與廣電自由新興議題陸續出現，限於原文的寫作目的，本文增補的內容主要多集中在本文出版之後的司法院解釋，至於新興網路媒體所引發的各項議題，由於超出原先寫作目的

貳、國內言論自由發展的簡短回顧

　　言論自由在台灣的發展，一般而言，可根據民主憲政體制的轉型粗分爲兩個階段，亦即劃分爲動員戡亂時期（暨戒嚴時期）與民主化之後來觀察，因此其分水嶺大概是1991年，如此劃分雖不完美，但是卻具有重大意義。因爲在戒嚴時期，舉凡與政治意見直接或間接相關的言論，只要是不同於當時執政者意識型態，就會受到來自於公權力的箝制，出版自由也受到當時出版法的嚴格限制，新聞自由與廣電自由的保障更是緣木求魚，因爲黨禁與報禁尚未解除，而且除了台視（屬於台灣省）、中視（屬於國民黨）與華視（屬於國防部）三台之外，更沒有其他的電視台的存在與設立的可能性，質言之，在解嚴前，言論內容與言論表達的媒介接受到嚴密控管。

　　解嚴之後，就言論內容的層面而言，在積極面呈現多元與多樣化發展，在消極面則是人格權與隱私權的全面潰敗，譁眾取寵的惡性競爭已成爲新聞媒體的常態，競相追逐收視率與曝光率使得新聞媒體極度膚淺化與庸俗化，無法自律的媒體不但傷害被報導的個人，不負責任的「爆料」也侵蝕媒體的監督功能，不但沒有做到起碼的平衡報導，還爲了追逐新奇成爲「政治名嘴」操弄的工具。在言論傳播媒介的層面，報禁解除後，如雨後春筍般設立的新聞業所面臨的，除了是言論自由市場的競爭之外，還遭遇到社會權力落差的問題，因爲平面新聞市場的長期壟斷，早已造成競爭條件的極度失衡，十幾年來成就的仍舊是報紙托拉斯，雖然仍有小報在夾縫中生存，但是檯面上僅存

　　與範圍，僅能留待未來另以專章論文處理，然本文作爲探討台灣言論自由問題的基礎論文，所提供的全面性視野，或仍有參考價值，特此說明。

的是中時、聯合與自由的三足鼎立，一直到蘋果日報創立後，則呈現四分天下的型態[2]。由於新興科技的發達，頻譜分配不再成為限制電台成立的條件，透過光纖電纜的設立與衛星傳播科技的成熟，成立了眾多有線電視台與衛星電視台，因此在廣播電視媒體市場，至少也出現表象上的多樣化，從而將三台甚至四台壟斷的局面遠遠拋在後頭，如果將焦點先置於影響政治意見形成的新聞台，則會發現，新聞報導與新聞評論的傳播，隨著商業廣電媒體市場在數量上的發展，並沒有相應的在品質上有所提升，除了聳人聽聞事件的膚淺報導與不斷重複，欠缺查證與事實根據的情況下，不斷的針對政治人物各種醜聞的「驚爆內幕」，以及欠缺反省的追逐時尚並片面強調物質價值之外，其他的內容似乎所剩無幾，具有起碼深度與理性探究精神的報導與評論更是萬中無一。在解嚴之後，尤其是政治人物與新聞媒體對於言論自由的過度行使，不但造成打擊他人名譽或侵犯他人隱私的結果，對於社會的文化與精神生活，也因為崇尚物質享樂的傾向，而有負面的影響。新聞自由的過度強調，不但使新聞記者的社會責任意識淡薄，動輒以新聞自由之名，行窺視並揭發他人隱私之實，甚至干擾一般人或公眾人物的私生活，就社會文化層面，更助長大眾更多的窺視欲望。在新聞評論層面，過多的政治評論Call-in節目，以各自黨派立場，或是針對時事評論，或是以作秀心態「揭弊」，對於公共意見的形成，不但沒有扮演積極作用，混淆視聽與價值的結果，甚至造成社會的兩極化[3]。總體而言，台灣在解嚴之後持續遭受著不負責任使用

[2] 2003年5月2日，台灣《蘋果日報》創刊之後，則逐漸成為四足鼎立的狀態。2021年5月14日，台灣《蘋果日報》宣布自5月18日起停刊紙本，將經營重心轉移到網路媒體《蘋果新聞網》。

[3] 至於其背後是否有存在著一個，失去政權的少數族群，繼續透過媒體執行其「文化霸權」意識型態的情形，則是另一個可以探究的社會問題，參閱顧忠華，總統大選結果的社會意義，當代雜誌，201期，2004年5月，44頁以下。

言論的惡果[4]。

在面對上述國內言論自由目前種種不良的發展時，由於憲法學者通常以自由主義為憲政主義憲法的主要政治哲學基礎，並以基本權利的保障為其職志，在探究言論自由的保障並進行法學論述時，往往會陷入兩難，一方面，基本權利的行使本身自為目的，言論自由的保障也有各種積極的功能與效果，甚至也是憲政民主不可或缺的條件，而且目前國內言論自由的保障水平，乃是台灣社會歷經數代人民奮鬥才爭取到，得來不易；另一方面，新聞媒體與政治人物對於言論自由的濫用，卻是不爭的事實，言論的不當行使已經造成侵害其他基本權利的後果，甚至言論自由的行使，已經成為政治鬥爭的工具，表面上是自由民主憲政體制重要構成要素的行使，例如監督批判政府、言論自由暨新聞自由的行使，實際上卻是對於政敵的無情攻訐與蓄意抹黑，甚至是人格的踐踏[5]。然而，憲法學所能做的並非改善當前言論自由畸形發展的現狀，而是回歸到法學論述的基本面。針對種種言論自由的亂象，較適當的處理或許不再是片面的強化言論自由保障，或過度強調言論自由與新聞自由具有民主功能而來的優先性，而是以言論自由、新聞自由與其他基本權利的衝突為觀察主軸，探究如何在基本權利保障法益之間取得平衡[6]。

雖然數十年來，台灣的言論自由，尤其是政治性言論自由已經獲得很大的保障，新聞自由亦然，卻不能因此以為，言論自由以及傳

---

[4] 參閱許宗力，談言論自由的幾個問題，收錄於：李鴻禧等合著，台灣憲法的縱剖橫切，2002年，241頁；林子儀，言論自由導論，收錄於：李鴻禧等合著，台灣憲法的縱剖橫切，2002年，105頁以下。

[5] 參閱顏厥安，憲政體制與語言的困境，當代雜誌，201期，2004年5月，58頁以下。

[6] 基本權衝突可以視為原則衝突來處理，參閱張嘉尹，法律原則、法律體系與法概念論——Robert Alexy法律原則理論，收錄於：憲法學的新視野（一），2012年10月，190-204頁。

播媒介的自由在台灣已經獲得全面性的保障了。在解除戒嚴已經三十多年的今天，針對電影、廣播電視節目、錄影節目帶與影音光碟，仍有許多法律所施加的限制，對於節目內容甚至採取「事前檢查」的手段，對於廣電媒體事業的設立與經營，現行法律也賦予主管機關新聞局過大的裁量權限，即使過去新聞局所具有的許多廣電媒體管制權限，已經移轉到國家通訊傳播委員會[7]，由於人民自由的實現無法只倚賴政府的善意，因此有侵犯基本權利之虞的相關法律規定，仍應適時檢討改進以為上策。

　　本文的考察重點，首先探究言論自由的意義，除了劃定言論自由保障領域之外，並藉此釐清一些有關言論自由概念的誤解；既然言論自由的威脅主要仍來自於政府，因此接下來主要探究來自公權力行使對於言論自由的限制，並檢討其所引發的問題[8]。

參、言論自由的意義

一、言論自由的概念

　　憲法上所保障的言論自由應該包含何種自由，在學說上並沒有一致的見解，國內學者通常將其置於「表現自由」（或稱為「意見表現

---

[7]　其設立之初曾引發憲法爭議，參閱司法院釋字第614號解釋。

[8]　在社群媒體發達的現在（2021年），大型社群網站（一稱「網路中介者」），例如臉書或是推特等，對於網路言論自由的威脅，其範圍之廣與程度之深亦不容小覷，然此為網路言論自由保障暨社群媒體之管制的特殊議題，在全球化的時代亦跨國家的具有普遍性，雖不在本文的討論範圍，然有關於此類新興議題，已有不少學術論文討論，例如蘇慧婕，正當平台程序作為網路中介者的免責要件：德國網路執行法的合憲性評析，臺大法學論叢，49卷4期，2020年12月，1915-1977頁。

自由」、「表意自由」）的範疇內討論，甚至將其視為表現自由的主要內容。關於表現自由的概念，有學者認為包含言論、講學、著作、出版自由，也包含媒體自由與藝術自由[9]。有學者認為，除此之外，還應包含集會遊行自由與結社自由[10]。有學者認為表現自由更包含舉行信仰儀式、請願與參政權的行使[11]。另外，也有學者認為，「表現自由」與「言論自由」是相互通用的名詞，言論自由既然保障使用各種表現形式來表達內心的想法，因此各種表現形式的保障都包含在「言論自由」的概念中，因此言論自由就包括屬於表現面向的表現自由——狹義言論自由、著作自由、出版自由（含新聞自由）、講學自由（含學術自由）、秘密通訊自由、集會自由（含遊行自由）、結社自由、不表現自由，以及屬於接收面向的接收自由（含知的自由）與不接收自由[12]。

　　本文認為，由於集會結社自由、舉行信仰儀式、請願與參政權的行使等自由權利，相對於一般言論自由有其特殊的保障內涵，而且已經有其他憲法條文加以保障，因此言論自由的討論應可限定在憲法第11條所保障的內容，至於解釋為學術自由的講學自由，雖然學術研究的自由、研究成果發表與講授的自由，與一般言論自由保障的內容有其重疊之處，但是就其內容而言，實已超出一般言論自由的保障範

---

[9]　法治斌、董保城合著，中華民國憲法，修訂三版，2002年，166頁。見解相近，但是以「言論自由」的概念取代「表現自由」，參閱許宗力，同註4，241頁。

[10]　陳慈陽，憲法學，2004年，493頁。

[11]　然而他也認為，由於這些自由權利皆有憲法專條予以保障，因此在著作體例上只納入第11條的內容，參閱吳庚，憲法的解釋與適用，三版，2004年，209頁。

[12]　林子儀，同註4，108頁以下。

圍[13]，如果涉及大學制度，則更有其所欲解決的特殊問題[14]，因此本文將其置於「言論自由」的概念之外。

　　新聞自由與廣播電視自由固然有其特殊性，但是兩者皆是一般言論的特別表達形式，也是當代社會中，言論表達與意見溝通的主要方式，因此將其包含在廣義的言論自由之中。雖然憲法第11條的文字看似與藝術自由無關，但是藝術作品的創作與發表也可視爲爲一種特定形式的言論，只是所依憑的媒介並非一般的語言，因此亦可包含在「言論自由」的概念之中。將這些自由納入言論自由的概念之中，又將其與狹義言論自由相區別，理由在於這些自由的核心意義之一雖然是意見的表達，但是也保護其作爲意見表達媒介的特殊性，畢竟這些自由通常都具有特定的組織與運作型態，若不在組織法層面與程序法層面保護這些組織性的行爲，即無法達成保障其作爲意見表達媒介的功能。

　　本文對言論自由的界定，與釋憲實務上大法官的相關解釋相近，在釋字第364號解釋中，大法官認爲：**「以廣播及電視方式表達意見，屬於憲法第11條所保障言論自由的範圍」；在釋字第407號解釋中，大法官在劃分猥褻出版品與藝術性出版品時，亦訴諸「憲法保障人民言論出版自由之本旨」**；釋字第509號解釋雖然事實上涉及新聞報導，但是大法官在解釋文中所討論的是「憲法保障言論自由之旨趣」，將新聞報導視爲言論自由的一種「傳播方式」。總之，本文認爲「言論自由」包含狹義言論自由、出版自由、新聞自由、廣播電視

---

[13] 參閱周志宏，學術自由的過去、現在與未來，收錄於：李鴻禧等合著，台灣憲法的縱剖橫切，2002年，181頁以下。

[14] 相關問題，請參閱張嘉尹，大學「在學關係」的法律定位與其憲法基礎的反省，台灣本土法學雜誌，50期，2003年9月，3頁以下。

自由、藝術自由。至於這些自由的保障包含積極從事言論（出版、新聞、廣播電視、藝術）的自由與消極不從事言論（出版、新聞、廣播電視、藝術）的自由，應無爭議。

二、言論自由的保障範圍

　　探討傳統自由權的保障與侵害時，一個有用的思考程序是三階段的審查架構，首先探究確定系爭行為落於哪一個基本權的保障範圍（或稱為「保護領域」），其次探究國家行為是否對該基本權構成限制，最後則探討該國家行為是否具有合憲性[15]。以下雖然討論言論自由（權）保障範圍的界定，但是在沿用三階段架構的前提下，落入保障範圍或保護領域的行為，不一定就獲得該基本權的保障，因為結果必須根據第三步驟的判斷，亦即國家行為是否對該言論構成違憲的限制。一個行為是否構成言論自由保障範圍內的言論，當然不是單純的事實判斷問題，但是過早將其排除於保障範圍之外，其實是偷渡了第三階段審查才能做的判斷，在第一階段將其納入保障範圍的好處是，讓價值權衡可以在第三階段浮出檯面加以探討，而不是透過隱含的價值判斷事先決定是否加以保障。當然言論自由除了防禦權的面向之外，還可能有其他的面向，例如請求權面向、組織與程序保障面向，而可能適用其他的思考程序，但是在步驟上仍須先確定其保障範圍。

---

[15] 這也是德國憲法釋義學對於自由權案件的標準解題步驟，參閱Pieroth/Schlink, Grundrechte. Staatsrecht II, 14. Aufl. 1998, S. 50 ff; 77 f. 中文文獻，可參閱吳信華，基本權利的思考體系，月旦法學教室，9期，2003年7月，123頁以下。

（一）狹義言論自由

狹義言論自由所保障的言論，原則上包含以任何媒介來表達意見的行為。一般而言，意見除了是具有評價性的觀點與想法之外，單純的事實描述與說明也包含在內[16]，至於言論的性質與價值則在所不論，所以社會評價較高的言論，例如學術性言論、政治性言論、文學性或是藝術性言論，固屬於言論，即使是社會評價較低的言論，例如商業性言論、挑釁性言論、攻擊性言論，甚至是侮辱性言論、誹謗性言論、侵害隱私的言論、仇恨性言論或是猥褻性言論，亦屬於言論。雖然這些言論可能會涉及侵權行為，或是觸犯刑法的侮辱罪、誹謗罪或是妨害風化罪，或是受到相關行政法令的規制，但是那是屬於基本權限制與其合法化的問題，在討論保障範圍時不妨先將其列入[17]。

言論自由保障的行為態樣或是媒介與言論的表達方式，原則上也沒有限制，所以使用語言、文字、圖畫或其他方法，例如透過錄音帶、錄影帶、光碟（CD）、影音光碟（VCD, DVD）、電影、網際網路、手機簡訊，或是透過新聞、廣播、有線與無線電視等大眾傳播媒體，甚至使用肢體動作，例如靜坐示威、舞蹈與戲劇等表演方式來表達言論亦可。較有疑問者是具有物理暴力性質的言論表達方式，則應視其具體情狀而為判斷。一般而言，焚燒國旗與銅像等「象徵性言論」（symbolic speech）[18]屬於言論較無問題。就保障範圍的界定而

---

[16] 事實陳述是否屬於言論自由所保障言論的問題，在德國憲法學上曾經爭論許久，目前通說認為，由於任何的事實陳述都無法與價值觀點清楚的區分開來，因此亦屬於基本法第5條第1項所保障的內容，參閱E. Schmidt-Jortzig, Meinungs- und Informationsfreiheit, in: Isensee/Kirchhof (Hrsg.), Handbuch des Staatsrecht der Bundesrepublik Deutschland. Bd. VI, 2. Aufl. 2001, S. 644 f.

[17] 相同見解，參閱許宗力，同註4，242頁。

[18] 有關「象徵性言論」的界定，參閱法治斌，跳脫衣舞也受表意自由的保護嗎？，收錄於：法治國家與表意自由，2003年5月，274頁以下。

言，有時因為表達言論的處境，會產生基本權競合的問題，亦即該言論的表達可能同時由言論自由與其他自由所保障，此時基於特別法優於普通法的法理，由各該特定自由而非言論自由加以保障，例如在大學殿堂的授課講學由講學自由來保障，透過出版物或大眾傳播媒體來表達言論，由出版自由保障[19]；宗教言論由宗教自由保障，在集會遊行時表達言論，則由集會遊行自由保障。

最近引人矚目的是有關言論自由主體的爭議，在「柔性政變案」民事官司的第一審判決中，法院在判決理由中提及「總統沒有言論自由」，因而引發一系列討論。此種觀點殊不可取，因其混淆了基本權利的保障與公法上基於特定職務而來的限制，總統作為一個基本權主體當然享有言論自由，至於是否因為其職務而受到某些限制，則是另外的問題，並不能依此推論擔任總統的職位即不受言論自由保障，或不得主張言論自由。

言論自由除保障積極的表意行為外，亦保障人民有消極不表意的自由。蓋因不表意行為涉及人民內在精神活動以及自主決定權，與人性尊嚴密切相關，因而需予以保障。近年來備受爭議的釋字第656號解釋涉及的即是言論自由的消極面，爭點在於民法第195條第1項後段的「回復名譽的適當處分」是否得以包含判決命被告強制道歉的問題[20]。本號解釋中，大法官透過合憲性解釋的方式，認為若未涉及加害人自我羞辱等損及人性尊嚴之情事者，即與比例原則無違，而為合憲。然而此表述方式引起眾多質疑，因此在2020年3月，司法院大法官針對釋字第656號解釋是否應與推翻舉行說明會。基本權利的保護

---

[19] 關於大眾傳播媒體言論表達的保障，我國大法官解釋採取另外的途徑，根據釋字第364號與第509號解釋，廣播電視自由與新聞自由似乎皆由言論自由權所保障。

[20] 有關本號解釋的檢討，可參閱本論文集中所收錄的論文：〈人性尊嚴的重量——評析大法官釋字第656號解釋〉。

領域或保障的行為，並不限於積極的行為（作為），消極的行為（不作為），亦不限於言論自由的保障，而擴及到其他具有自由權性質的基本權利。

（二）出版自由暨新聞自由

在討論狹義言論自由的保障範圍時，其實已將部分的出版自由納入，然而著作出版自由所強調的保護重點在於出版品。傳統上，出版品指的是所有適於大量散布的印刷品，無論是定期出版的報章雜誌，還是公開發行的書籍、傳單、貼紙、海報，甚至團體內部的印刷品也包括在內。基於現代社會的科技發展，出版品的指涉對象也相應的擴張，包含錄音帶、錄影帶、光碟（CD）、影音光碟（VCD, DVD）。此外，目前可以透過網際網路或手機傳播的某些文字資訊、影音資訊，雖然只是一些電磁紀錄，但是在解釋上也可定性為出版品，例如電子書、電子期刊，或以特殊格式製作的影音檔案（MPEG, MP3）。換言之，出版自由的界定應該對技術的發展具有開放性，隨著新穎資訊載體的技術發明而擴張出版品的概念。當然，納入網際網路與手機通訊所傳達的資訊，尤其在目前資訊匯流的趨勢下，可能會導致出版自由與廣播電視自由之間的界限日趨模糊，因此也有學者提出一個上位概念來含括所有相近的自由，此即「溝通自由」（Kommunikationsfreiheit）。

出版自由基於其特性，亦即出版品的製造與散布，保障的範圍較狹義言論自由來得廣，舉凡與資訊的取得、出版品的製作與流通的相關行為，亦即與出版有關的制度──組織條件，甚至自由的出版制度[21]，都在保障之列。基本權主體的保障範圍也以出版品的製作為中

---

[21] 參閱Pieroth/Schlink, Grundrechte, S. 137.

心考量，所以不但包含出版社本身，也包含經營出版社的人與在出版社中從事各項業務的人。至於出版品的作者則必須訴諸言論自由，而非出版自由，這也是出版自由與狹義言論自由的分野所在，但是如此一來，作者除了向國家主張其言論自由之外，其言論自由在具體情況中還有可能與出版社的出版自由形成衝突關係，而發生基本權第三人效力的問題。

在涉及平面新聞媒體的出版自由（亦即新聞自由）時，衍生了有別於狹義言論自由的特殊問題，例如新聞媒體是否在訴訟程序上具有「拒絕作證特權」[22]，新聞從業人員是否具有涉及請求權面向的「資訊請求權」，一般大眾是否具有同時涉及請求權與基本權第三人效力的「接近使用傳播媒體權」[23]，新聞從業人員是否具有涉及基本權第三人效力的「內部新聞自由」[24]等問題。

歸納言之，言論自由主要表現在防禦權的面向，但是出版自由則除了防禦權面向之外，也著重制度性的面向[25]，因此保障的範圍與主體會有所不同。

---

[22] 意謂新聞記者基於其職務上的必要，必須有其消息來源，倘若在訴訟程序中，沒有權利拒絕供出其消息來源，則可能會危及其行使新聞自由的前提條件。這也是近來備受討論的問題，因為聯合報記者高年億，在「股市勁永禿鷹案」的訴訟程序中，拒絕透露勁永案報導的消息來源，遭到台北地方法院連續裁罰新臺幣三萬元，首開記者拒絕證言被罰的先例。參閱：禿鷹案 記者堅持拒絕證言 地院三罰 高年億提抗告，中時電子報，網址：http://news.chinatimes.com/Chinatimes/newslist/newslist-content/0,3546,110501+11200 6 042700007,00.html，最後查訪日：2006/04/29。

[23] 此權利所涉及者不限於平面新聞媒體，大法官釋字第364號解釋雖然承認人民擁有此權利，但又提及必須兼顧傳播媒體的編輯自由，並以法律定之。

[24] 關於內部新聞自由的問題，可參閱張嘉尹，「內部新聞自由」的可能性及其界限，台灣本土法學雜誌，37期，2002年8月，141頁以下。

[25] 關於基本權的主觀面向與客觀面向的討論，可參閱張嘉尹，基本權理論、基本權功能與基本權客觀面向，收錄於：翁岳生教授七秩誕辰祝壽論文集——當代公法新論（上），2002年7月，45頁以下。

（三）廣播電視自由

　　我國憲法雖然並未明定廣播電視自由[26]，但是由於廣播與電視是言論表達與傳播的特殊媒介，而且電子媒體與平面媒體作為大眾傳播媒體有其相似性，因此憲法第11條所保障的言論自由也包含廣播電視自由的看法有其根據，這個看法在實務上也受到大法官釋字第364號解釋的支持。然而就如同出版自由的保障範圍與狹義言論自由有所不同，廣播電視自由也不僅保障個人得以透過廣播及電視方式表達其意見，更涉及建立與經營廣播電視事業，在這方面與出版自由較為接近，保障範圍包含資訊的取得、廣播電視節目的製作與播放的相關行為，亦即與廣播電視有關的制度──組織條件，甚至廣播電視制度本身也在保障之列。但是廣播電視自由的保障，又比出版自由與新聞自由更複雜，尤其在過去，由於技術上只存在著無線電廣播電視媒體，因此廣播電視自由必然涉及電波頻率分配的問題，為了公平解決電波頻率這種稀少資源的分配問題，就必須發展出相應的程序規定。此外，由於廣播電視媒體相對於言論自由的行使具有工具性[27]，而且必須履行特定的公共任務，因此也必須相應的發展出組織規定，來規範廣播電視事業的組織方式。

　　有關於廣播電視自由，司法院曾做出釋字第678號解釋，本號解釋涉及的是，電信法對未經核准擅自使用無線電頻率者予以處罰規定是否違憲之爭議。對此，大法官延續釋字第613號解釋之見解，肯認

---

[26] 比較憲法上則有明文規定的例子，例如德國基本法第5條第1項第二句即規定「經由廣播電視的報導自由」。

[27] 在德國，通說與實務皆認為廣播電視自由是所謂的「具有服務性質的自由」（dienende Freiheit），用來保障個人與公眾得以自由的形成意見，參閱BVerfGE 57, 295/319; 59, 231/257; 74, 297/323; 87, 181/197.

對於通訊傳播自由之保障屬於言論自由之一環，即人民得使用無線電廣播、電視或其他通訊傳播網路等設施，以取得資訊及發表言論之自由。惟為了保障合法使用者之權益，防範發生妨害性干擾，並維護無線電波使用秩序及無線電通信安全，對此之限制即為正當。且立法者在手段之選擇上亦未逾越必要之程度，因而為合憲。

廣播電視自由所保障的基本權主體，主要是廣播電視事業，而非個人。個人固然得以透過廣播及電視方式來表達其意見，但是這種個人權利的保障卻預設了廣播電視制度與組織的存在，因此個人除了得以參與分配電波頻率以及創立並經營廣播電視事業之外，並不能直接請求廣播電視事業必須提供設備與時段供其使用，這裡的情況與出版自由很類似，因此嚴格言之，個人透過廣播及電視方式來表達其意見的自由應該屬於言論自由，而非廣播電視自由。現在由於有線電視與網際網路的發達，因此個人作為其基本權主體的可能性越來越高，相對於原本的大眾傳播媒體，小眾傳播媒體也日漸取得影響力。

肆、言論自由的限制

由於本文目的在於探討國內言論自由的發展，因此以下討論言論自由的限制時，雖然不侷限於狹義言論自由，但是僅將焦點置於與言論自由密切相關的問題上，基於出版自由、新聞自由與廣播電視自由的特殊性而發生的問題，例如「資訊請求權」、「拒絕證言權」、「內部新聞自由」，涉及廣播電視的組織方式、頻率分配與執照制度等問題，則不在考察之列。

一、事前檢查

　　對於言論自由戕害甚深的是以行政手段干預言論散布的「事前檢查」制度[28]，在我國言論自由發展史中，惡名昭彰的出版法制定於民國19年，雖然形式上並不採「事前檢查」，而是在該法第37條以下，事後處罰違反第32條至第34條的出版品，但是在戒嚴時期，警備總部常常根據該法第39條之規定，在著作出版前就予以查禁。出版法雖然在民國88年1月25日正式公告廢止，對於一般平面媒體的限制也隨之消失，然而對於其他表達意見與思想的媒介，卻沒有一起鬆綁。

　　目前電影、廣播電視節目、錄影節目帶與影音光碟，仍有許多法律所施加的限制，例如電影法（舊）對於電影仍採取「事前檢查」制度，該法第24條規定：「**電影片除經主管教育行政機關核准之教學電影片外，非經中央主管機關檢查核准發給准演執照不得映演。**」第26條更授權主管機關得根據一些令人匪夷所思的標準[29]，對不符合標準的電影進行禁演、逕予刪剪或責令修改。第30條則規定在不違反第26條第1項各款標準的前提下，授權主管機關得以依據電影的內容進行分級。電影法2015年6月10日修訂公布後，目前仍未真正改變「事前檢查」的精神，惟將事前檢查的範圍限縮至「審議分級」，此規定在該法第9條第2項：「**電影片、電影片之廣告片非經中央主**

---

[28] 並非所有的「事前檢查」皆是不合理的、違憲的，「藥事法」規定藥物廣告須事前審查，引起爭議，大法官做出釋字第414號解釋，在言論自由與國民健康之間爲價值衡量之後，確認該項事前審查爲增進公共利益所必要。

[29] 其內容略爲：「電影片不得有左列情形之一：一、損害國家利益或民族尊嚴。二、違背國家政策或政府法令。三、煽惑他人犯罪或違背法令。四、傷害少年或兒童身心健康。五、妨害公共秩序或善良風俗。六、提倡無稽邪說或淆亂視聽。七、污衊古聖先賢或歪曲史實。」

管機關審議分級並核准者，不得映演。但教育行政機關主管之教學電影片，不在此限。」根據同法第2條之規定，其中央主管機關為文化部。廣播電視法（舊）第25條也授予主管機關審查新聞以外的節目的權力，廣播電視法施行細則（舊）第29條更根據該法第25條的規定，授予新聞局得以指定特定節目並行使事前審查權[30]。這類對於電影與廣播電視節目的「事前檢查」制度，對於言論自由與廣播電視自由造成嚴重的限制，在合憲性上有很大的疑義。其賴以審查的標準更因為漫無邊際[31]，扼殺言論與藝術創作的空間，而具有高度的違憲可能性。廣播電視法於2018年6月13日修正公布後，保留第25條之規定：「**電臺播送之節目，除新聞外，主管機關均得審查；其辦法由主管機關定之。**」惟現行主管機關國家通訊傳播委員會所制定的廣播電視法施行細則第19條則規定：「**電臺播送之節目，應自行審查。播送後之影音檔案、節目文稿或其他有關資料，應保存二十日，以備查考。**」已經改變國家機關事前檢查的制度為電臺「自行審查」，可謂一大進步。

　　除了電影與廣播電視之外，錄影節目帶與錄影片（影碟）的製作亦受到法律的限制，在「非常光碟」事件中，原先台北市政府引用廣播電視法（舊）的規定查扣光碟（即處以「沒入」處分），其後行政院新聞局依其職權，將「公共議題論述類」列為公告免送審項目，

---

[30] 其內容略為：「電台播送之節目，除新聞外，凡經新聞局依本法第二十五條指定事先審查者，應由電台於新聞局指定之期限前，檢具申請書表，連同錄音帶、錄影帶、影片、審查費及證照費等送請新聞局審查，取得准播證明後，始得播送。」此條之規定是否已逾越廣播電視法第25條的授權範圍，值得檢討。

[31] 廣播電視法第21條規定：「廣播、電視節目內容，不得有左列情形之一：一、損害國家利益或民族尊嚴。二、違背反共復國國策或政府法令。三、煽惑他人犯罪或違背法令。四、傷害兒童身心健康。五、妨害公共秩序或善良風俗。六、散佈謠言、邪說或淆亂視聽。」

因此屬於該項目的「非常光碟」即無需送審，因此就不會因為未送審遭到取締。但是台北市政府另闢蹊徑，主張即使該光碟無需送審，發行廠商仍應辦理許可，而且光碟也要標示出版廠商與核准字號許可證，因此仍應「沒入」。台北市政府所依據的法律仍是廣播電視法（舊），該法第29條之1規定：「**廣播電視節目供應事業之設立，應經主管機關許可，其節目內容及有關管理事項準用第二十一條、第二十五條、第二十八條及第三十四條之規定。**」第45條之2又規定：「**違反第二十九條之一之規定，經營、策劃、製作、發行或託播廣播電視節目、廣告、錄影節目帶者，處三千元以上、三萬元以下罰鍰，並沒入其節目。**」因此除了要成立製造節目光碟事業必須有主管機關許可之外，節目內容的限制與「事前檢查」竟與廣播電視節目毫無二致，結果就是政府機關可以依其喜好，決定哪一種節目內容得以問世，這就對言論自由形成相當大的箝制，因而也具有高度的違憲可能性。

　　事前檢查雖是保障言論自由的基本原則，但是並非毫無例外，尤其是涉及重大公益的情形，大法官也認為事前檢查可能合憲。近年來，有關言論自由之事前限制，司法院大法官做出釋字第744號解釋。對於商業性言論之事前限制，大法官在本號解釋中採取不同於釋字第414號解釋之見解，採用嚴格審查基準，認為對於化妝品廣告之事前審查限制了廠商之言論自由以及人民充分取得資訊之機會，屬於「對言論自由之重大干預，原則上應為違憲」之推定。因而只有在該限制之目的係為了「防免人民生命、身體、健康遭受直接、立即及難以回復之危害」而為特別重要之公共利益，且手段上與目的之達成間須具有「直接及絕對必要關聯」，並且必須「賦予人民獲立即司法救濟之機會」，始為合憲。

　　關於言論自由的事前限制，尚有司法院釋字第756號解釋。本號解釋涉及的是監獄行刑法施行細則對於受刑人所撰寫之文稿得予以審查之規定，是否違憲之爭議。對此，大法官認為此係為對於人民言論自由之事前限制，雖依照釋字第744號解釋原則上應為違憲。然而，為達成監獄行刑與管理之目的，監獄對受刑人言論之事前審查，雖非原則上違憲，惟基於事前審查對言論自由之嚴重限制與干擾，其限制之目的仍須為重要公益，且手段與目的間應有實質關聯。是以可知大法官仍係採中度審查標準。在此之下，大法官認為，系爭規定要求投稿之文書須題意正確且無礙監獄信譽部分，皆不屬於重要之公益，因而目的並非正當。而投稿之文書須無礙監獄紀律部分，未慮及是否有限制較小之其他手段可資運用，也未給予其他機會而完全禁止，因而在手段上亦非必要，是為違憲。

二、行政管制

　　2005年8月，新聞局針對廣播電視事業進行史無前例的大整頓，由於衛星廣播電視事業的執照許可為期六年，有70家衛星廣播電視事業提出換照申請，新聞局在7月31日公布的審查結果中有7件未獲通過，新聞局要求未獲得換照許可者自8月3日零時起停止營運。新聞局並要求複審通過的媒體，在三個月內履行複審時的附款決議，電視新聞台在一個月內成立「自律組織」，訂定「自律公約」並確實遵守，所有通過換照之電視台應建立外部公評人公共參與及監督制度。由於設立並營運廣播電視事業，屬於廣播電視自由的保障範圍，此次換照程序中，不許可7家電視台申請換發新執照的處分，即有可能侵害其廣播電視自由。尤其是，如果現行的衛星廣播電視事業執照許可

制度，構成了廣播電視事業得否存在的前提，則由於當前的科技條件下，基本上已無頻譜分配問題，則該許可制度是否有違憲之處，也是必須檢討的重點[32]。

即使為了促進廣播電視健全發展，保障公眾視聽權益，相關廣播電視法律建立執照許可制度，雖然創造了廣播電視事業暨其廣電秩序的基礎，但是同時也限制了廣電自由的行使，在探討相關問題時，除了該法規所具有的建置性或形成性之外，也必須正視其限制性的面向。換言之，由於欠缺相關法規，廣播電視事業的設立就會欠缺組織與程序的基礎，因此某種形式的執照許可制度，在廣電自由的保障上，不但是憲法所容許，甚至是憲法所要求的建置，然而不容忽視的是，任何形式執照許可制度的建立，同時也創造了廣電自由限制的可能性，因此在制定許可或撤銷條件時，也有法律保留原則與比例原則的適用。

三、政治性言論的限制

（一）言論內容的限制

在戒嚴時期，處於動員戡亂法制之下，不但禁止集會遊行、禁止成立新的政治團體或新政黨，對言論自由的限制還表現在對於言論管道與言論內容的嚴厲管制，就前者而言，報禁就是一個著例，就後者而言，修正前的刑法第100條內亂罪的規定，亦即所謂的「言論內亂罪」，其內容略為：「**意圖破壞國體、竊據國土，或以非法之方法變**

---

[32] 對於此次事件的檢討，可參閱張嘉尹，失序媒體與鐵腕行政，台灣本土法學雜誌，75期，2005年9月。

更國憲、顛覆政府，而著手實行者，處七年以上有期徒刑……。」[33]當時與該條相結合而適用的是懲治叛亂條例第2條第1項之規定「犯刑法第一百條第一項……之罪者，處死刑。」對於政治性言論的箝制非比尋常[34]。

解嚴之後所制定的集會遊行法（舊）第4條規定：「**集會遊行不得主張共產主義或分裂國土。**」第11條第1款又規定，違反同法第4條者為不予許可的條件，賦予主管機關在許可集會遊行前可以審查人民政治性言論的權力，大法官釋字第445號解釋認為已經違反憲法第11條所保障的言論自由。由於爭議的焦點是集會遊行法第11條，因此被宣告違憲失效的亦是此條，而非直接限制特定言論內容的第4條。其實從言論自由保障的歷史觀之，原本即用以對抗國家對於不同政治見解的箝制，而且從言論自由的功用觀之，毫無禁忌的意見交換對於健全的民主政治又是必要的，因為這是審議民主（deliberative democracy）的基本要求，因此集會遊行法第4條對特定政治主張的禁止，應該是違憲的。

大法官在釋字第644號解釋，宣告人民團體法（舊）第53條前段與第2條規定相關部分違憲。無獨有偶，該法第53條前段亦將箝制言論自由的第2條：「**人民團體之組織與活動，不得主張共產主義，或主張分裂國土。**」規定為不許可設立人民團體的要件，大法官認為，該條前項規定：「**授權主管機關於許可設立人民團體以前，先就言論之內容為實質之審查……顯然逾越憲法第二十三條所定之必要範圍，**

---

[33] 修正後改為：「意圖破壞國體、竊據國土，或以非法之方法變更國憲、顛覆政府，而以強暴或脅迫著手實行者，處七年以上有期徒刑……。」

[34] 從刑法學觀點檢討刑法第100條，參閱劉幸義，法學理論與實踐——以修正刑法第一百條內亂罪為例，收錄於：戰鬥的法律人——林山田教授退休祝賀論文集，2004年1月，3頁以下。

與憲法保障人民結社自由與言論自由之意旨不符。」因此宣告其違憲失效。令人扼腕的是，雖然聲請違憲審查的標的是人民團體法第2條，而且大法官還將審查對象擴張到第53條前段，但是大法官只對這兩條規定所構成的完全法條（構成要件＋法律效果）加以審查，可惜的是與釋字第445號解釋一樣，沒有宣告直接針對言論內容的第2條違憲。惟系爭兩個條文，嗣後已經立法院刪除而不復存在。

（二）言論發表時間的限制

公職人員選舉罷免法（舊）第50條之1第3項規定，中央公職人員選舉，在競選活動期間，政黨、候選人或第三人不得自行於廣播、電視播送廣告，從事競選活動或為候選人宣傳[35]。總統副總統選舉罷免法則無此項限制。這種限制的立法緣由，據說是為了避免財力雄厚的候選人壟斷媒體的宣傳，但是在法定的競選期間反而禁止競選活動，即有其矛盾之處，即使是為了避免媒體受到壟斷，難道沒有更合適而對競選期間政治性言論傷害更小的手段嗎？此外，由於目前廣播電視節目具有多樣性，如何認定政黨、候選人或第三人在廣播電視從事競選活動或為候選人宣傳，亦非易事。如果解釋空間很大，實質上則是授予中央選舉委員會，可以依憑本身所具有的解釋權限做決定。

四、誹謗性言論的限制

言論自由與人格權（名譽權）的保障之間一直存在著消長關係，在具體情況下會產生所謂的基本權衝突，我國法律解決彼此衝突

---

[35] 該條規定現已改為：「中央及地方政府各級機關於公職人員選舉競選或罷免活動期間，不得從事任何與競選或罷免宣傳有關之活動。」

的方式有兩種，即民法妨害名譽侵權行為的損害賠償與刑法的誹謗罪。多年來，最容易觸犯刑法誹謗罪的是媒體工作者，過去在戒嚴時期，政府也會使用誹謗罪來懲罰政治異議分子，現任總統陳水扁即因此入獄服刑過。長期以來，新聞界基於其自身新聞自由的保障，要求誹謗罪的除罪化，背後的預設是，相對於民事損害賠償，刑法的誹謗罪對於言論自由的侵害較大。這個預設並非理所當然，因為民刑法的構成要件不同，而且就法律效果論，與高額度的損害賠償相較之下，刑法（舊）第310條第2項的「**兩年以下有期徒刑、拘役或一千元以下罰金**」不一定更有嚇阻力[36]，即使為了替新聞自由爭取空間，誹謗罪的除罪化也不一定是最佳選擇。

　　回到憲法層面，到底刑法第310條誹謗罪有無不當侵犯言論自由與新聞自由？最具有指標性的實務見解是大法官釋字第509號解釋。我國刑事審判實務在審理誹謗罪時，向來先由原告證明「被告有指摘、傳述足以毀損他人名譽之行為」的事實，以判斷被告的行為是否具有誹謗罪的構成要件該當性，一旦法院認為具有構成要件該當性之後，在做是否具有違法性的判斷時，如果被告主張具有刑法第310條第3項的特別阻卻違法事由：「對於所誹謗之事，能證明其為真實者，不罰。但涉於私德而與公共利益無關者，不在此限。」實務上的做法卻是將舉證責任轉置於被告，亦即被告必須舉證證明其所指摘、傳述之事具有真實性，此舉因為要求被告自己證明清白，有違反刑事訴訟法「無罪推定原則」的嫌疑，而且不利於言論自由的保障，所以在大法官釋字第509號解釋中受到修正。

---

[36] 相近見解，參閱許宗力，同註4，252頁。不同見解，參閱法治斌，保障言論自由的遲來正義——評司法院大法官釋字第509號解釋，收錄於：法治國家與表意自由，2003年5月，302頁。

　　釋字第509號解釋基於憲法第23條，認為刑法第310條第1項與第2項的規定並不違憲，但是卻對該條的第3項做「合憲性解釋」[37]，大法官在該號解釋文中提及：「**至刑法同條第三項前段以對誹謗之事，能證明其為真實者不罰，係針對言論內容與事實相符者之保障，並藉以限定刑罰權之範圍，非謂指摘或傳述誹謗事項之行為人，必須自行證明其言論內容確屬真實，始能免於刑責。惟行為人雖不能證明言論內容為真實，但依其所提證據資料，認為行為人有相當理由確信其為真實者，即不能以誹謗罪之刑責相繩，亦不得以此項規定而免除檢察官或自訴人於訴訟程序中，依法應負行為人故意毀損他人名譽之舉證責任，或法院發現其為真實之義務。就此而言，刑法第三百十條第三項與憲法保障言論自由之旨趣並無牴觸。**」這段解釋文有兩層涵義：首先，即使法院認為行為具有構成要件該當性，當被告主張有第3項的阻卻違法事由存在時，原告仍應提出證據證明被告所言是不實的，而不是由被告舉證證明所言是真實的；其次，原先比較嚴格的要求**「能證明其為真實」**被緩和為**「能證明有相當理由確信其為真實」**，所以只要被告可以提出證據，證明他的確有相當理由確信所說事件的真實性，他的行為是正當的。

　　釋字第509號解釋雖然維持誹謗罪的合憲性，但是透過對第3項的「合憲性解釋」，使得刑事被告得以主張「相當理由確信抗辯」[38]，的確減輕了誹謗罪對媒體工作者的威脅，但是減輕並不意味

---

[37] 「合憲性解釋原則」是指，當大法官在對法律做違憲審查的時候，如果一個條文有多種解釋可能性，大法官應該選擇其中一種使其符合憲法的解釋可能，而不是宣告該條文違憲。該原則的立論基礎在於對於立法權的尊重，因此亦有其界限，亦即不得為了讓法律合憲，而違反立法者明示或可得而知的意思，否則已逾越「解釋」的範圍，甚至是對立法者的「善意強暴」，參閱釋字第585號解釋許宗力大法官不同意見書。

[38] 詹文凱，釋字第509號解釋法律評析，收錄於：大法官，給個說法！──人權關懷與釋憲聲請，2003年1月，275頁。

被告完全不負舉證責任，因此仍無法與美國聯邦最高法院在蘇利文案所提出的「**眞實惡意原則**」[39]相提並論。在曾文惠控告謝啓大與馮滬祥的案件中，高等法院援引釋字第509號解釋，基於被告無法提出證據，證明其有相當理由確信其爲眞實，判決被告敗訴。

由於該號解釋係針對刑法誹謗罪而發，是否也適用於民事案件，實務見解相當分歧。在呂秀蓮控告新新聞週刊的民事案件中，第一審法院認爲民事案件亦適用釋字第509號解釋，只判決呂秀蓮局部勝訴，第二審法院則否定釋字第509號解釋的適用，判決原被告6人連帶負損害賠償責任。最高法院雖然區分只處罰故意的刑事誹謗案件，與同時處罰故意過失的民事侵權行爲案件，不主張釋字第509號解釋適用於民事案件，但是卻採納該號解釋的精神，指出倘使媒體在「報導前業經合理查證，而依查證所得資料，有相當理由確信其爲眞實者，應認其已盡善良管理人之注意義務而無過失，縱事後證明其報導與事實不符，亦不能令負侵權行爲之損害賠償責任」。

值得反省的是，言論自由與新聞自由保障「極大化」的主張，在當前新聞媒體商業競爭激烈，專業品質低落，又動輒揭人隱私，甚至透過選擇性的報導扭曲事實眞相的風氣下，是否站得住腳也令人懷疑。遑論在目前政治惡鬥之下，媒體由於無法跳脫意識型態的枷鎖，在監督政府的名義下，對於政治人物的無情攻訐與隱私揭露，更是必須面對的現實。本文認爲，在當前媒體欠缺專業倫理與自律機制的情況下，反而應重視可能受到言論與新聞侵害者的法益保護，平衡人格權的保障與言論新聞自由之間的落差，就此而言，更值得借鑑的或許

---

[39] 「眞實惡意原則」是美國聯邦最高法院在蘇利文案中針對民事侵權行爲所發展出來的，意味原告應證明，被告故意捏造虛偽事實，或非因重大過失或輕率而致其所爲陳述與事實不符，參閱法治斌，同註36，297頁以下。

是強調人格權保障並求取法益平衡發展的德國憲法學理[40]。

五、猥褻性言論的限制

（一）情色與色情的分野

　　過去政府對於「猥褻性言論」（「猥褻性出版品」）的管制有兩條管道，除了透過刑法第235條的妨害風化罪[41]之外，在出版法廢止之前，就是依據出版法第32條第3款之規定：「出版品不得爲左列各款之記載：……三、觸犯或煽動他人觸犯褻瀆祀典罪或妨害風化罪者。」第39條第3款規定：「出版品有左列情形之一者，得禁止其出售及散佈，必要時並得予以扣押：……三、出版品之記載違反第三十二條第二款及第三款之規定者。」

　　刑法本身對於何謂「猥褻」並沒有給予定義，而是交由法院自行認定，最高法院的判例（27年渝上字第558號）雖然有關於「猥褻」的界定，但是卻過於抽象：「**猥褻係指姦淫以外有關風化之一切色慾行爲。**」因此法官的判斷空間很大。行政機關對於如何認定出版品屬於妨害風化，曾制定一些解釋的標準，最近的一份則是新聞局於1992年2月10日所發布的（八一）強版字第2275號函釋，針對妨害風化制定衡量標準：「**甲、內容記載足以誘發他人性慾者。乙、強調色**

---

[40] 可參閱陳耀祥，論廣播電視中犯罪事實之報導與人格權保障之衝突──以德國聯邦憲法法院之雷巴赫裁判爲討論核心，收錄於：當代公法新論──翁岳生教授七秩誕辰祝壽論文集（上），2002年7月，116頁以下。

[41] 其內容爲：「散布、播送或販賣猥褻之文字、圖畫、聲音、影像或其他物品，或公然陳列，或以他法供人觀覽、聽聞者，處二年以下有期徒刑、拘役或科或併科三萬元以下罰金。意圖散布、播送、販賣而製造、持有前項文字、圖畫、聲音、影像及其附著物或其他物品者，亦同。前二項之文字、圖畫、聲音或影像之附著物及物品，不問屬於犯人與否，沒收之。」

情行為者。丙、人體圖片刻意裸露乳部、臀部或性器官，非供教學研究之用或藝術展覽者。丁、刊登婦女裸體照片、雖未露出乳部、臀部或性器官而姿態淫蕩者。戊、雖涉及醫藥、衛生、保健、但對於性行為過分描述者。」雖然較前述判例的定義具體，但是仍使用許多概括性過高的概念，幾乎是無所不包，這就造成行政機關執法時高度恣意的危險。

大法官釋字第407號解釋所面臨的案件就是，同樣兩本翻譯著作，司法機關判定並非刑法第235條的猥褻物品，行政機關卻根據上述函釋，認定為出版法第32條第3款的猥褻書籍。大法官在釋字第407號解釋中，認為該函釋是主管機關依職權所為例示性解釋，符合出版法規定，並不違憲，並為猥褻出版品下了一個較過去明確而完整的定義：「**乃指一切在客觀上，足以刺激或滿足性慾，並引起普通一般人羞恥或厭惡感而侵害性的道德情感，有礙於社會風化之出版品。猥褻出版品與藝術性、醫學性、教育性等出版品之區別，應就出版品整體之特性及其目的而為觀察，並依當時之社會一般觀念定之。**」並認為：「風化之觀念，常隨社會發展、風俗變異而有所不同，主管機關所為釋示，自不能一成不變，應基於尊重憲法保障人民言論自由之本旨，兼顧善良風俗及青少年健康之維護，隨時檢討改進。」

相較於過去法院或行政機關的見解，大法官解釋表現出想與時代俱進的企圖，儘管也承認風化觀念的變遷性，但是根本上，使用行政的壓制手段或是刑法的嚴厲工具來針對「有礙於社會風化」的言論，本身即有斟酌的餘地。即使善良風俗也是有必要考慮的公共利益，但是言論自由原本就是要保障不見容於當道或是主流價值的少數看法，關於或表現情色或是色情的看法亦然，因此在涉及猥褻性言論的情況，較為重要的考慮應該是具體法益的保障目的，例如青少年身心健

康的維護，當然保護一般人免於猥褻物品的侵擾也有其重要性[42]，但是在手段的選擇上還有斟酌餘地，例如「分級制度」就是一個可行的方向，動輒以刑法來保護特定集體性的社會道德，並非良策。

　　相隔十年之後，大法官在釋字第617號解釋，對於同樣作為違憲爭議對象的刑法第235條，所謂「**猥褻之資訊或物品**」，重新加以意義，認為：「**刑法第二百三十五條第一項規定所謂散布、播送、販賣、公然陳列猥褻之資訊或物品，或以他法供人觀覽、聽聞之行為，係指對含有暴力、性虐待或人獸性交等而無藝術性、醫學性或教育性價值之猥褻資訊或物品為傳布，或對其他客觀上足以刺激或滿足性慾，而令一般人感覺不堪呈現於眾或不能忍受而排拒之猥褻資訊或物品，未採取適當之安全隔絕措施而傳布，使一般人得以見聞之行為。**」大法官透過對於猥褻性言論的合憲性解釋，將其重新定義，以此認為系爭規定對「**性言論之表現與性資訊之自由**」流通並未為過度之封鎖與歧視，與憲法第23條之比例原則並無不符，並未違背憲法第11條保障人民言論及出版自由之本旨，對人民言論及出版自由之限制尚屬合理。相較於釋字第407號解釋，本號解釋對於得合法與不得合法限制性言論的分際，已經做了不小幅度的改變，隱隱地為我國憲法秩序下的硬蕊／軟蕊「分級制度」建立一個新標準，然觀乎不同意見書[43]與相關論文[44]，這個一般被評價為進步的解釋仍有不少爭議。

---

[42] 參閱法治斌，定義猥褻出版品──一首變調的樂章？，收錄於：法治國家與表意自由，2003年5月，265頁。

[43] 參閱許玉秀大法官的不同意見書。

[44] 參閱黃舒芃，「價值」在憲法解釋中扮演的角色──從釋字第617號解釋談起，收錄於：憲法解釋之理論與實務（第六輯）（上冊），2009年7月，191頁以下。

（二）出版品與錄影節目帶的分級

2004年12月1日正式施行的出版品及錄影節目帶分級辦法（舊），是過去新聞局依據舊「兒童及少年福利法」第27條第3項之規定訂定（現行法則為第44條第3項），將出版品分為限制級、普通級二級，錄影節目帶則分為限制級、輔導級、保護級與普通級等四級，並規定限制級出版品應以專區、專櫃或加封套方式陳列，限制級錄影節目帶亦應陳列於專區或專櫃，限制未滿18歲的青少年購閱，讓兒童、青少年與限制級的出版品與節目帶絕緣。雖然增加出版商與書店等業者許多成本上的負擔，但是為了保護兒童與青少年的健康發展，分級不失為一個平衡言論出版自由與青少年保護的好方法。

引起爭議的是，雖然分級辦法主要是針對限制級出版品與錄影節目帶，但是新聞局在處理時卻自行又增列所謂的「逾越限制級」，並委託出版品評議基金會建立網站，公布「逾越限制級」出版品的目錄與出版商。其實「逾越限制級」出版品在界定上就是刑法第235條的猥褻物品，因此非屬司法機關的新聞局此舉不但有越俎代庖的嫌疑，而且又再度扮演起風化警察，讓透過「分級制度」所可能達到的平衡點再度失衡。如果真的要貫徹「分級制度」，並必須拋棄傳統的牧民心態，尊重已經成年的人的選擇自由。更澈底的，則是重新省思刑法第235條散布猥褻物品罪的必要性，檢視其規範目的是否過於浮泛，已逾越保護青少年與避免一般人受到猥褻言論的滋擾的範圍，並省思是否應修法限縮其構成要件。

目前此項業務已轉為文化部所主管，該辦法並由文化部於2016年修正公布，在新規定中，出版品仍分成限制級與普遍級兩級，錄影節目帶則分成五級：限制級、輔導十五歲級、輔導十二歲級、保護級

與普遍級。然而隨著網際網路與智慧型手機的普遍使用，青少年的各式資訊來源幾乎都取自沒有國界的網際網路，如此以保護青少年與兒童為其目的的法規，是否已經與社會現實脫節而難以達成目的，不無反省餘地。

六、對於商業性言論的限制

近年來，司法院針對商業性言論的限制，做出釋字第623號、第744號以及第794號解釋。其中，第744號解釋涉及事前審查之問題，已如前述。

釋字第623號解釋所涉及的是，兒童及少年性交易防制條例第29條規定，對於促使人為性交易之訊息進行處罰是否違憲之爭議。對此，大法官一方面採取**寬鬆審查基準**，另一方面以**合憲性解釋**的方式，將系爭規定適用範圍限縮於「**行為人所傳布的訊息若非以兒少性交易為內容，且已採取必要之隔絕措施者**」，即不會受該法的處罰，因此認系爭規定並未牴觸憲法。

釋字第794號解釋所涉及的是，菸害防制法第9條第8款對於菸品業者以其公司名義贊助活動之限制是否違憲之爭議。對此，大法官認為此係對業者商業性言論之限制，並以**中度審查標準**進行審查。大法官認為該規定的目的為「**減少菸品之使用、防制菸害及維護國民健康**」，是為重要公共利益；而在手段上，禁止宣傳即得以避免菸品業者假贊助之名，而達到廣告之實，因而手段與目的兼具有實質關聯，因此為合憲。

肆、結語

　　言論自由作爲民主政治的前提條件，在民主憲政國家具有特別的意義，根據其性質區分爲狹義言論自由、出版與新聞自由暨廣播電視自由，後兩者又爲前者的特殊表現形式。雖然言論自由的基本保護面向爲防禦權功能，使人民得以抵禦來自國家公權力的侵害，然隨其不同表現形式的發展，也凸顯客觀面向的重要性，例如自由新聞制度、廣播電視組織與程序前提的保護，率皆成爲民主國家必須履行的義務，然而言論自由的防禦權面向卻不應在此基本權客觀化的潮流中被模糊，國家設置廣電自由組織與程序條件的同時，必須注意不得因此過度壓縮言論自由主觀行使的空間，言論自由限制的察覺與防禦，一直是言論自由防禦權面向的核心與功能所在。另一方面，民主社會雖然有賴於大眾傳播媒體協助公共意見的形成，但是媒體權力亦具有濫權與腐化的權力本質，因此媒體言論自由的行使，必須注意不得傷及他人的人格尊嚴與隱私權，於此，國家權力亦須履行其基本權保護義務，透過法律的制定與執行來維持言論自由的分際。

原文出處：張嘉尹，言論自由的保障與限制，收錄於：段重民主編，現代法學理論與實務的交錯——從理想、寫實到存在，2006年9月，21頁，台北：世新大學。

CHAPTER

6

「內部新聞自由」的可能性及其界限

壹、新聞自由的意義

　　在當代社會，一般人對於社會與政治的認識，通常是透過報紙與其他新聞媒體所提供的訊息來達成，無論是日常言論的話題或是政治意見的形成，也都有賴大眾傳播媒體的運作作為其重要條件，因此有人將當代社會稱為「媒體社會」。然而大眾媒體在運作過程中，除了積極面上提供個人認識社會的素材、匯集並形成政治意見之外，在消極面上對於個人、團體或是公共部門亦可能造成侵害。以法律術語言之，大眾媒體在行使其基本權時，有可能侵害其他基本權主體的基本權或是損及公共利益，例如侵害個人的人格權、隱私權，而產生民法上的侵權行為或刑法上的誹謗罪，或是因洩漏國家機密而觸犯洩密罪，這些都是大眾媒體享受媒體自由時常發生的情形。在憲法層面，則可視為媒體自由權與其他基本權之間（基本權衝突）、媒體自由與公共利益之間，應如何合理劃定界限的問題。較少成為話題焦點但卻非不少見的，是發生在媒體內部的基本權衝突，在台灣新聞史上，曾經出現而且本身也成為媒體焦點的是「自立報系抗爭事件」。

　　相對於解嚴前發生於國家與人民之間的抗爭，常常涉及的「外部新聞自由」問題，發生於1994年的「自立報系抗爭事件」，則涉及典型的「內部新聞自由」問題。當時由於「自立報系」即將易主，引起自立報系員工的恐慌，於是在編輯部員工的主導，以及其他新聞從業人員的支援之下，展開了「自立報系編輯室公約運動」，向新的老闆爭取簽訂「編輯室公約」，以保障新聞記者暨編輯的「內部新聞自由」。這個備受矚目的運動最後雖然失敗，但是卻催生了一個意外的後果，自此之後建立了台灣第一個自主性新聞工作者團體——「台灣

新聞記者協會」[1]。「自立報系抗爭事件」可從不同角度分析，尤其是置於勞資雙方的關係上來看，在勞工法層面亦深具意義，惟本文所關切者乃是「內部新聞自由」在憲法上的基礎以及其界限。

本文的討論擬從一個假設的案件出發：甲是國內某立場「偏統」之大報政治版新聞記者，但甲實際的政治立場是擁護台獨，甲文稿素來善於走鋼索不留痕跡。一、某日甲因當天政治爭議太大過於激動，撰寫一篇立場同情台獨的文稿，該報總編輯拒絕採用，請問甲可否主張其新聞自由權受到侵害？二、該報發行人指示總編輯要求甲必須撰寫一篇立場「偏統」的文稿，甲可否以其新聞自由權為理由拒絕其要求？

貳、新聞自由的保障

一、新聞自由權在憲法上的基礎

我國憲法第11條僅規定：「**人民有言論、講學、著作及出版之自由。**」因此新聞自由權是否為我國憲法所保障之基本權利，並非毫無疑義，國內多數憲法學者大多從「言論自由」或「出版自由」的概念出發，認為憲法第11條所保障之表現自由權亦包含新聞自由的保障[2]，但是對於新聞自由權究屬言論自由權的一部分，或是獨立於言

---

[1] 關於「自立報系抗爭事件」的來龍去脈，參閱涂建豐，內部新聞自由的理論與實踐——以自立報系編輯室公約運動為例，網址：https://sites.google.com/site/atj23419944/guan-yu-ji-zhe-xie-hui/aboutatj/nei-bu-xin-wen-zi-you-de-li-lun-yu-shi-jian，最後查訪日：2021/08/07。

[2] 例如林紀東，中華民國憲法逐條釋義（一），172頁以下。許志雄等合著，現代憲法論，初版，1999年，144頁。

論自由權的基本權利，則存在不同見解[3]。我國憲法實務上，司法院釋字第364號解釋則謂：「**以廣播及電視方式表達意見，屬於憲法第十一條所保障言論自由之範圍。**」雖然沒有提及新聞自由，但是新聞自由與廣播電視自由同屬新聞媒體自由的一環，因此根據該號解釋亦可推論，大法官應該會承認新聞自由權亦屬憲法第11條所保障言論自由權之範圍。在司法院釋字第689號解釋，針對新聞自由之憲法基礎，大法官在本號解釋中明白表示：「**為確保新聞媒體能提供具新聞價值之多元資訊，促進資訊充分流通，滿足人民知的權利，形成公共意見與達成公共監督，以維持民主多元社會正常發展，新聞自由乃不可或缺之機制，應受憲法第十一條所保障。**」

　　比較憲法上，美國憲法增修條文第1條（First Amendment）則規定：「**國會不得制定法律……剝奪人民的言論自由與出版自由。**」因此美國憲法學者對於新聞自由權究屬言論自由權抑或獨立的基本權利也有爭論，該條文中之「出版自由」原文為「Freedom of the Press」，「the Press」的用法在過兩百年間有重大變化，該概念過去泛指各種以印刷方式的意見表達，現今則專指「新聞媒體」[4]。德國基本法第5條第1項第二句則規定：「**新聞自由與經由廣播以及影片報導的自由應予保障。**」乃是憲法明文規定了新聞自由的基本權保障，而與同項第一句「**任何人皆有權利以語言、文字以及圖畫自由表達其意見**」的意見自由權有所區分。

---

[3]　例如林子儀，新聞自由的意義及其理論基礎，收錄於：言論自由與新聞自由，初版，1993年，66頁以下，主張就基本理論、權利的性質以及權利的主體觀之，新聞自由與言論自由有所不同。

[4]　參閱林子儀，同註3，71-72頁。

二、新聞自由權的保護領域

無論新聞自由權是否屬於言論自由權之一部分，該權利作爲表現自由權之一種乃是憲法所保障之基本權利，殆無疑義。即令新聞自由權屬於言論自由權之一環，新聞自由權與一般言論自由權亦有某些重要差別，這些至少可以從幾個角度觀察。

首先是基本權主體的差別。言論自由權是任何人皆得享有與行使的基本權利，除了自然人之外，私法人亦得享有言論自由權[5]。新聞自由權亦是任何人皆得享有的基本權利，惟此「任何人」必須具有新聞媒體工作者的身分，可以是自然人，例如報社的發行人、編輯、新聞記者，也可以是作爲私法人的報社。換言之，雖然一般人皆得以設立報社、擔任新聞記者、編輯或是發行人，但是只有成爲新聞媒體工作者才能享有新聞自由權。

其次是基本權保障之實質內容的差別。言論自由權保障各種方式的意見表達與傳播，例如使用語言、文字、圖畫甚至肢體動作來表達自己的想法。新聞自由權則保障所有與新聞的產生具有密切關係的行爲，除了新聞的採訪、製作與發布之外，還包含其制度性與組織性的前提條件，甚至還包括新聞媒體的制度本身[6]。

兩者的第二項差別可回溯到其第三個差別，亦即言論自由權偏重於個人權利的保護，新聞自由權則兼具制度性的面向，而且側重此面向，而有「新聞的制度性自由」（institutionelle Freiheit

---

5 比較憲法上，德國基本法第19條第3項明文規定：「基本權利根據其本質得適用於國內法人之時，該法人享有之。」德國通說並承認，根據言論自由權之本質，國內私法人得享有之，參閱Horst Dreier (Hrsg.), Grundgesetz-Kommentar. Bd. I, 1. Aufl., 1996, Art. 5 I, II, Rn. 87.國內學者有持反對見解，參閱許志雄等合著，同註2，89頁，惟並不清楚其理據何在。

6 參閱Pieroth/Schlink, Grundrechte. Staatsrecht II, 14. Aufl., 1998, Rn. 571.

der Presse）[7]或是「制度性基本權」（an institutional right）[8]
的說法。新聞自由權作爲「制度性基本權」具有兩個層次的意
涵，第一層是作爲「制度性保障」（Einrichtungsgarantie）本身
所具有的意義，新聞自由權保障新聞媒體制度免於受到立法者的
不當侵害，在消極面上，立法者除了不得廢除新聞媒體的制度之
外，亦不可透過法律的制定損及其制度核心。在積極面上，立法
者甚至有義務去形塑新聞媒體的制度內容，使其能夠健全的履行
其功能，具有「基本權作爲組織與程序保障」（Grundrechte als
Organisations-und Verfahrensgarantie）功能或是「基本權保護義
務」（grundrechtliche Schutzpflichten）功能。第二層則涉及新聞
自由權之所以做制度性解釋的理由，亦即著眼於新聞媒體在現代國家
中履行的功能，從新聞媒體所擔負的公共任務來正當化其制度性解
釋，著名的「第四權理論」乃是其著例，認爲新聞自由權的制度性解
釋要求保障新聞媒體的自主性，並非自爲目的，而是爲了讓其發揮
監督政府的功能，由此也衍生出新聞自由權是「工具性權利」的說
法[9]，換言之，承認新聞自由權可以要求比言論自由權更多的保障，
例如採訪權（a right of access）、拒絕提供資訊來源權（a right to
withhold information）以及較大之不受搜索扣押權等[10]，乃是基於
其達成目的的工具性。其實，監督政府僅是新聞媒體的公共任務之
一，自由的新聞媒體之所以是民主憲政國家的重要制度，還因爲其於

---

[7] Horst Dreier, a.a.O., Art. 5 I, II, Rn. 166.

[8] 林子儀，同註3，81-82頁。

[9] 參閱林子儀，同註3，75-76，83頁。

[10] 參閱許志雄等合著，同註2，148-151頁，對於美國新聞自由權的介紹。值得一提的是，這些
權利內容在我國尚待新聞工作者的爭取。

公共意見的形成過程中所扮演的關鍵角色。在新聞自由權的制度性解釋，一方面賦予其比言論自由權更多的保障內涵，另一方面亦從其所擔負之公共任務來省思此更多保障的正當化依據與其界限。

參、「內部新聞自由」

一、「外部新聞自由」與「內部新聞自由」的區分

以上所述偏重於新聞自由權利主體與國家的關係，一般稱為「外部新聞自由」，其作用模式不只一種，而是從「主觀防禦權」、「制度性保障」到「基本權保護義務」等功能兼有之[11]。就本案言，重點則是新聞自由權的權利主體之間的「基本權第三人效力」（Drittwirkung der Grundrechte）問題，此即一般稱為「內部新聞自由」（innere Pressefreiheit）的問題。在新聞媒體內部，無論是發行人（事業主）、編輯或是新聞記者，皆是新聞自由權的權利主體，發行人（事業主）與編輯之間，或是編輯與新聞記者之間如果意見不一致時，誰才可以主張並貫徹其新聞自由權？

此問題原則上無法以黑白分明的方式來回答。一方面，新聞記者的「內部新聞自由」固然以報社發行人的「傾向決定權限」（Kompetenz der Tendenzbestimmung）為其界限，另一方面，發行人之「傾向決定權限」的行使，亦不可完全壓縮編輯的新聞專業自主性。換言之，在個案中，「內部新聞自由」依其情形得限制新聞事業

---

11 關於基本權功能的體系，可參閱張嘉尹，基本權解釋、基本權理論與基本權功能，收錄於：焦興鎧等編輯，當代公法新論──翁岳生教授七秩誕辰祝壽論文集，2002年6月。

主的原則與方針決定權限[12]。倘若不如此主張，則自由的新聞媒體即會失去其運作的前提，而使得自由新聞的制度性保障失去意義，根據上述對於新聞自由權的制度性解釋，新聞媒體以其所履行的公共任務來正當化其制度性保障，無論要達成其監督政府或是共同參與形塑公共意見的功能，都必須承認，新聞記者與編輯在面對其事業主時，應該擁有一定程度的專業自主性。試想，倘若新聞自由權只由報社發行人所擁有，由經濟自由市場來凌駕政治自由市場，如何能保障眞正公共意見的形成？

二、「基本權第三人效力」的觀點

倘若僅從基本權的「防禦權功能」觀察，則會因爲片面強調基本權的國家針對性，誤以爲新聞自由權只能向國家公權力主張，基於新聞媒體事業主的指示並非公權力行使，而認爲新聞工作者難以向其主張「內部新聞自由」[13]。其實「內部新聞自由」所涉及者正是典型的「基本權第三人效力」問題。

「基本權第三人效力」又稱爲「基本權的水平效力」，意謂基本權不僅作用於國家與人民的「垂直」關係，在基本權主體之間的「水平」關係亦產生作用，針對可否在私人間直接產生作用，可區分爲「直接（unmittelbare）基本權第三人效力」與「間接（mittelbare）基本權第三人效力」兩種觀點。簡言之，前者主張基本權主體可以向另一個基本權主體主張其基本權，後者則認爲，基於「基本權客觀價值秩序」（objektive Wertordnung der

---

[12] Horst Dreier, a.a.O., Art. 5 I, II, Rn. 236.
[13] 例如林子儀，同註3，111頁，所持的見解。

Grundrechte）[14]，雖然基本權並未直接於人民的私法交往當中起作用，原則上人民亦無法對其他人民直接主張其基本權，基本權卻是法官解釋民法「概括條款」（Generalklauseln）與「不確定法律概念」（unbestimmte Rechtsbegriffe）時，必須尊重的準則。法官在審判中解釋與具體化「概括條款」與「不確定法律概念」時，必須依據相關基本權的精神爲之，於是基本權可透過這些橋梁「間接的」在人民的私法交往中產生效力。如果法官解釋「概括條款」與「不確定法律概念」時，並未尊重相關的基本權的「客觀價值秩序」，則不但在客觀上違背憲法規定，在主觀上，法官作爲公權力的行使者也違背應遵守基本權的憲法義務，其判決即有可能違憲。例如在著名的Lüth案中，德國普通法院解釋德國民法第826條所規定的「公序良俗」（die guten Sitten）時，由於未能尊重作爲基本法第5條第1項「意見自由」（Meinungsfreiheit）權的「客觀價值秩序」，致其判決被德國聯邦憲法法院宣告違憲。

　　然而「間接基本權第三人效力」理論要適用於我國，在程序法面向尚欠缺配套措施，因爲司法院大法官審理案件法第5條第1項第2款僅規定，人民於其憲法上所保障之權利，遭受不法侵害，經依法定程序提起訴訟，對於確定終局判決所適用之法律或命令發生牴觸憲法之疑義者，得聲請解釋憲法。質言之，我國在憲法訴訟法實施前，欠缺類似德國「裁判憲法訴願」的制度，因此人民無法直接以判決作爲違憲審查標的聲請憲法解釋。雖然在理論上，當新聞記者與編輯「內部新聞自由」受到不當侵害時，可以透過「間接基本權第三人效力」

---

[14] 可參閱張嘉尹，論「價值秩序」作爲憲法學的基本概念，臺大法學論叢，30卷5期，2001年9月，1頁以下。

獲得支持，一旦發生法律爭議，則因欠缺制度面的支持，即使民事法院的法官在解釋與判決相關的民法條文以及契約，根本不以相關基本權的「客觀價值秩序」為解釋準繩時，在判決確定之後，亦難以根據「間接基本權第三人效力」主張該判決違憲。當然，這個制度上的環節，將由即將實施的憲法訴訟法第59條所建置。

三、基本權衝突及其解決

「基本權第三人效力」預設了基本權主體之間的基本權衝突及其解決，就本案而論，所涉及者有兩類關係：事業主（資方）與編輯、新聞記者（勞方）之間的基本權衝突，編輯與新聞記者之間的基本權衝突。在抽象層次上，由於目前新聞媒體具有「外部多元性」──新聞媒體市場的多元性──條件，不但存在著多家新聞媒體，而且在資金與人員允許的情況下，要設立新的新聞媒體在法律上也是可能的，因此「內部多元性」──新聞媒體內部的多元性──對於真正公共意見的形成重要性較低，所以可以初步推定，事業主的新聞自由權優先於編輯與新聞記者的新聞自由權，但是在具體的層面上，則必須考慮具體案件的衝突情況，透過「法益衡量」來形成「有條件的優先關係」[15]。

就事業主（資方）與編輯、新聞記者（勞方）之間的關係而言，事業主作為新聞媒體所有權的歸屬主體，其新聞自由權表現在享有一定程度的「傾向決定權限」，可以決定該新聞媒體的原則與方針，編輯與新聞記者的新聞自由權則表現在其新聞專業上，亦即新聞

---

[15] 參閱R. Alexy, Theorie der Grundrechte, 1986, 79 ff.中文文獻可參閱張嘉尹，法律原則、法律體系與法概念論，收錄於：憲法學的新視野（一），2012年10月，198-200頁。

媒體內容的具體呈現，例如題材的選取、採訪、報導與評論。當兩者
在某些報導或評論內容上有所衝突時，當事業主不同意編輯部刊登某
篇報導或是評論時，原則上應尊重事業主的決定，因為該媒體的所有
權或是經營權畢竟屬事業主所有，但是事業主的決定權不應完全壓縮
新聞工作者的專業自主權，理由有二，首先在於新聞自由權並非自為
目的，而是「工具性的權利」，給予更多保障是為了其公共任務的履
行，而非為了新聞媒體的事業主或是新聞工作者自身，換言之，如何
形成真正的公共意見並有效監督政府，是重要的考慮因素。其次，新
聞自由權雖然與言論自由權有所差異，但是仍以言論自由權為其本
質，新聞工作者的專業自主權其實也包含言論自由權，面對事業主的
「傾向決定權限」不必完全退讓。具體言之，事業主固然不得要求新
聞記者違背其本意撰寫文稿，新聞記者亦無權要求該新聞媒體刊登其
文稿，當然在後者的情況，新聞記者直接面對的是編輯而非事業主。
在歐美民主國家中，通常事業主與新聞記者暨編輯之間所簽訂的「編
輯室規章」，即是調節兩者新聞自由權的某種平衡方式，但是應注意
的是，「編輯室規章」的簽訂是基於自願，而非現行法律或是憲法所
能強迫，「自立報系抗爭事件」到最後未能達成「編輯室公約」簽訂
的目標，固屬遺憾，該目標之達成，亦非我國憲法新聞自由權保障範
圍之所及。

　　編輯與新聞記者之間本是分工合作的關係，但是在總編輯與新聞
記者之間，尤其是關於是否刊登文稿的問題，還是會有一定程度的緊
張關係，這也涉及兩者新聞自由權的衝突。原則上，基於工作上的職
務與權限分配，總編輯有權決定是否採納文稿予以刊載，新聞記者則
無權要求總編輯刊登其文稿。相對的，總編輯亦無權要求新聞記者違
背其本意撰寫文稿，尤其是當政治立場相左時，尤其不得要求其撰寫

違背政治信仰的文稿，否則不但侵害其新聞自由權與言論自由權，亦可能侵害其良心自由權。

肆、結論

　　該報總編輯拒絕採納甲的文稿，甲不得主張其新聞自由權受到侵害，因為甲的新聞自由權並不及於主張該報必須採用其文稿。該報發行人亦不得指示總編輯，要求甲撰寫一篇與其政治立場相左的文稿，否則不但侵害其新聞自由權，也侵害其言論自由權與良心自由權。

原文出處：張嘉尹，「內部新聞自由」的可能性及其界限，台灣本土法學雜誌，37期，
　　　　2002年8月，141-146頁。

CHAPTER

7

失序媒體與鐵腕行政

壹、史無前例的媒體大整頓

　　衛星廣播電視事業的執照許可為期六年，2005年有70家衛星廣播電視事業提出換照申請，行政院新聞局多次召集「衛星廣播電視事業審查委員會」進行審議，在7月31日公布的審查結果中，有7件未獲通過，新聞局並要求未獲得換照許可者，必須自8月3日零時起停止營運。此次未通過換照審議者有「東森新聞S頻道」、「龍祥電影台」、「CASA」、「華爾街財經台」、「歐棚衛星電視台」、「蓬萊仙山」、「彩虹頻道」等七個衛星頻道，由於「東森新聞S頻道」屬於新聞媒體，因此新聞局面臨嚴重打壓新聞自由的批評，面對外界的質疑聲浪，新聞局隨即舉辦記者會，除了公布「東森新聞S頻道」不予換照的理由之外，也在徵求「衛星廣播電視事業審查委員會」委員意願之後，公布7位同意曝光的委員名單。此外，並要求複審通過的媒體，必須在三個月內履行複審時的附款決議，例如電視新聞台必須在一個月內成立「自律組織」，訂定「自律公約」並確實遵守，又如所有通過換照之電視台，應建立外部公評人公共參與及監督制度，否則將在三個月後考慮是否撤銷執照。新聞局長除了否認此舉將造成「寒蟬效應」之外，並主張此次不准換照的處分並未太過嚴厲，而是過去該局執法過於寬鬆，今後將深切檢討，訂定停播及撤照的施行細則，以切實做好「依法行政」。

　　停止營運意味著電視台的關閉，面對如此嚴厲的處分，一向主張擴大新聞自由保護範圍的新聞媒體，卻沒有動員起來集體向新聞局抗議，不但被關閉的「東森新聞S頻道」對此低調處理，其他的電視新聞台也大多噤若寒蟬，台灣的平面新聞媒體中，除了「新新聞」週刊

之外，只有少數的聲音檢討此事，而且大多是讀者投書性質的言論，相對於台灣媒體界的低調與平靜，政府關閉新聞電視台的行為，反而引起國際媒體界的關注，法國的「無國界記者協會」、美國的「保護記者協會」以及「世界新聞自由委員會」皆對新聞局進行強烈的批評與抗議。

　　台灣社會對於新聞局關閉電視台的反應，或許可以從當時中時電子報的民意調查看出端倪：在1,104位受訪者中，有44.4%贊成以換照建立衛星廣播電視事業進退場機制，反對者只占了25.5%，民眾的反應其實不難理解，「媒體亂象」幾年來已經成為台灣社會之痛，電視媒體為了競爭收視率，無視於新聞專業與新聞倫理之事亦非少見，在媒體無力或不願自清自律的情況之下，對於一般民眾而言，新聞局的鐵腕措施宛如大旱中的雲霓，寧不令其嚮往？此次新聞局難道不也是在民氣可用的情況下，斷然採取對媒體自由侵害程度極大的處分？然而凡事總有一體兩面，贊同以侵害媒體自由的手段來維護媒體秩序，難道不是前門拒虎又後門迎狼嗎？本文以下擬從憲法保護言論自由與新聞自由的角度，提出探討此次關台事件的思考架構，並嘗試根據此架構做一些進一步的思索。

貳、憲法對媒體自由的保障

　　關閉電視台有否侵害憲法所保障的自由？亦即，在原先持有執照的衛星廣播電視事業申請換照時，做成駁回申請的行政處分，是否侵害以及涉及何種憲法上所保障的基本權利？在學理上，有時會認為所涉及者是言論自由、新聞自由、廣播電視自由（後兩者也可合稱為

「媒體自由」）。大法官釋字第364號解釋則不加區分，認為以廣播及電視方式表達意見，屬於憲法第11條所保障言論自由的範圍。

　　將以廣播及電視方式表達意見的自由視為言論自由，固然有其依據，但是卻未針對同屬言論自由保障範圍內的各種不同行為類型，作相應的區分與處理，忽視了個人的言論表達與新聞媒體的行為，在制度方面的差異，遑論20世紀以來所發展的廣播與電視媒體，在組織與規模上更具有獨特性。因此，即使鑒於作為其核心內容的言論與意見表達，而將上述所有的行為類型都歸屬於言論自由的保障範圍，也必須針對各自的實質特性暨功能，在保障型態與強度上作不同的處理，將廣義的言論自由在概念上區分為言論自由、新聞自由與廣播電視自由（以下簡稱「廣電自由」），可以相應於各種表意行為類型，發展出更切合的保障內涵，其中，言論自由所要保障的是各種言論的表達，新聞自由與廣電自由則將重點置於言論表達的媒介，因此後者有時會被認為是工具性的權利。

　　具體而言，言論自由所保障者，包含以任何媒介來表達意見的行為，意見除了是具有評價性的觀點與想法之外，單純的事實描述與說明也包含在內。新聞自由所保障者，主要是作為社會制度的新聞媒體，因此舉凡與新聞採訪、撰寫、編輯、印製與發行的相關行為，與新聞出版有關的各種制度組織條件，甚至自由的新聞制度，都在保障之列，而且基於新聞媒體的特性，還衍生出不同於一般言論自由的特殊權利問題，例如新聞媒體在訴訟程序上是否具有「拒絕作證特權」，新聞從業人員是否具有「資訊請求權」，一般大眾是否具有「接近使用傳播媒體權」，新聞從業人員是否具有「內部新聞自由」等等問題。

　　廣電自由則不僅保障個人得以透過廣播及電視方式表達其意

見，更涉及建立與經營廣播電視事業，保障範圍包含資訊的取得、廣播電視節目的製作與播放的相關行為，與廣播電視有關的制度組織條件，甚至廣播電視制度本身皆在保障之列。廣電自由雖然也包括電視新聞媒體的保障，卻比以平面新聞媒體為小：要保障對象的新聞自由更為複雜，尤其在過去，由於技術上只存在著無線廣播電視媒體，因此必然涉及電波頻率分配的問題，為了公平解決這種稀少資源的分配問題，就有賴於相關程序法規的制定。此外，由於廣播電視媒體本身也具有工具性質，因此被認為必須履行特定的公共任務，為達成此目的，就必須制定相應的組織法規，以規範廣播電視事業的設立與組織。原則上，廣電自由所保障的基本權主體，主要是廣播電視事業，而非個人，個人固然得以透過廣播及電視方式來表達其意見，但是這種個人權利的保障卻預設了廣播電視制度與組織的存在，因此個人除了得以參與分配電波頻率以及創立並經營廣播電視事業之外，並不能直接請求廣播電視事業必須提供設備與時段供其使用，此種情況與新聞自由類似，嚴格言之，個人透過廣播及電視方式來表達其意見的自由應該屬於言論自由，而非廣電自由。

　　探討自由基本權的保障與侵害時，一個有用的思考程序是三階段的審查架構，首先探究確定系爭行為落於哪一個基本權的保障範圍，其次是探究國家行為是否對該基本權構成限制，最後則探討該國家行為是否具有合憲性。因此，雖然可以初步認定，衛星廣播電視事業的設立屬於廣電自由的保障範圍，但是在沿用三階段架構的前提下，落入保障範圍的行為最終不一定會獲得該基本權的保障，因為結果如何必須在第三階段始能判斷，只有當國家行為構成違憲的限制時，才能確定該落入保障範圍的行為最終受到廣電自由的保障。

參、執照許可制度與其憲法界限

　　如果設立並營運廣播電視事業，屬於憲法所保障的廣播電視自由，新聞局在此次換照程序中，不許可7家電視台申請換發新執照的處分，是否侵害其廣播電視自由，就有探討的必要。除此之外，由於新聞局聲稱其處分乃是依法行政，現行衛星廣播電視事業的執照許可制度，是否有違憲之處，也應一併加以討論。

　　此次未獲換照的廣播電視事業分屬不同種類，其中較受矚目的是「東森新聞S頻道」，根據新聞局對外發布的消息，該頻道未獲換照的主要原因有四，首先是六年來違反相關法規的核處紀錄，亦即罰款達755萬5,000元，處於第三高。其次是，該台的運作未符合營運計畫書，新聞比例僅占59.1%。第三是其節目「社會追緝令」假造「腳尾飯事件」新聞。最後，則是既然該台的新聞來源主要來自「東森新聞台」，兩者又同屬東森華榮傳播事業股份有限公司，為顧及投資與發展，並希望其集中資源經營東森新聞台，因此最後決定「東森新聞S頻道」不予換照。

　　無論新聞局所提出的理由是否站得住腳，不准換照的行政處分，的確限制了該公司設立與經營廣播電視事業的自由。根據憲法第23條所規定的法律保留原則，對於基本權利的限制必須有法律依據，該處分的主要法律依據[1]應該是「衛星廣播電視法」第6條第3項之規定：「申請經營衛星廣播電視事業填具之申請書或營運計畫資料

---

[1]　本文原發表於2005年，因此以下所引用的「衛星廣播電視法」與「衛星廣播電視法施行細則」相關條文皆屬當時有效的法令，截至本論文即出版的2021年止，該等法令已經過多次修訂，條號與內容目前皆有所不同，惟作為本文問題意識之憲法第23條「法律保留原則」仍係重點，特此說明。

不全得補正者，主管機關應通知限期補正；逾期不補正或補正不全者，駁回其申請，申請換照時，亦同。」除此之外，根據上述新聞局所提不予換照的理由，可以發現所依據者，還有屬於行政命令性質的「衛星廣播電視法施行細則」第4條之規定：「主管機關於受理本法第六條第二項申請換照時，除審核其申請書及營運計畫外，並應審酌下列事項：一、營運計畫執行情形之評鑑結果及改正情形。二、違反本法之紀錄。三、播送之節目及廣告侵害他人權利之紀錄。四、對於訂戶紛爭之處理。」由於是否准許廣播電視事業換照嚴重影響廣電自由能否實現，因此根據法律保留原則也必須審視，該施行細則是否逾越母法的授權範圍？是否增加了「衛星廣播電視法」在許可程序中所未規定的限制？由於「衛星廣播電視法」第45條只有籠統的規定：「本法施行細則，由主管機關定之。」又根據「衛星廣播電視法」第6條第3項的規定，只有在申請書或營運計畫資料不全，經主管機關通知限期補正，但是逾期不補正或補正不全者，才能駁回其換照的申請，因此新聞局在其發布的施行細則第4條，在申請書與營運計畫之外，增列了四項許可條件，是否符合法律保留原則令人懷疑。由於新聞局駁回換照申請的處分，立基於此增列的四項條件，例如該台的運作未符合營運計畫書，或是違反相關法規的核處紀錄，所根據者既然是逾越母法範圍的行政命令，即可能因為違反法律保留原則而有違憲之虞。

　　新聞局如果真的希望衛星廣播電視台能切實履行所提出的營運計畫，其實無須等到執照六年到期而必須申請換照時，因為根據該法第6條之規定，在兩年一度的營運計畫執行評鑑之後，即可基於同條第6項為相應的處分：「前項評鑑結果未達營運計畫且得改正者，主管機關應通知限期改正；其無法改正，主管機關應撤銷衛星廣播電視許

可，並註銷衛星廣播電視事業執照。」然而第6條所賦予新聞局的衛星廣播電視事業生殺大權，在合憲性上卻非沒有疑義。

爲了促進衛星廣播電視健全發展，保障公眾視聽權益，「衛星廣播電視法」所建立執照許可制度，雖然創造了衛星廣播電視事業暨其秩序的成立基礎，但是同時也限制了廣電自由的行使，因此在探討相關問題時，除了該法規所具有的建置性或形成性之外，也必須正視其限制性的面向，換言之，由於欠缺該法規，衛星廣播電視事業的設立就會欠缺組織與程序的基礎，因此某種形式的執照許可制度，在廣電自由的保障上，不但有其憲法的容許性，有時甚至是憲法所要求的建置，但是不容忽視的是，任何形式執照許可制度的建立，也同時有可能限制了廣電自由，因此在制定許可或撤銷條件時，也必須符合法律保留原則與比例原則。

根據「衛星廣播電視法」第5條規定：「衛星廣播電視之經營，應申請主管機關許可。」與第6條第1項規定：「申請衛星廣播電視事業之經營，應填具申請書及營運計畫，向主管機關提出申請，經審核許可，發給衛星廣播電視事業執照，始得營運。」所建置的執照許可制度，以營運計畫的提出與其可行性作爲許可的條件，雖然不會立即顯示其違憲的疑義，但是在核發執照的程序中，假使新聞局做出駁回許可申請的處分，仍必須重新檢視其合憲性。至於第6條第6項的執照撤銷規定，則顯然欠缺要件的明確性，因爲何謂未達營運計畫且無法改正者？何謂得改正經限期改正而無法改正？皆非明確並得以清楚判斷的條件，尤其是其所連結的法律效果對於廣電自由的侵害性極大──撤銷執照意味著一個廣播電視事業體的消滅，因此除了必須符合明確性的要求之外，更必須通過比例原則的審查，以未達營運計畫作爲撤銷許可與註銷執照的依據，是否符合必要性與狹義比例原則，

同樣令人懷疑。

　　此外，由於衛星廣播電視與無線廣播電視的設立有一個很大的區別，亦即前者並沒有電波頻率稀少而有必要分配的情形存在，因此，即使爲了促進衛星廣播電視健全發展，保障公眾視聽權益等公益目的，建置了執照許可制度，也必須認真對待兩者的差異而做不同的處理。如前所述，執照許可制度固然構成衛星廣播電視事業設立的法律程序，但是對於憲法所保障的廣電自由，也同時具有限制性，在無須電波頻率分配又沒有市場壟斷的情況下，更應該重新考量執照許可制度作爲管制手段的必要性。

肆、媒體秩序的主宰？

　　當時具有管理媒體權力的新聞局，其實是過去威權時期的產物，在台灣民主化之後，早就應該澈底轉型，扮演好發布政府消息的角色，根據2003年修正的「廣播電視法」，在法律架構上預定由「國家通訊傳播委員會」來取代新聞局，即使該委員會組織法未能如期在2004年完成立法，在此過渡時期，新聞局所應扮演的應該是看守者的角色，但是從2004年起新聞局卻反其道而行，開始進行一系列的媒體整頓工作，從前一年的廣播頻譜重整政策、中廣換照與無線電視執照換發事件，一直到今年的數位廣播執照核發以及衛星廣播電視執照換發事件，接連的鐵腕作風，新聞局不但坐實了維護媒體的警察角色，在「過去該局執法過於寬鬆，今後將深切檢討」的想法下，是否在落幕前還會一躍而成爲媒體秩序的主宰，指導基本權利主體如何行使其權利？該局2004年底引起軒然大波的「出版品及錄影節目

帶分級管理辦法」，不就是近在眼前的例子。

　　相對於備受批評的新聞局，台灣社會各界似乎將希望寄託於「國家通訊傳播委員會」，姑不論該委員會的委員會以何種方式產生，只要該委員會還是執掌廣電事業的生殺大權，本文對於相關行政處分與執照許可制度是否合憲的質疑，依舊可以成立。雖然「程序得以產生正當性」是現代社會的特色之一，但是國家權力不管穿著什麼服裝，對於人民的基本權利恆常具有威脅性，在整頓媒體亂象的大纛之後，滋養的會不會是以法律官僚包裝，但是更難以節制的權力？

原文出處：張嘉尹，失序媒體與鐵腕行政，台灣本土法學雜誌，74期，2005年9月，63-67頁。

CHAPTER

8

大學「在學關係」的法律定位與其憲法基礎的反省

壹、大學「在學關係」問題的冰山一角──兩件退學案所引起的騷動

　　2001年7月，台北高等行政法院針對兩起大學生被退學案，分別做出兩件備受各界矚目的判決。其中89年度訴字第1833號判決，針對世新大學對該校平面傳播科技學系印刷組四年級黃姓學生，因所修學分二分之一不及格所爲的退學處分，法院認爲該處分所依據的「世新大學學則」欠缺法律授權，因此是違法的行政處分，除將其撤銷外，並諭令世新大學應爲回復黃姓學生學籍的處分。89年度訴字第2311號判決，則是針對花蓮師範學院因該校李姓學生涉及偷竊機車並縱火，而依據「國立花蓮師範學院學生獎懲辦法」所爲的勒令退學處分，法院亦認爲該辦法違反「法律保留原則」，因此依之所爲的退學處分亦是違法的行政處分，予以撤銷。

　　其後，世新大學與花蓮師範學院均委請律師提起上訴，2002年3月，最高行政法院先後做出判決，兩個判決皆廢棄原高等法院的判決，並駁回被上訴人在第一審之訴。在91年度判字第344號判決中，最高行政法院認爲，大學享有自治權，大學自治包括學生的選擇、學位的授予等事項，又大學事務複雜多樣，因此法律對於學生之權利義務只需低密度的規範即足，可將具體事項授權主管機關以命令定之，或再授權大學於學則定之，即沒有違反「法律保留原則」、「授權明確性原則」或是「再授權禁止原則」，並沒有否定退學處分須有「法律保留原則」的適用，但是認爲在該案件中「法律保留原則」並未被違反；但是在91年度判字第467號判決中，最高行政法院則主張，大學的自治權來自憲法的保障，無待法律的授予，而且大學自治事項影響學生權益者很多，但是皆是基於教學自由而來，不能因爲學生有受

教育權或是學習權，而認爲應有「法律保留原則」的適用，換言之，最高行政法院認爲，在大學自治與學生的受教育權衝突時，不但前者優先而後者應該退讓，而且也沒有「法律保留原則」適用的餘地。雖然最高行政法院採納沿襲已久的實務見解，並維持了「退學制度」的合法性，但是被退學的學生在法律程序上可能還有一個最後的救濟途徑，亦即根據原「司法院大法官審理案件法」第5條第1項第2款之規定聲請大法官解釋，因爲「退學制度」的合法性問題，可能涉及憲法第11條的「講學自由」及其制度性保障「大學自治」、大學生的受教育權暨學習自由與憲法第23條「法律保留原則」之間的融貫解釋，本質上是個憲法層次的爭議問題，更何況之前就相關問題大法官已做出釋字第380號、第382號以及第450號解釋。

　　此二案件之所以引人矚目，主要是因爲先前台北高等行政法院的判決顛覆了過去的實務見解，除了認爲作爲退學依據的大學學則，其授權依據是當時的大學法施行細則第29條而非大學法，由於大學法對此並未授權，因此欠缺法律授權基礎，此外，大學法並未規定學生有重大違規事項時得予以退學，亦未授權各大學於學生獎懲辦法中規定退學或是開除學籍等處分，因此僅僅根據大學學則與學生獎懲辦法而做出「勒令退學」或是「開除學籍」的處分，即違反了「法律保留原則」[1]，所以是違法的行政處分，台北高等行政法院的法律見解如果成立，在台灣施行幾十年的大學「退學制度」豈非不合法的制度，

---

[1] 我國憲法上「法律保留原則」所根據的條文爲憲法第23條：「以上各條列舉之自由權利，除爲防止妨礙他人自由、避免緊急危難、維持社會秩序，或增進公共利益所必要者外，不得以法律限制之。」其意義略爲，國家（公權力）欲對人民基本權利有所限制時，必須依據法律，或是依據有法律明確授權的行政命令。關於「法律保留原則」的意義與其理論變遷，參閱許宗力，論法律保留原則，收錄於：法與國家權力，1992年，117頁以下。

其影響所及恐難以估計，因為在台灣光是一年就有上萬個大專院校的學生遭到退學，因此「退學制度」的存在首先就影響這些學生的權利，而且藉由對於「退學制度」合法性的質疑，連帶也影響對於現行於大學的諸多制度的質疑，尤其是涉及大學生權利義務的許多規章，是否也有「法律保留原則」的適用呢？甚至未來發生爭議時，大學依據自身所制定規章所為的行為是否會因為違反「法律保留原則」，而被法院宣告為違法或甚至被撤銷？這些問題涉及了一些憲法基本學理的釐清，僅僅形式的透過大學法的修訂並無法妥善解決，例如針對「退學制度」合法性的質疑，教育部當時試圖透過增列「大學法」第48條規定：「大學為確保學生學習效果與建立學生行為倫理規範，應訂定學籍規則及獎懲規章，經校務會議審議通過後實施。」[2]作為各大學可以制定「學生獎懲辦法」、「學籍管理規則」以維持既有「退學制度」的法律依據[3]，對此問題只提供一個固守傳統的表面解決，其所依據的思考架構仍是舊有的，仍舊將大學生當作「特別權力關係」下的被管理者，甚至一度在其他條文的修正上更是貶低大學生在大學中的地位，將原先學生代表「出席」校務會議的規定改為「應被通知出席或列席」[4]，在各界抗議之後，又恢復大學生參與校務會議的規定[5]。

---

[2]　十數年來，大學法經過多次修訂，目前該條文為大學法第32條，內容類似。

[3]　修正草案第48條的立法理由亦明白提到：「學校所定之學生獎懲規章，對學生之受教權益具有重大影響，應屬法律保留事項，爰增訂本條，授權各大學得據以訂定獎懲規章及學則。」

[4]　姑不論原先規定的「出席」校務會議，在實踐上的落實情況與可以提升大學生作為大學主體地位的程度如何，在政黨輪替之後的台灣，教育部先前草案中所採取的竟是比民國83年修正大學法時更為倒退的立場，令人感到訝異與惋惜。

[5]　在2003年教育部高教司所公布的草案第40條之規定：「有關學校組織規程及重要章則之訂定、預算決算之審議及校務發展計畫等重要事項，應由學校教師、研究人員、職員與學生所推選之代表若干人共同組成校務會議議決之。其中助理教授以上之教師代表不得少於總人數

　　權利衝突的背後潛藏的權力衝突，權利的爭取也需要權力爲之奮鬥，德國「大學基準法」在1970年代的改革，也以始於1968年的世界性學生運動爲背景，德國大學生成爲大學主體之一的地位也從那時起才確立，然而憲法關於基本權利的保護，其實是一種嘗試，想要讓權力的衝突更文明也更妥善一些，用法學術語來表達，就是提高憲法規定與其解釋的「正當性」（justification），在解釋憲法時如果沒有考慮這種理想性，所造成的就僅僅是冷冰冰的形式操作，在多種解釋可能性的選擇中，也難以找到一個最恰當的。在憲法的規範效力逐漸爲人所重視的今日，對於大學生與大學之間的法律關係（亦有學者稱爲「在學關係」）的理解與解釋更須以憲法爲其標準，這不但涉及大學自治的意義與範圍、大學生是否享有憲法上的受教育權的問題以及此權利與大學自治之間關係的理解，也關係到「法律保留原則」在其中所扮演角色的判斷，這些議題在「退學案」初審宣判之後，曾引起我國憲法學界一段期間的熱烈討論[6]，然而卻未因最高行政法院兩

二分之一。前項校務會議之組織、運作及其他應遵行事項之辦法由大學擬定，行政法人國立大學報校董會、其餘公立者報教育部或各該主管政府、私立者報董事會核定後實施之。」現行大學法第15條則明定「學生代表」參與在校務會議之人數下限。

[6]　由許宗力主持，李建良、法治斌、周志宏、董保城、施慧芬參與發表論文的「大學自治與二一退學制度」研討會即是一例（此次研討會的論文均刊載於台灣本土法學雜誌，29期，2001年12月）。可惜的是，一年多以來，對此一較不具政治敏感性或政治意識型態爭議特質的憲法問題，憲法學者除了各自表述之外，彼此之間所做的深度對話仍然不夠多，所以也有學者將之視爲移植不同國家憲法釋義學所引起之爭議和困惑的例子，參閱蘇永欽，部門憲法，收錄於：當代公法新論——翁岳生教授七秩誕辰祝壽論文集（上），2002年，744頁。淺見以爲，此問題之所以難解，有幾個層面的原因，除了大法官經常不附充分理由的輸入外國憲法釋義學的解釋成果之外，憲法學者在相關大法官解釋公布之後，更進一步移植不同國家憲法釋義學的概念群與學理也是原因之一，不但造成彼此解釋結果的扞格不入，更觸及潛在性的「典範」之爭，然而除了高層次的憲法實務與憲法學理的互動之外，同樣造成影響的是憲法爭議所涉及的對象，就系爭問題而言，即涉及數十年來大學教育行政的各項實踐，以及支撐這些與法律相關實踐的各種法令及其解釋與適用。其實學者之間有不同的看法也未嘗不好，即使主要原因來自繼受不同國家的憲法學理，於此重要的是，合理的處理所繼受的法理以及學者之間更充分的對話。

個終局確定判決的做成而得到釐清[7]。

貳、「在學關係」的法律定位

一、「特別權力關係」理論的緊箍咒

　　過去很長一段時間，我國學生與學校之間（包含大學生與大學之間）的「在學關係」，在法律性質的定位上，常常沿襲過去德國行政法學的看法，而被解釋為「公營造物利用關係」[8]，屬於「特別權力關係」（besondere Gewaltsverhältnisse）[9]的一種，其意義略為：由於人民處於國家機構中或是在其中活動，使得人民與國家比較特別緊密的關係，例如公務員、軍人、公立學校的學生、大學生、監獄受刑人或是使用國家機構之人民，使得處在此種關係之下的人民比一般人民負擔更多的義務，其主要的特徵是對其權利之限制無須法律授權，亦即不適用「法律保留原則」，而且此限制行為不屬於行政處分，所以也無行政救濟途徑可提供權利之保護。

　　值得注意的是，將內容複雜而包羅萬象的「在學關係」界定為

---

[7]　本文定稿之後，司法院於2003年7月25日公布大法官釋字第563號解釋（司法院網站之「釋字第五六三號解釋及賴大法官英照提出之協同意見書」，網址：http://nwjirs.judicial.gov.tw/GNNWS/NNWSS002.asp?id=718&MuchInfo=1），這是大法官針對退學條件的制定與執行是否屬於「大學自治」內涵的憲法爭議問題的首度發言，限於時間，本文僅在與論文內容密切相關之處稍予增補。

[8]　關於此概念，參閱陳愛娥，公營造物的概念與公營造物利用的法律關係，收錄於：台灣行政法學會主編，行政法爭議問題研究（下），2000年，1307頁以下。

[9]　現在則習慣稱為「特別身分關係」（Sonderstatusverhältnisse）或「特別法律關係」（Sonderrechtsverhältnisse），參閱Hans-Uwe Erichsen, Allgemeines Verwaltungsrecht, 11. Aufl., 1998, S. 121 f.。有關「特別權力關係」之討論，參閱法治斌，行政法律關係與特別權力關係，收錄於：翁岳生主編，行政法，2000年，223頁以下。

「特別權力關係」或其他類似名詞所代表的關係，只是將其「建構」
爲此種性質法律關係的一種可能，然而基於種種原因——包含法律釋
義學的繼受、政治社會的因素、實用的態度、選擇性的親合等，此種
原本是理論觀點的採取竟然主導了學說與實務界的解釋結果，這也使
得對於「在學關係」的討論一開始就深陷於德國傳統公法學所定義的
「特別權力關係」與對其之逃逸的架構中，具體的爭議問題於是就
很容易被化約爲邊界界定的問題——在「特別權力關係」之內還是之
外？凡是在內而屬於「特別權力關係」者，不但無法主張其基本權
利，而且也沒有法律救濟途徑，凡是外在於「特別權力關係」者則皆
有，其後亦隨著德國公法學演進的腳步，將「特別權力關係」區分爲
「基礎關係」與「經營關係」，並將原先對於權利與救濟的限制歸屬
於後者，然後宣稱並主張前者已有所突破，在實質上這當然意味著進
步——權利保護的進步，但是所遭遇的問題早就被預定了，還是邊界
界定的問題，只是現在「特別權力關係」的邊界往後退了。在此觀點
下，學生的地位早已被限定在「特別權力關係」中服從權力者那端，
基本的思考架構不變，能做的改變也不會很大，倘使在形式合法性上
有疑義，透過修法即可解決，如果從校務會議的運作事實來觀察，
草案中曾經出現的，從學生代表的「出席」到「應被通知出席或列
席」，或許是使得法條更符合現實，而不是改變現實以符合法條。

　　這種對於「在學關係」的一元化思考架構——「特別權力關
係」的內與外，將原則上可能具有多樣性的法律關係化約爲某種特定
的法律關係，並一體適用於公立大學與私立大學「在學關係」的解釋
上，壓縮了其他解釋的可能性，例如將私立學校與學生的法律關係詮

釋為「在學契約關係」就是另一種可能的定性方式[10]，一元化思維的主要弱點在於忽略法律作為「制度性事實」（institutional fact）的多樣性，針對多樣的法律性事實，並不一定要做一元化的對待，重要的應該是針對具體關係的特性而分別定性，同時在處理時顧及平等原則。然而目前的實務見解與通說，硬是將法律性質不同的公立大學與私立大學等同視之，認為具有私法財團法人性質的私立大學，在特定事務的處理上也具有相當於行政機關的地位，從而不管對於公立大學或是私立大學所為相關「處分」的爭議，皆須循著行政救濟的管道，看似解決了有否救濟途徑的問題，潛在的卻也可能限縮了救濟途徑的多樣性，其實，即使將私立大學與大學生之間的法律關係定性為私法上的「在學契約關係」，也仍有民事法律救濟途徑，此外，一元化的架構也忽略了私立大學本質上所具有「私人興學」性質，以及所涉及的人民基本權利「私人興學自由」[11]，「特別權力關係」所預設的受委託行使公權力性質，使得學校秩序的維持只能被解釋為「經營關係」，看似「保障」私立大學在相關事務上的權力，但是使得此種權力依恃於「基礎關係」與「經營關係」劃分的有效性與正當性之上，如果上述劃分並非毫無疑問，則相較之下，以「在學契約關係」作為其權力基礎，不但在法律上可能會更有說服力，而且既然是基於約定

[10] 然而一體化的思維仍為許多學者支持，有學者主張，全面性的以「在學契約關係」來取代「特別權力關係」的思考架構，只是在公立大學屬「公法在學契約」，在私立大學則屬「私法在學契約」，參閱周志宏，大學自治與強制退學制度，收錄於：學術自由與高等教育法制，2002年，208頁以下。相對的，也有學者認為應將「在學關係」一體的解釋為「特別法律關係」，參閱李惠宗，制度性保障之學術自由與大學自治權──最高行政法院九十一年度判字第三三四號及同院九十一年度判字第四六七號判決評釋（筆者註：「判字第三三四號」應為「判字第三四四號」之誤植），台灣本土法學雜誌，38期，2002年9月，32頁以下。

[11] 關於「私人興學自由」是否為基本權利以及其在我國憲法上之依據的討論，參閱周志宏，私人興學自由與私立學校法制之研究，2001年，244頁以下。

而來的規則，自然也不能逾越相關法律所能容許的範圍，所以也擴大了在法院接受審查的可能性，這比將爭議問題丟入「特別權力關係」的黑洞中可取多了。

二、大法官解釋在舊思考框架內的發展

上述觀察到的既定思考架構及其作用，可以在大法官解釋上得到印證，大法官在釋字第382號解釋的解釋文中提及：「**各級學校依有關學籍規則或懲處規定，對學生所為退學或類此之處分行為，足以改變其學生身分並損及其受教育之機會，自屬對人民憲法上受教育之權利有重大影響，此種處分行為應為訴願法及行政訴訟法上之行政處分。受處分之學生於用盡校內申訴途徑，未獲救濟者，自得依法提起訴願及行政訴訟。行政法院四十一年判字第六號判例，與上開意旨不符部分，應不予援用，以符憲法保障人民受教育之權利及訴訟權之意旨。**」

首先要確定的是該解釋適用的對象，雖然大法官在解釋文中只提到「各級學校」，並未針對特定層級的學校，也未區分公私立學校，然而在解釋理由書中則補充說是「各級公私立學校」，所以在對象上是針對所有的學校應無疑義。根據大法官的看法，公立學校「係各級政府依法令設置實施教育之機構，具有機關之地位」，由於公立學校被大法官定性為行政機關（營造物機關），因此所為的退學處分是行政處分應無疑義，但是私立學校在行政組織法的層面上並非行政機關，則其所為之退學「處分」是否為行政處分，有可能引起一般人的懷疑，所以大法官在解釋理由書中則引用先前做成的釋字第269號解釋，認為：「**私立學校係依私立學校法經主管教育行政機關**

許可設立並製發印信授權使用，在實施教育之範圍內，有錄取學生、確定學籍、獎懲學生、核發畢業或學位證書等權限，係屬由法律在特定範圍內授與行使公權力之教育機構，於處理上述事項時亦具有與機關相當之地位。」因此私立學校為上述行為時，乃是「受委託行使公權力」，處於與行政機關相當的地位。在認定無論是公立大學還是私立大學，都具有行政機關的地位或相當於行政機關的地位之後，「特別權力關係」理論才有一體適用與突破的可能，這樣的法律觀點從諸多可能的詮釋中，選擇了一種齊一化的方式來看待大學的法律地位：「行政機關」，這也意味著暫時確定了特定解決具體法律爭議的方法，從而問題似乎只能在「特別權力關係」的界限、大學自治與大學生受教育權、「法律保留原則」的框架中來處理。

　　大法官對於傳統「特別權力關係」理論的「突破」上，藉助的是比較公法學上首先由德國學者C. H. Ule對於「特別權力關係」提出的區分方式：「基礎關係」與「經營（管理）關係」（Grund-und Betriebsverhältnis）[12]，將涉及前者的措施——對於該特別權力關係之成立、變更或是終止——定性為行政處分，而有行政救濟途徑可循，至於「經營關係」則涉及行政機關為達成其目的，所為之內部措施，例如長官對部屬之勤務指示、考績等事項，學校之經營關係，則例如講學、作業之指定、作業成績之評定等事項[13]。具體言之，解釋文中認為「對學生所為退學或類此之處分行為，足以改變其學生身分」，在理論上屬於「基礎關係」之變更，因此是「行政處分」，

---

[12] Carl Hermann Ule, Das besondere Gewaltverhältnis, VVDStRL 1957, S. 133 ff.；國內文獻參閱翁岳生，論特別權力關係之新趨勢，收錄於：行政法與現代法治國家，五版，1985年6月，143頁以下。

[13] 參閱翁岳生，同註12，146頁。

對學生「憲法上受教育之權」影響甚大，所以學生得「提起訴願及行政訴訟」。至於「經營關係」的界定，大法官則在解釋理由書中提及「如學生所受處分係為維持學校秩序、實現教育目的所必要，且未侵害其受教育之權利者（例如記過、申誡等處分）」，則「除循學校內部申訴途徑謀求救濟外，尚無許其提起行政爭訟之餘地」。換言之，此類「處分」是作為行政機關的大學為了達成其目的所為的內部措施，而非行政處分，因此無法對其提起訴願或行政訴訟。綜言之，在此種觀點之下，大學生與大學之間的法律關係被定位為「特別的」法律關係，其中影響「基礎關係」的處分，有法律救濟途徑，而影響「經營關係」的處分則無，而只論受爭議的處分處在界限之內還是界限之外，而不論其所影響的學生權益內容、重要性或是影響的程度。

　　此種「基礎關係」與「經營關係」的區分與邊界的劃定，並非毫無疑義，尤其是在涉及「越界」問題時，要如何解釋與適用亦是棘手問題，例如大法官在解釋理由書中認為「記過」屬為「為維持學校秩序、實現教育目的所必要，且未侵害其受教育之權利者」的看法，並未考慮到在學校的獎懲制度中，通常都有累積懲罰而達退學的規定，例如累積達到三次大過學校即得「勒令退學」，因此涉及「經營關係」的措施有可能引發「基礎關係」變更的後果，如此一來，要如何清楚劃分兩者則成為難以解決的問題。因為「退學處分」固然是改變「基礎關係」的行政處分，但是該處分卻是基於先後三次的「記過處分」而來，根據大法官的看法，如果之前的「記過處分」未侵害學生受教育權，「除循學校內部申訴途徑謀求救濟外，尚無許其提起行政爭訟之餘地」，則為何其累積達一定數量（三次）即可「許其於用盡

校內申訴途徑後，依法提起訴願及行政訴訟」？[14]在「二一退學制」或其他以不及格科目數量的累計來決定退學門檻的制度（例如「三二退學制」或「雙二一退學制」）上，亦有類似問題存在，如果學生各個科目成績的評定屬於涉及「經營關係」的內部措施，爲何「不及格」科目的數量加成會導致「基礎關係」變更退學處分？這些問題皆無法僅僅透過「基礎關係」與「經營關係」的形式區分獲得解決，反而暴露出僵化的使用此等概念架構將面臨的困境。

三、環繞「法律保留原則」的形式爭議

釋字第382號解釋雖因允許對變更「基礎關係」之處分提起行政救濟，而突破傳統「特別權力關係」理論，但是對於該理論的另一個重點，亦即此類處分是否應符合「法律保留原則」的問題則未著墨，僅在解釋理由書末段指出：「**又受理學生退學或類此處分爭訟事件之機關或法院，對於其中涉及學生之品行考核、學業評量或懲處方式之選擇，應尊重教師及學校本於專業及對事實眞象之熟知所爲之決定，僅於其判斷或裁量違法或顯然不當時，得予撤銷或變更，併此指明。**」從此段理由的陳述應可推測，當時大法官並未明白主張學校所爲的「退學處分」有違反「法律保留原則」之虞，因爲大法官處理的是在此前提成立下進一步的問題，亦即受理有關「退學處分」爭訟之法院，在審查「涉及學生之品行考核、學業評量或懲處方式之選擇」時，應該「尊重教師及學校本於專業及對事實眞象之熟知所爲之決

---

[14] 如此一來，行政爭訟的對象到底是「記過處分」還是「退學處分」，亦有待探討，當然，大法官在解釋文中亦有提及「類此之處分行爲」，似乎也爲解決此問題留下伏筆，但是在此「越界」問題上，擴張「行政處分」的適用對象只是在形式上解決問題。

定，僅於其判斷或裁量違法或顯然不當時，得予撤銷或變更」，此乃審查密度的問題，所以此處的審查在步驟上，已經跨越該處分在形式上是否有法律授權的階段，而進入實質審查。因此可能的解釋有如下幾種，若非大法官並未慮及「退學處分」是否違反「法律保留原則」的問題，即是認為並不牴觸此原則，或是認為此處並無「法律保留原則」的適用。

對此段解釋理由的不同詮釋，可能導致對上述問題——「法律保留原則」是否適用以及有無被牴觸的問題——差異極大的回答，法律實務上，（最高）行政法院[15]歷年來的見解即與此次高等行政法院有所差異。

在89年度判字第3559號判決中，最高行政法院認為，依據釋字第382號解釋意旨，大學受到學術自由保障而在法律範圍內享有自治權，並認為根據「大學法」第23條、第25條以及「學位授予法」第2條與第3條，畢業之條件屬於大學自治的範圍，雖然「退學制度」，大學法並未明文規定，然而因為其直接與「畢業制度」相關，所以亦屬大學自治的範圍。最高行政法院在此號判決中，並未完全否定「法律保留原則」的適用，只是在論證上將「畢業制度」與「退學制度」相互結合，從而導出既屬於大學自治又未違背「法律保留原則」的看法。

在90年度判字第851號判決中，最高行政法院則認為，系爭「退學處分」乃是根據該校專科部學則所為，該學則則是依據教育部所頒發的「專科學校學籍規則」所制定，而此學籍規則的法律依據則是「專科學校法」第33條，因此參酌釋字第382號解釋理由書末段所

---

[15] 行政訴訟法修正之前只有一個審級，因此過去稱為「行政法院」。

示，學校所爲之「退學處分」並未牴觸憲法或法律，亦無判斷或裁量違法或顯有不當的情形，而駁回因二一被退學學生之上訴。然而値得注意的是，在該號判決中被法院視爲法律授權基礎的舊「專科學校法」第33條其實極其簡略，只規定「專科學校規程，由教育部定之」稱此爲法律授權極其牽強[16]。

相對於此，台北高等行政法院則在89年度訴字第1833號判決中卻認爲，應擺脫傳統之「特別權力關係」，以落實大學生的學習權與受教育權，因此足以剝奪大學生學習權及受教育權的「退學處分」，應以法律明定其事由、範圍與效力。如果以法律授權主管機關發布命令爲補充，其授權亦應符合具體明確之原則。所以高等行政法院認爲，不得僅依行政命令或大學學則剝奪大學生的在學資格，否則就違反了「法律保留原則」。

然而，最高行政法院在最新做成的91年度判字第467號判決中，主要的判決理由則認爲，凡是屬於憲法所保障之（大學）自治的範圍者，即不適用「法律保留原則」，這個法律見解如果從大法官釋字第38號解釋看來則可能有違憲的嫌疑[17]，雖然該號解釋所針對的是當時屬於地方自治團體的縣，認爲縣議會所制定的規章涉及限制人民基本權利時，也必須有憲法或是法律依據，而有「法律保留原則」的適用，但是根據相同的法理也可推論，其他的自治團體倘若制定自治規章而涉及限制其成員（即人民）之基本權利時，亦應有憲法或是法律依據，換言之，不會因爲屬於自治權的行使就沒有「法律保留原則」

---

[16] 現行專科學校法則在第45條規定：「各專科學校應依本法規定，擬定組織規程，報教育部核定後實施。」

[17] 認爲釋字第38號解釋對此問題具有「判決先例」地位的看法，乃現政治大學法學院教授張桐銳先生與筆者在討論時所提出，筆者不敢掠人之美，故於註釋中特別説明之。

的適用[18]。

　　對此問題的探討，在憲法學理上涉及幾個重要觀念的釐清，首先是，「退學處分」既被定位爲依據大學學則或學生獎懲辦法所爲的行政處分，在大學自治作爲對大學制度性保障的前提下，是否涉及大學生「基礎關係」──「在學關係」──的創設、變更與消滅的一切事項，都必須適用「法律保留原則」？又，如果「法律保留原則」應予適用，怎樣才算是符合「法律保留原則」？對此二問題的回答，如果要避免形式主義的推論，則必須先探討所涉及的權利／法益衝突狀態爲何？這又可細分爲兩個問題，亦即在此案件中相互競逐的是哪些權利或是法益？其衝突的狀態爲何？

參、大學「在學關係」的憲法基礎

一、大學自治作爲學術自由的「制度性保障」

　　目前大法官解釋以及學界通說皆承認，大學自治是由講學自由權所衍生出來的「制度性保障」（Einrichtungsgarantie），其憲法的依據爲憲法第11條：「人民有言論、講學、出版及著作之自由。」雖然該條在文字上僅提及「講學自由」，但是通說認爲「講學自由」的意義不僅限於作爲學術自由權所保障內容之一的教學自由，而是被

---

[18] 退一步言，即使主張大學自治乃是保障，歷史上先於國家存在之大學制度或組織的自治權，在我國憲法解釋上亦須考慮以下兩點，首先，雖然制度性保障的原始意義在於既存社會制度的存續保障，但是保障程度是否高到基於自治立法權而排除「法律保留原則」的適用，則是另一個可爭議的問題。此外，大學自治作爲學術自由的制度性保障，主要是透過比較憲法上德國的憲法解釋結果而來，德國的公立大學在法律上的性質是公法人，與目前我國公立大學屬於行政機關又有所不同。

認爲可以等同於「學術自由」，此學術見解亦經大法官解釋採納，釋字第380號解釋即認爲：**「憲法第十一條關於講學自由之規定，係對學術自由之制度性保障，就大學教育而言，應包含研究自由、教學自由及學習自由等事項。」**解釋理由書則提及：**「憲法第十一條關於講學自由之規定，以保障學術自由爲目的，學術自由之保障，應自大學組織及其他建制方面，加以確保，亦即爲制度性之保障。爲保障大學之學術自由，應承認大學自治之制度，對於研究、教學及學習等活動，擔保其不受不當之干涉，使大學享有組織經營之自治權能，個人享有學術自由。」**足見在我國，「講學自由」等同於「學術自由」應無疑義，然而釋字第380號解釋卻著重於制度性保障的面向，所以才會說「講學自由」是「對於學術自由的制度性保障」。

大法官這樣的用語在概念使用的邏輯上容易造成混淆，因爲「講學自由」的表述方式著重的是該基本權利的主觀面向，可以解釋爲作爲主觀防禦權性質的學術自由權，其保障內容即可包含研究自由、教學自由與學習自由。「制度性保障」是大法官繼受自德國憲法學的概念，係學術自由權客觀面向的一種解釋，目的在保障作爲制度之大學的存續與發展，而在此具體的被稱爲「大學自治」，因此較正確的表述方式應爲：「憲法第十一條講學自由的規定，除了可導出屬於主觀防禦權面向的學術自由權之外，還可以導出屬於客觀面向[19]的

---

[19] 基本權主觀面向與客觀面向的概念區分是典型德國憲法學的產物，簡言之，德國憲法學在爲基本權功能做分類時，比較常見的是以主觀／客觀（法）面向作爲第一層次的分類標準，然後將上述的各項基本權功能歸類其下，一般而言，會將「防禦權」與「給付請求權」歸類爲「基本權主觀面向」（subjektive Dimension der Grundrechte）或「基本權主觀法內涵」（subjektiv-rechtliche Grundrechtsgeh-alte），而將「基本權第三人效力與放射效力」、「基本權作爲組織與程序保障」（Grundrechtsverwirklichung und -sicherung durch Organisation und Verfahren）、「基本權保護義務」歸類爲「基本權客觀面向」（objektiv-rechtliche Dimension der Grundrechte），至於有關「制度性保障」的地位則有所爭議，有時被獨立當作主客觀面向

制度性保障[20]，亦即『大學自治』。」大法官在解釋理由書中認為，
講學自由之規定以保障學術自由為其目的，在表達上則較清楚，至於
從大學組織與其他建制方面來確保學術自由，則應解釋為講學自由之
規定除了保障主觀的學術自由權之外，為了加強其保障，應從制度性
保障的面向著手，亦即從大學組織與其他建制方面，承認大學自治的
制度，承認其具有自主的組織經營的權能，如此才不會忽略了大學自
治與學術自由權之間的「手段─目的」關聯。應予補充說明的是，雖
然我國目前的公立大學尚不具公法人的法律地位，而僅是教育部的下
屬行政機關（公營造物機關），而私立大學則僅是「受委託行使公權
力」，難以與德國作為公法人團體的大學相提並論，但是基於對學術
自由權作制度性保障的解釋，在符合保障大學的制度存續與發展暨保
障學術自由權的目的下，即使大學並非公法人，但是其自治行政權的

之外的第三種面向，有時則歸類為客觀面向，有關此等基本權概念的釐清嘗試，中文文獻參
閱張嘉尹，基本權理論、基本權功能與基本權客觀面向，收錄於：翁岳生教授祝壽論文編輯
委員會編，當代公法新論──翁岳生教授七秩誕辰祝壽論文集（上），初版，2002年7月，29
頁以下。

[20] 「制度性保障」（Einrichtungsgarantie）首先由德國法學家Carl Schmitt在威瑪時代所提出，
由於當時憲法學通說認為基本權並不拘束立法權，只拘束行政權，所以Carl Schmitt特別提
出「制度性保障」的概念以對抗立法者對於特定制度的任意處置，他將「制度性保障」區分
成兩種類型──保障私法制度的制度性保障（Institutsgarantien）與保障公法制度的制度性保
障（institutionelle Garantien）。「制度性保障」雖然是最早被提出的「基本權客觀法內涵」
的表現形式，但是在目前的發展下究竟有無獨立成項的必要，應先探究其意義的轉變。在其
提出之初，「制度性保障」乃作為具有基本權重要性之既存制度的延續保障，屬於對於過去
的保存，但是在德國聯邦憲法法院的判決中，「制度性保障」的方向越來越往未來移動，而
著重於立法者應以合乎基本權的方式來形塑該制度，在用法上與「基本權作為組織與程序保
障」越來越接近，因此將其歸類為「基本權的客觀法內涵」亦是適當做法，但是如此一來，
該概念是否還有保存必要就成為問題。如果採取到過去的用法，著重於既存制度的保障，以
防止立法者侵害其核心，則仍有保存價值，可將其與其他三者並列，成為第四種「基本權客
觀法內涵」的類型。有關制度性保障的體系性研究，中文文獻參閱陳春生，司法院大法官解
釋中關於制度性保障概念意涵之探討，收錄於：李建良、簡資修主編，憲法解釋之理論與實
務（第二輯），2000年，273頁以下。

賦予與保障仍可部分的以學術自由權的制度性保障爲依據。

　　大法官在釋字第450號解釋中認爲：「**大學自治屬於憲法第十一條講學自由之保障範圍，舉凡教學、學習自由有關之重要事項，均屬大學自治之項目。**」強調學術自由包含作爲制度性保障的大學自治，此號解釋在概念的使用上較清楚與正確。質言之，講學自由即是學術自由，並具有兩個面向的保障，作爲主觀權利，即在保障人民的研究自由、教學自由及學習自由[21]等事項，所保障的對象尤其是指在大學中從事學術研究與教學者（大學教師）；在客觀面向上，則構成學術自由的制度性保障，亦即大學自治。

　　在大法官釋字第563號解釋中，大法官除了重申上述兩號解釋的法律見解：「**憲法第十一條之講學自由賦予大學教學、研究與學習之自由，並於直接關涉教學、研究之學術事項，享有自治權。國家對於大學之監督，依憲法第一百六十二條規定，應以法律爲之，惟仍應符合大學自治之原則。是立法機關不得任意以法律強制大學設置特定之單位，致侵害大學之內部組織自主權；行政機關亦不得以命令干預大學教學之內容及課程之訂定，而妨礙教學、研究之自由，立法及行政措施之規範密度，於大學自治範圍內，均應受適度之限制。**」之外，更進一步在兩方面闡明大學自治的內涵，首先是大學得自訂取得學位資格的條件，大法官認爲「**大學自治既受憲法制度性保障，則大學爲確保學位之授予具備一定之水準，自得於合理及必要之範圍內，訂定**

---

[21] 「學習自由」是否應包含在學術自由當中，並非毫無疑義，國內學者有認爲並不包含，而應另外找尋其於憲法中之依據（陳愛娥，退學處分、大學自治與法律保留，台灣本土法學雜誌，27期，2001年10月，83-84頁），亦有學者強調大學生作爲大學的構成員之地位，認爲應包含之（周志宏，內在精神自由，收錄於：許志雄等合著，現代憲法論，二版，2000年9月，121頁）。

有關取得學位之資格條件」。其次是將大學生退學的規定亦納入大學
自治的範圍，大法官認為即使大學法並未規定有關大學生的退學事
項，但是「**為維持學術品質，健全學生人格發展，大學有考核學生學
業與品行之權責，其依規定程序訂定有關章則，使成績未符一定標準
或品行有重大偏差之學生予以退學處分，亦屬大學自治之範疇**」。大
法官在此承認，對於大學生退學相關事項，「大學於合理範圍內仍享
有自主權」，對於何謂「合理範圍」，僅於解釋文最後簡單提到「有
關章則之訂定及執行自應遵守正當程序，其內容並應合理妥適」。

　　此號解釋雖然是大法官首度針對「退學是否屬於大學自治的範
疇？」的憲法爭議，所為的發言，但是與其說真正釐清或解決了爭
議，還不如說掩飾了問題的所在。在本號解釋中，雖然大法官在解釋
理由書中毫不迴避的認定，「**為實現大學教育之宗旨（研究學術、培
育人才、提升文化、服務社會、促進國家發展），有關學生之學業成
績及品行表現，大學有考核之權責，其依規定程序訂定章則，使成績
未符一定標準或品行有重大偏差之學生予以退學處分，屬大學自治
之範疇**」，但是可疑的是，在此論證脈絡中，大法官不但廣義解釋
大學教育宗旨為「研究學術、培育人才、提升文化、服務社會、促
進國家發展」，還過度提升其地位，造成一個印象，似乎只要是片面
的為了實現其宗旨之一，大學即可以依據對大學生「成績」或「品
行」的考核，予以退學處分。雖然另一方面，大法官又在解釋理由書
的最後一段之中，強調「學生之學習權及受教育權，國家應予保障
（教育基本法第八條第二項）」與「大學對學生所為退學或類此之處
分，足以改變其學生身分及受教育之權利，關係學生權益甚鉅（本院
釋字第三八二號解釋參照）」，因此要求「大學依其章則對學生施以
退學處分者，有關退學事由及相關內容之規定自應合理妥適，其訂定

及執行並應踐履正當程序」。但是，僅僅指出大學在相關章則訂定及學生申訴時，應遵守當時大學法第17條第1項：「**大學爲增進教育效果，應由經選舉產生之學生代表出席校務會議，並出席與其學業、生活及訂定獎懲有關規章之會議。**」同條第2項：「**大學應保障並輔導學生成立自治團體，處理學生在校學習、生活與權益有關事項；並建立學生申訴制度，以保障學生權益。**」是否能滿足「正當程序」與內容的「合理妥適」的要求，值得懷疑。此外，值得注意的是，當釋字第382號解釋將退學處分視爲「對人民憲法上受教育之權利有重大影響」時，本號解釋在解釋理由書中卻用括號的方式：「學生之學習權及受教育權，國家應予保障（教育基本法第八條第二項）。」悄悄將此等權利降級爲法律層次的權利，因此大法官就可以不正面援用憲法第23條的規定，而只是要求退學的規定與執行必須符合「正當程序」與內容的「合理妥適」兩項標準。

　　此種不去適用憲法第23條規定的做法，也可以從另外的段落見其端倪，大法官在解釋文中指出：「**大學自治既受憲法制度性保障，則大學爲確保學位之授予具備一定之水準，自得於合理及必要之範圍內，訂定有關取得學位之資格條件。**」其實，認爲制定畢業條件屬於大學自治的範疇，固有其道理，但是接下來說因爲「**資格考試之訂定，未逾越大學自治之範疇**」，所以「**不生憲法第二十三條之適用問題**」，就非毫無疑義了，因爲這樣的論斷預設了，只要是屬於大學自治的範疇，就沒有憲法第23條的適用，其實是在基本權利所保障的利益彼此衝突時，全面的偏向其中之一方，就好像假裝基本權利的衝突不存在，基本權利就眞的不衝突了一樣，因此掩飾了眞正的爭議問題：當大學自治與大學生的基本權利產生衝突時，要如何解決？至此，大法官解釋的發展竟然是，連解決衝突問題的形式架構「法律保

留原則」也打算放棄了。

二、「防禦式的大學自治」與國家權力

（一）大學自治與行政監督

　　大學自治作為制度性保障，即在保障大學作為一種制度的自治權，以對抗國家的不當干涉，如同釋字第380號所言，其**「範圍，應包含直接涉及研究與教學之學術重要事項。大學課程如何訂定，大學法未定有明文，然因直接與教學、學習自由相關，亦屬學術之重要事項，為大學自治之範圍」**，國家（公權力）對於大學之監督，**「應於法律規定範圍內為之，並須符合憲法第二十三條規定之法律保留原則」**，這是指行政權（教育部）對於大學的監督，不僅要在法律規定的範圍內為之，而且必須符合「法律保留原則」，當時教育部所制頒的行政命令「大學法施行細則」，在缺乏「大學法」授權下卻規定大學共同必修科目以及修習該等科目不及格不得畢業，即因違反「法律保留原則」而被大法官宣告為違憲。

　　於此，大學自治雖名為「制度性保障」，卻儼然像是大學作為主體對抗國家干涉的「防禦權」，不過這個類比的思考應注意兩個限制條件，首先是目前我國的大學，公立大學屬於行政機關，並非基本權主體；私立大學則係財團法人，只有在可資適用於法人的基本權上，私立大學才有可能具備基本權主體的地位，也才有依據「司法院大法官審理案件法」第5條第1項第2款聲請大法官解釋的可能，在比較憲法的學理上，這個聲請解釋的程序類似德國聯邦憲法法院審理程序中

的「憲法訴願」（Verfassungsbeschwerde）[22]，倘若公立大學，如同當時教育部高教司所公布之「大學法」草案所規定，被改制為「行政法人」，是否可依據該法第5條第1項第2款聲請解釋，則有待進一步探究。第二個限制是，「制度性保障」畢竟是屬於基本權的客觀面向，所針對的是特定社會制度的存續與發展，即使大學具有基本權主體的地位，是否可將其視為主觀權利（尤其是防禦權）而直接以其受侵害作為聲請解釋依據，亦非毫無疑義[23]。

（二）大學自治與立法者對於大學制度的形成自由

在大學自治與立法權的關係上，釋字第450號解釋則認為：「**國家對大學之監督除應以法律明定外，其訂定亦應符合大學自治之原則，業經本院釋字第三八○號解釋釋示在案。大學於上開教學研究相關之範圍內，就其內部組織亦應享有相當程度之自主組織權。**」所以除了行政權的監督之外，立法權欲對大學進行監督，亦須符合尊重憲法所保障的大學自治原則，而且不得侵犯大學內部組織所應享有的自治組織權，否則恐有違憲之虞，當時的「大學法」第11條第1項第6款及同法施行細則第9條第3項，即因不尊重大學的自治組織權，強迫大學必須設置軍訓室並配置人員，負責軍訓及護理課程之規劃與教學，所以被宣告違憲。

因此大學自治作為制度性保障的意義，重點在於對抗國家不當侵

---

[22] 至於釋字第380號解釋的聲請，所依據的是司法院大法官審理案件法第5條第1項第3款：「依立法委員現有總額三分之一以上之聲請，就其行使職權，適用憲法發生疑義。」之規定的程序。

[23] 這也涉及基本權客觀面向的「主觀化」（Subjektivierung）或「再主觀化」（Re-subjektivierung）的問題，中文文獻參閱張嘉尹，同註18，57頁以下的討論。

害其自治權，倘使國家欲對大學進行監督，在行政權必須要有法律授權，在立法權則不能違背大學自治的原則，不得侵害其自治組織權。所以，大學不僅如大學法第1條所規定的「在法律規定範圍內享有自治權」，由於大學自治是憲法層次的制度性保障，所以其內容並非僅限於立法形成的範圍，反而是大學自治的核心領域也會構成立法者形成自由的憲法界限，立法權不得對其有不當的侵害。質言之，大學的自治權在法律層面固然來自大學法及相關法律的授權，但是在憲法層面則來自於學術自由權的制度性解釋——大學自治，因此大學自治在此具有雙重意義，一方面可用來對抗行政權與立法權的違法或不當侵害，另一方面，又因其相對於學術自由權的保障僅具有手段的地位，所以大學自治不得反而阻礙學術自由權的實現。

　　因此，大學自治可能受到兩方面的限制，一方面受到法律的限制，另一方面則受到作為大學自治目的之學術自由權的限制[24]。此見諸釋字第380號解釋理由書：「**首先表現於研究之自由與教學之自由，其保障範圍並應延伸至其他重要學術活動，舉凡與探討學問，發現真理有關者，諸如研究動機之形成，計畫之提出，研究人員之組成，預算籌措分配，研究成果之發表，非但應受保障並得分享社會資源之供應。研究以外屬於教學與學習範疇之事項，諸如課程設計、科目訂定、講授內容、學力評定、考試規則、學生選擇科系與課程之自由，以及學生自治等亦在保障之列。除此之外，大學內部組織、教師聘任及資格評量，亦為大學之自治權限，尤應杜絕外來之不當干涉。**」所以根據大法官的看法，凡是屬於研究、教學與學習範疇的事項，皆屬於大學自治的範圍。

---

[24] 相似見解，參閱李惠宗，同註10，30頁。

此外，即使在法律層次作爲大學自治授權基礎的「大學法」等法律規定，亦受到憲法層次制度性保障之大學自治的限制，對此，釋字第450號解釋理由書亦有提及：「**舉凡教學、學習自由、講授內容、學生選擇科系與課程自由等均屬大學自治之項目……大學於上開教學研究相關之範疇內，就其內部組織亦應享有相當程度之自主組織權，如大學認無須開設某種課程，而法令仍強制規定應設置與該課程相關之規劃及教學單位，即與憲法保障學術自由及大學自治之意旨不符。**」「**大學法……所列教務處、學生事務處、總務處、圖書館爲支援大學教學及研究所必要，第七款至第九款之秘書室、人事室、會計室爲協助大學行政之輔助單位，該法定爲大學應設之內部組織，與憲法保障大學自治之意旨尚無牴觸。**」所以「大學法」亦不應干涉屬於大學自治範圍的課程自由，當然，大法官也認爲，如果組織架構的規定可以正面的與教學、研究自由取得聯繫，或是有輔助大學行政的功能，則此規定並不牴觸大學自治，其理由應該還是在於有助於學術自由的實現，而與憲法第11條的目標相一致。所以，立法者對於大學的組織雖然也享有某程度的形成自由，但是對於大學的建構卻不得違背憲法第11條保障學術自由的目的。

目前爲止所討論的，都是作爲制度性保障的大學自治如何對抗來自國家的不當干涉的一面，屬於作爲一體的大學對外關係的釐清，但是大學自治的意涵並未因此而被窮盡，因爲只有在對抗國家的侵害時，才暫時在法律上將大學擬制爲一體，但是在探討對內關係時，則必須擺脫這種具有案型針對性的假設，因爲大學的內部關係，例如大學與大學教授、大學與大學生之間的關係，常常會具有某種程度的緊張或是衝突性，尤其是當我們考慮到大學生所應享有憲法上與法律上的權利時，大學與大學生之間的緊張關係更是爭議聚焦之處。於此，

基本權的解釋上應注意的是，屬於基本權客觀面向的制度性保障之所以具有正當性（justification）或可被證成（begründen），主要在於該面向的導出可以加強基本權保護法益的實現[25]，因此大學自治作為學術自由權的制度性保障，僅具有手段的地位，所以大學在研究、教學與學習等事項雖具有自治權，卻不得因為自治權的不當行使，反而造成學術自由權的侵害[26]，也不得不當影響大學生的學習自由權或其他基本權利。

三、大學生的基本權利與「干預式的大學自治」

（一）大學生學習自由權與／或受教育權的討論

　　人民接受大學教育的權利是否憲法所保障的基本權利？在學理上並非毫無爭議，在思考上必須能夠先在憲法中找到依據，方能主張人民享有這樣的基本權利。且就「特別權力關係」的思考架構而言，大學可否僅依據大學法施行細則或直接依據大學自治（權），制定規範「退學處分」的大學學則或學生獎懲辦法，而不必有法律授權；在涉及是否適用憲法第23條「法律保留原則」的問題上，也是以人民是否享有憲法上所保障的大學受教育權為其前提。但是人民真的享有此權利嗎？其性質又是如何？

　　關於此問題的回答在我國憲法學界可分成兩種見解。否定說之一

---

[25] 關於基本權客觀面向的正當化問題，中文文獻參閱張嘉尹，論「價值秩序」作為憲法學的基本概念，臺大法學論叢，30卷5期，2000年9月，11頁以下。張嘉尹，同註18，62頁以下。

[26] 相似見解，參閱李惠宗，從學術自由及大學自治行政權論大學退學制度之合憲性——台北高等行政法院八十九年度訴字第一八三三號及八十九年度訴字第二三一一號判決評釋，台灣本土法學雜誌，32期，2002年3月，33、37頁。李惠宗，同註10，28頁以下。

認為，憲法第11條的學術自由僅保障從事學術研究與教學的自由，至於學習自由則應另外尋找依據，例如德國憲法學上，大學生的學習自由（Lernfreiheit）即是由職業自由（Berufsfreiheit）── 德國基本法第12條第1項第一句的規定「所有德國人民皆享有選擇職業、工作場所與職業教育場所之自由」── 所導出[27]，但在我國由於憲法第15條並未帶有附給付請求權性質的文句，所以不易由該條導出，因此否定國民教育之外，人民享有一般性的，受憲法保障的「受教育之權利」[28]。此見解反對由工作權導出學習自由固有其道理，但是將「學術自由」狹義的定義為不包含學習自由，則似乎低估大學生（包含碩士班與博士班的研究生）對於學術研究的可能貢獻。

（二）學習自由的行使對於實現學術自由的可能貢獻

碩士生與博士生論文與專題研究報告的寫作，固屬於學術研究的一環，即使是大學生的課程參與，亦可使大學教師獲得教學相長的效果，對於學術研究亦有一定程度的貢獻，因此將學習自由完全排除在學術自由之外，有待商榷。此外，將學習自由與受教育權相提並論，並認為學習自由應以請求權的性質為其核心，似乎忽略兩者具有不同內涵的可能性，然而二者的區別不只是專門術語的選擇問題，還涉及實質內容的差異。如果區分二者的話，學習自由比較強調的大學生主動學習，並排除妨礙的「防禦權」面向，受教育權則是經由大學教

---

[27] Thomas Oppermann, Freiheit von Forschung und Lehre, in: Josef Isensee/Paul Kirchhof (Hrsg.), Hand-buch des Staatsrechts der Bundesrepublik Deutschland, Bd. VI, 1989, S. 816, 841 f.

[28] 例如陳愛娥，同註20，83頁以下。

師之協助而被動接受教育的權利[29]，比較強調其「原始給付請求權」
（originäre Teilhaberechte）的面向。

　　否定說之二則先區分學習權與受教育權，但是認為即使可以由
憲法第11條的講學自由導出大學生的學習自由，但是學習自由（或
學習權）基本上乃是防禦權性質的權利，固然可以用來對抗外來的侵
害，然而不應該從此權利導出具有給付請求權（受益權）性質的受
教育權，如果要承認大學生享有受教育權，則必須在憲法上另尋基
礎，然而此說卻反對可以從憲法第22條的基本權利概括條款導出此
權利[30]。本文認為，即使從憲法第22條無法導出具有特定給付內容的
受教育權，例如請求國家或是大學保證能取得大學學位的權利等，也
不一定能夠推論從該條無法導出另外一種給付內容的受教育權，例如
一旦取得大學學籍即得以在大學就讀的權利，而後者正是大學「退學
制度」所可能會侵害的權利內容。先承認大學生有類此的受教育權，
才不會對於「退學制度」的爭議──涉及大學自治與受教育權的可能
衝突，一開始即先肯認大學自治的優位，使得問題沒有進一步考慮的
餘地，而保留兩者衝突時如何適當解決的思考空間，而且事實上環繞
著「退學制度」的，在某個面向上的確是不同利益（或法益）之間的
衝突。從大學作為一個類似企業的教育機構的觀點看來，透過「退學
制度」淘汰掉學業成績或是「品行」較差的學生，從而在整體面上表
現出該校大學生素質的提升，的確符合大學的本位利益，例如「校

---

[29] 關於學習權與受教育權的區別嘗試，參閱周志宏，學習權序論──教育基本法學習權規定之
解析，收錄於：翁岳生教授祝壽論文編輯委員會編，當代公法新論──翁岳生教授七秩誕辰
祝壽論文集（上），2002年7月，197頁以下，他將學習權作較廣的定義，包含「學習自由」
與受教育權。亦有學者從比較法觀點將「學習自由」作廣義的解釋，認為包含入學自由、選
課自由、上課自由與積極參與討論及表達意見之自由，參閱董保城，大學生學習自由之研
究，收錄於：教育法與學術自由，1997年5月，194頁以下。

[30] 參閱黃昭元，二一退學制度的憲法爭議，收錄於：新世紀經濟法制之建構與挑戰──廖義男
教授六秩誕辰祝壽論文集，2002年，88頁以下。

譽」、大學的「競爭力」，以及因爲前兩者提升所帶來的各種物質的與非物質的利益；從大學作爲一個履行學術與教育任務的教育機構觀點看來，如何透過將正面學習動機的制度化，來協助其任務的達成，則某種「退學制度」似乎有其正面功效，也是許多大學行政主管所支持的觀點[31]。但是另一方面，大學生在入學之後得以繼續在大學就讀乃至最後取得學位，亦不能否認是其值得保護的重大利益，所以持平之論應該是，先承認此種受教育權的存在可能性，然後才有機會去審視兩者之間的平衡點在哪裡。

　　肯定說則主張，大學生的學習自由權乃憲法所保障的基本權利，惟所依據之憲法條文則各家學說亦有差異，有論者認爲基於第11條的學術自由權[32]，亦有論者採用德國憲法學通說，認爲應該基於職業自由權（即工作權）比較正確[33]，另外也有認爲應基於憲法第22條的基本權利概括保障條款。

---

[31] 最近有不少大學恢復以學業成績爲標準的「退學制度」，其理由不外是自從該校「退學制度」廢除之後，學生上課出席率、期末考缺考率皆大幅提升，因此要恢復「退學制度」以有效遏止此情形。其實大學生之所以缺席或是缺考，原因可能不只一端，重新啓動「退學制度」的做法，除了只片面歸責於學生之外，也將原因簡單的化約於沒有嚴刑峻罰，此種類似「亂世用重典」的觀念是否正確，值得懷疑。此外，就筆者所知，由於退學制度的存在，反而使得評分制度受到扭曲，因爲授課教師對於學生成績的評定，原本可以單純基於教育考量，「不及格」僅意味著該學生必須再度修課學習的評價，這樣的評價結果卻被連結到「剝奪學籍」的後果，因此爲了學生的前途，授課教師不得不苦心的考量其評價的後果，這當然就會影響評分制度的原本設計。

[32] 周志宏，同註20，121頁；周志宏，社會權，收錄於：許志雄等合著，現代憲法論，二版，2000年9月，190頁。他認爲，至於大學生以外，其他國民的學習自由則是以憲法第22條爲依據，參閱周志宏，接受大學教育是人民憲法上的權利？，月旦法學，78期，2001年11月，9頁。法治斌，獨立於大法官解釋外之司法審查──評台北高等行政法院八十九年度訴字第一八三三號判決，台灣本土法學雜誌，29期，2001年12月，49頁以下，惟他認爲「二一退學案件」並非學習自由當然適用之對象。

[33] 李建良，論學術自由與大學自治之憲法保障，收錄於：憲法理論與實踐，1999年，172-173頁。

　　筆者認為，在區分學習自由（權）與受教育權的前提之下，前者如同大法官所做的釋字第380號解釋，可以立基於憲法第11條所保障的講學自由（學術自由），後者則可建立在憲法第22條的基礎上，而不必如同德國憲法學所主張，將學習自由與職業自由作必要的聯結，其主要理由在於我國與德國進入職業市場的條件並不相同，因為德國是嚴格實施證照制度的國家，在欠缺學歷證明的情況下，難以行使職業自由權，而且許多大學科系的畢業條件即是最後的國家考試，凡此種種情形在我國難以相提並論，因此即使大學教育是職業的「預備工作」，在解釋我國憲法時，是否要將學習自由與職業自由作聯結，而主張大學中的學習自由是「選擇職業教育場所的自由」[34]，仍尚有疑義。

　　由於大法官在釋字第380號解釋提及：「**憲法第十一條關於講學自由之規定，係對學術自由之制度性保障；就大學教育而言，應包含研究自由、教學自由及學習自由等事項。**」將大學生學習自由的憲法基礎歸於第11條的學術自由，並將之歸屬於學術自由權的制度性保障事項，因此有論者認為，雖然大法官在解釋文中承認學習自由屬於學術自由的內涵之一，但不免與大學自治作為制度性保障的意義有所扞格，因此應該是強調學習自由屬於大學自治事項，而非賦予大學生學習自由或「受教育之權利」[35]。此見解固有所據，所以大法官才會說「**學術自由之保障，應自大學組織及其他建制方面，加以確保，亦即為制度性之保障。為保障大學之學術自由，應承認大學自治之制度，對於研究、教學及學習等活動，擔保其不受不當之干涉，使大學**

---

[34] 李建良，大學自治、受大學教育權與法律保留原則——「二一退學制度」合憲性的探討，台灣本土法學雜誌，29期，2001年12月，38頁。
[35] 陳愛娥，同註20，84頁。

享有組織經營之自治權能，個人享有學術自由」，然而，是否因爲學習自由作爲學術自由之制度性保障內涵[36]，而制度性保障的涵義爲保障大學作爲憲法上重要的制度，其自治權不受國家不當侵害，主要是基本權客觀法面向的保障，即不能再導出主觀權利，涉及基本權客觀面向的「主觀化」（Subjektivierung）問題，有待釐清[37]。

筆者認爲，在肯定大學生學習自由的行使有助於學術自由實現的前提下，並沒有十分充分的理由主張一定要採取客觀法的保障模式，而反對將其視爲學術自由權所保障的內涵之一。當然，即使教學自由與學習自由是必然並存的[38]，但是與大學教師的學術研究與教學自由相較之下，大學生的學習自由原則上並不具有優先的地位。如果學習自由只是大學自治範圍內，爲保障教師之教學自由所導出之內涵，則無從對抗教學自由，但是學習自由的部分內涵卻有可能直接從大學生的學術自由權導出，如此一來，就會成爲大學生與大學教師同樣擁有的學術自由權之間的衝突，因爲大學教師固然是從事學術研究的基本權主體，大學生以及研究生在從事學術研究時，亦是受到學術自由權保障的基本權主體，兩者之間的衝突屬於基本權的衝突，大學教師的學術自由權是否居於優位，端視具體案例中所涉及的事項以及價值衡量而定。

---

[36] 於此還可以區分學習自由權與對於學習自由的制度性保障，前者是作爲主觀權利的基本權，後者是基本權的客觀面向，國內學界亦有作此區分者，參閱李惠宗，同註10，26頁以下。

[37] Alexy曾經提出「主觀化論點」（Subjektivierungsthese），以「基本權個人主義」（Grundrechtsindividualismus）與「基本權極佳化」（Grundrechtsoptimierung）爲理由，主張「基本權客觀法內涵」有利於主觀面向的推定（Vermutumg zugunsten der subjektiven Dimension），亦即任何人只要主張基本權規範具有純客觀性質，即負擔論證義務，參閱 Robert Alexy, Grundrechte als subjektive Rechteund als objektive Normen, in: ders., Recht, Vernunft, Diskurs. Studien zur Rechtsphilosophie, 1995, S. 277.國內學者李建良教授與陳愛娥教授皆對Alexy此論點持批判態度，惟筆者持肯定見解，相關討論參閱張嘉尹，同註19，57頁以下。

[38] 有學者稱之爲「一體兩面」，參閱李建良，同註33，37頁。

　　此外，由於大學自治的目的是為了保障個人學術自由[39]，雖然根據大法官的看法，學習自由是大學自治的一環，但是如果從學習自由作為學術自由權的內涵之一來看，除了以外來的（大學之外的）公權力侵害為其防禦對象之外，也有可能以大學之內的公權力行使為防禦對象，如此一來就不能再主張，由於學習自由屬於大學自治的一環，所以無從對抗大學自治了。當然到底學習自由可以對抗大學自治或是教學自由的哪一部分，端視具體個案而定。所以要主張大學生有可以據以對抗教學自由或是大學自治的基本權利，無須另尋根據，不必從大學生的受教育權是憲法所保障的基本權利為前提出發。質言之，學習自由權與受教育權的憲法依據與權利性質皆有差異，各有其要應付的問題。

　　綜言之，本文認為基於受教育權的給付請求權性質，無法將其與憲法第11條講學自由的衍生內容「學習自由」相提並論，而且基於我國與德國證照制度的規範密度差異很大，也無法藉由憲法第15條的工作權導出受教育權，因此憲法第22條的基本權利概括條款，就成為大學生受教育權在解釋上的唯一可能依據。

（三）必要的緊張關係——大學生的基本權利與大學自治的衝突

　　承認大學生的學習自由或是「受教育之權利」乃憲法所保障之基本權利，一旦發生該權利與學術自由權衝突時，尤其是與大學自治相衝突時，該如何解決，就成為值得探討的問題。因為一方面大學自治是保障大學對抗國家侵害的制度性保障，另一方面大學關於學籍等方面的措施又是公權力行使，具有行政處分的特質，倘若大學生的學習

---

[39] 類似見解，參閱陳愛娥，同註20，87頁。

自由屬於基本權利，則可以作爲防禦權對抗其不當侵害。其中值得注意的是，倘使大學生學生資格的得喪變更屬於大學自治權的範圍，則國家無論在立法或是行政方面，皆應該尊重其自主權，但是學生身分的創設、變更與喪失，尤其是學校對學生的入學許可、學位的授予、退學、開除學籍等處分，根據釋字第382號解釋，屬於特別權力關係中涉及「基礎關係」的措施，卻又是公權力的行使，根據憲法第23條的規定，又必須適用「法律保留原則」，但這意味著又需要國家立法權的介入才有正當化的可能，因此是否需要法律依據，似乎在思考上陷於一個兩難的困境，這是「法律保留原則」運用於「基礎關係」時所必須面對的。

如果要貫徹「法律保留原則」，則各大學有關學生資格的喪失的規定（大學學則或是學生獎懲辦法），就需要「大學法」的授權，而不能僅根據教育部所頒布的「大學法施行細則」。此時或有質疑，認爲根據大法官解釋，基於大學自治的制度性保障，教育部都不得設定「共同必修科目」作爲限制畢業的條件，大學法也不得強制大學設立軍訓室，那麼爲何關於學生學籍的剝奪，必須要有法律授權？這不就意味著國家權力侵入大學自治領域嗎？本文認爲此疑慮不易站得住腳，解決的關鍵是回到憲法第11條學術自由的規範目的，如果大學自治作爲制度性保障，是用來保障學術研究與教學的自由，則大學自治的範圍應該與此二者之保障相關聯，越是與此二者有關的越應該排除國家的侵害，然而這也沒有排除國家對大學的監督。具體言之，學生資格的得喪變更與研究或是教學自由的關聯並不緊密，卻與大學生的學習自由緊密關聯，處在大學自治的邊緣地帶，與基本權利密切相關的「法律保留原則」就更有適用的理由。而且，無論是公立大學還是私立大學，以其目前在我國的組織形式而言，都無法與作爲公法人

的德國大學相提並論，所以大學的「自治行政權」與「自治立法權」
的範圍也無法與其相提並論。

更何況，在我國公立大學的性質屬於國家行政機關，私立大學雖
然以私法財團法人的方式設立，但是在授課與教育方面卻是依「私立
學校法」的規定受委託行使公權力，在實施教育的範圍內，可以行使
錄取學生、確定學籍、獎懲學生、核發畢業或學位證書等權力，所以
由法律來規定學生資格得喪變更的條件，對大學自治的侵害遠比想像
的低，除非將大學自治與學術自由脫鉤，並擴大其範圍，但是這在前
提上就有問題[40]。

退一步言，即使承認我國大學有類比於具公法人性質之德國大學
的可能性，而從大學的「自治立法權」角度切入，亦無法毫無保留的
主張，僅依自治團體所制定的規章即可限制屬於自治團體成員之一學
生的基本權利，而無須法律的授權。在德國，地方自治或大學自治，
其自治領域雖然無法免於法律保留，雖然立法者亦不得對於自治事項
的規範密度亦不得過高，使自治立法權毫無空間[41]。在我國，則根據
釋字第38號解釋的精神亦可推論，自治團體所制定的自治規章倘若
限制其成員基本權利時，亦應有憲法或是法律依據。況且在我國的大
學內部，雖然大學生在法律上可以定位為大學主體之一[42]，而且學生

---

[40] 即使承認此類事項適用「法律保留原則」，高等行政法院的觀點亦不一定會成立，因為這涉
及對大學法第23條與第25條的解釋，如果如同89年判字3559號判決所示，將畢業制度與退學
制度相互結合，則有可能導出未違背法律保留原則的結論。關於此問題以及所涉及之「授權
明確性原則」以及「再授權禁止原則」的討論，參閱林明鏘，大學自治與法律保留，月旦法
學，77期，2001年10月，167頁以下。

[41] 參閱許宗力，同註1，204-205頁。

[42] 根據「大學法」的規定，大學生與大學教師、研究人員、職員同具大學自治主體的法律地
位，應無疑問。大學法（舊）第13條規定：「大學設校務會議，為校務最高決策會議，議決
校務重大事項，以校長、副校長、教師代表、學術與行政主管、研究人員代表、職員代表、

代表可以出席校務會議，但是由於代表人數過少，而且對於校務會議
的決議多不具影響力，所以也很難從大學與其成員的關係方面，亦即
從「自治立法權」的行使，來正當化對於學生學籍的剝奪[43]。

　　上述觀點雖然支持「法律保留原則」適用的可能性，但是應該強
調的是，比較重要的仍是基本權利保障的脈絡，於此，「法律保留原
則」的適用不應僅意味著國家立法權對於大學自治的介入可能，而是
透過立法程序，讓相關事項的決定可以有比較周詳考慮，倘使立法者
的決定並不適當，仍然可以審查基本權利是否受到侵害，所以「法律
保留原則」的採行必須脫離形式主義式的運用，才不會本末倒置，如
果教育部只是爲了解決法律的爭議，而在大學法草案當中明文授權大
學可以採取退學制度，則是採取無視於眞正問題的規避做法，也失去
審視問題環節的機會。而且在目前通行的基本權審查架構下，即使符
合「法律保留原則」，也要接受「比例原則」的檢驗，各種退學制度
能否符合「比例原則」，其實是相當有疑問的。

學生代表及其他有關人員代表組織之。」（類似規定：現行大學法第15條）此外，第17條第
1項（舊）並規定：「大學爲增進教育效果，應由經選舉產生之學生代表出席校務會議，並
出席與其學業、生活及訂定獎懲有關規章之會議。」（類似規定：現行大學法第33條）爲了
保障學生代表參與校務會議的權利，同條第3項（舊）並規定，其辦法由各大學組織規程訂
定之，而各大學組織規程是各大學根據大學法（舊）第8條授權所制定的行政命令（法規命
令），具有拘束性。大學生既是大學校務最高決策會議的代表之一，自應屬於大學自治的主
體。此外，從「教育基本法」第2條的規定：「人民爲教育權之主體。」以及第15條的規定：
「教師專業自主權及學生學習權遭受學校或主管教育行政機關不當或違法之侵害時，政府應
依法令提供當事人或其法定代理人有效及公平救濟之管道。」更可以作爲大學生爲大學主體
的理由。如果是舊大學法則難以做相似的解釋，舊大學法（中華民國71年7月30日總統義字第
438號令修正公布）第22條的規定中，校務會議的成員則不包括大學生，其條文內容爲：「大
學設校務會議，以校長、教務長、訓導長、總務長、各學院院長、各研究所所長、各學系主
任、教授代表、圖書館館長、軍訓總教官及其他單位主管組織之，校長爲主席。教授代表之
人數，不得少於前項其他人員之總數。」
43 國內亦有學者持相似見解，參閱李建良，同註33，45頁以下。

　　在被認為是「經營關係」的部分，釋字第382號解釋理由書認為，「**如學生所受處分係為維持學校秩序、實現教育目的所必要，且未侵害其受教育之權利者（例如記過、申誡等處分），除循學校內部申訴途徑謀求救濟外，尚無許其提起行政爭訟之餘地**」，其實在大學生與大學的關係上，更應該注意到大學自治作為手段而與學術自由所具有的目的關聯性，在有助於實現學術自由的相關措施上，尤其是在大法官所強調的「為維持學校秩序、實現教育目的所必要」的事項上，比較容易正當化屬於所謂「經營關係」的觀點，如果此類「內部」措施對於大學生基本權利的干預非常輕微，則亦沒有必要適用「法律保留原則」[44]。

　　有學者主張，並非所有涉及「經營關係」皆無法進行行政救濟，認為不應以「是否改變學生身分關係」，而應以「是否侵害學生個人的人格自由開展」為劃分標準[45]，本文認為這個觀點可以推而廣之，因為所可能涉及的並不只是大學生人格權的開展，其他的基本權利亦可能受到限制，從這個角度觀察，可以省思的例如：操性成績的必要性？生活管理的範圍與方式？是否可以要求學生穿制服？此處可討論的是大學裡「為維持學校秩序、實現教育目的所必要」的意義何在？當然，對此問題的討論亦應先區分所涉及的是公立大學還是私立大學，私立大學與大學生之間的「在學關係」，除了在與學籍的得喪變更的相關事務上，可能具有公法關係的性質之外，在其他方面應該具有私法契約關係的性質，或可詮釋為「在學關係契約」，包含大學學則與學生獎懲辦法在內的各項校規，亦有可能解釋為契約內容的一

---

[44] 關於「輕微干預」（Bagatelleingriffe）的討論，參閱許宗力，同註1，208頁。

[45] 許育典，在學關係之法律性質，收錄於：台灣行政法學會主編，行政法爭議問題研究（下），2000年，1356頁。

部分[46]，而沒有必要一定要以公法上的概念來定性，當然這不意味就讀於私立大學的大學生，在其基本權利的保障上有所減損，因為透過「基本權的第三人效力」（Drittwirkung der Grundrechte），如果「在學關係契約」發生爭議，大學生的基本權利可以透過民法的概括條款，例如第72條「公序良俗」，間接的發揮其影響力。

肆、結語

本文從「在學關係」法律定位的詮釋架構著手，指出並分析在「特別權力關係」理論典範的主宰下，大學生與大學發生爭議時所可能出現的法律爭議型態及其解決模式，亦即僅能透過「特別權力關係」邊界的重新劃定來解決問題，「法律保留原則」於此並成為衝突解決的形式架構。本文並進一步指出，此法律釋義學（rechtsdogmatisch）思考形式外，在憲法層面上的可能出現的衝突架構，說明當作為「制度性保障」的大學自治成為思考主軸之一的條件下，會產生「防禦式」與「干預式」的兩個面向，尤其在大學「在學關係」的處理上，大學自治的「干預式」內涵與大學生的基本權利之間必然會產生緊張關係，而且此緊張關係並不侷限於涉及大學生學籍的受教育權或學習自由權問題上，也涉及大學生其他的基本權利，因此在思考上，除了必須突破相應於「基礎關係」／「經營關係」區分而在法律效果上的區分，且應更細緻分析所涉事態的具體衝突結構──法益衝突的具體型態，此外，也可以此為突破點，考慮是否應

---

[46] 關於私立學校與學生的在學關係，參閱許育典，同註44，1357頁以下。

該區分公立大學與私立大學在法律定位上的差異，進一步限縮既存「特別權力關係」理論的適用範圍。

伍、後記

本文寫作完成並發表（2003年）之後，司法院針對學生與學校之間的「特別權力關係」，做出釋字第684號解釋與釋字第784號解釋。其中，釋字第684號解釋（2011年1月17日公布）幾近完全突破「特別權力關係」的法律見解：「**大學為實現研究學術及培育人才之教育目的或維持學校秩序，對學生所為行政處分或其他公權力措施，如侵害學生受教育權或其他基本權利，即使非屬退學或類此之處分，本於憲法第十六條有權利即有救濟之意旨，仍應許權利受侵害之學生提起行政爭訟，無特別限制之必要。在此範圍內，本院釋字第三八二號解釋應予變更。**」不再區分「基礎關係」與「經營關係」，大法官認為只要大學所為的行政處分或其他公權力措施，侵害大學生的受教育權或其他基本權利，皆有權利救濟，皆可提起行政爭訟。為本號解釋的聲請人皆為大學生，因此本號解釋亦僅針對大學生與大學的「特別權力關係」而為解釋，留下的疑義是，本號解釋是否也適用於大學以下各級學校與其學生之間的關係。釋字第784號解釋（2019年10月25日）則針對此疑義予以解答：「**本於憲法第十六條保障人民訴訟權之意旨，各級學校學生認其權利因學校之教育或管理等公權力措施而遭受侵害時，即使非屬退學或類此之處分，亦得按相關措施之性質，依法提起相應之行政爭訟程序以為救濟，無特別限制之必要。於此範圍內，本院釋字第三八二號解釋應予變更。**」本號解釋完全瓦解

了學生與學校之間的「特別權力關係」，只要事涉學生權利受學校公權力措施的侵害，皆可依該措施之性質，依法提起相應的行政爭訟予以救濟。

原文出處：張嘉尹，大學「在學關係」的法律定位及其憲法基礎的反省，台灣本土法學雜誌，51期，2003年9月，3-23頁。

CHAPTER

9

防衛性民主的幽靈
—— 檢討大法官釋字第644號解釋

壹、前言

1998年，大法官在釋字第445號解釋宣告當時的集會遊行法第11條規定違憲，其中第1款之所以違憲，是因為將同法第4條所規定之，集會遊行不得主張共產主義或分裂國土，當作不許可室外集會遊行的要件，大法官認為，該款規定：「**使主管機關於許可集會、遊行以前，得就人民政治上之言論而為審查，與憲法保障表現自由之意旨有違。**」可惜的是，大法官雖然已經擴張審查標的，卻僅及於第11條，而未及於作為第11條第1款適用前提，並對於言論自由有極大箝制作用的第4條，因此並未宣告其違憲。

相隔十年，大法官在釋字第644號解釋，宣告人民團體法第53條前段與第2條規定相關部分違憲。無獨有偶，該法第53條前段亦將箝制言論自由的第2條規定：「**人民團體之組織與活動，不得主張共產主義，或主張分裂國土。**」規定為不許可設立人民團體的要件，大法官認為，該條前項規定：「授權主管機關於許可設立人民團體以前，先就言論之內容為實質之審查……顯然逾越憲法第23條所定之必要範圍，與憲法保障人民結社自由與言論自由之意旨不符。」因此宣告其違憲失效。令人扼腕的是，雖然聲請違憲審查的標的是人民團體法第2條，而且大法官還將審查對象擴張到第53條前段，但是大法官只對這兩條規定所構成的完全法條[1]（構成要件＋法律效果）加以審查，因此與釋字第455號解釋一樣，沒有宣告直接針對言論內容的第2條違憲。

---

[1] 有關於「完全法條」的討論，參閱Karl Larenz著，陳愛娥譯，法學方法論，1999年7月，149-151頁。

　　集會遊行自由與結社自由同屬廣義的言論自由，甚至可以說是言論自由的延伸，尤其是其中的政治向度——政治性的集會遊行與政治性的結社，對於民主憲政的建置與運作，更具有不可或缺的重要性，因此享有推定的優先保障地位[2]。大法官在釋字第455號解釋中，固然宣告集會遊行法的部分條文違憲，卻維持許可制的合憲性，此外，也沒有利用釋憲機會宣告禁錮政治性言論的第4條違憲，迄今集會遊行法仍爭議重重[3]。在釋字第644號解釋中，大法官不但沒有宣告禁錮言論的第2條違憲，甚至畫蛇添足的引進曾遭釋字第455號解釋否定的「防衛性民主」觀點，暗示人民團體法第53條後段的事後禁止（撤銷許可）規定並不違憲，這不能不說是言論自由與結社自由的一大挫敗[4]。

貳、案件事實

　　本案屬於人民聲請憲法解釋，聲請人於民國87年間以發起人代表身分，向臺北市政府社會局申請籌組社會團體「臺北市『外省人』

---

[2]　類似觀點，參閱許志雄，結社自由與違憲審查，月旦法學雜誌，163期，2008年12月，187頁。

[3]　尤其是2008年中國海協會會長陳雲林來台時，作為主管機關的警察執法過當、甚至違法執勤，引發了社會批評檢討集會遊行法的聲浪，更引起「野草莓學運」。2009年立法院的修法嘗試，雖然想將許可制改為報備制，卻因為配套措施的嚴屬性與壓制性，引起諸多批評。

[4]　釋字第644號解釋理由書提及，「雖然憲法增修條文第五條第五項規定：『政黨之目的或其行為，危害中華民國之存在或自由民主之憲政秩序者為違憲。』惟政黨之組成為結社自由之保障範圍，且組織政黨既無須事前許可，須俟政黨成立後發生其目的或行為危害中華民國之存在或自由民主之憲政秩序者，經憲法法庭做成解散之判決後，始得禁止，現行法律亦未有事前禁止組成政黨之規定。相關機關內政部以集會遊行法第四條與憲法增修條文第五條上開規定相呼應云云，自非可採。」

臺灣獨立促進會」。該局認為係申請籌組政治團體，而以「**支持以和平方式，推動臺灣獨立建國**」為宗旨，與人民團體法第2條規定不符，不准其申請。聲請人不服，提起救濟，均遭駁回，以最高行政法院90年度判字第349號判決所適用的人民團體法第2條規定，侵害憲法第14條、第11條所保障的結社自由、言論自由，聲請解釋憲法。

參、釋字第644號解釋分析

一、違憲審查的對象——限制基本權利的法律

多數意見認為，審查的對象並不侷限於聲請書明指者，並包含確定終局裁判實質上援用為裁判基礎的法律或命令。雖然聲請人僅針對人民團體法第2條聲請釋憲，但是大法官認為，人民團體法第2條屬行為要件之規定，同法第53條前段關於「**申請設立之人民團體有違反第二條……之規定者，不予許可**」之規定部分，始屬法律效果之規定，最高行政法院90年度判字第349號判決維持主管機關的行政處分，實質上已適用前述同法第53條前段部分之規定，由於二者必須合併適用，因此人民團體法第2條與第53條前段部分之規定，皆屬於違憲審查的對象。

二、憲法解釋的標的——受限制的基本權利

多數意見認為，本案中受限制的是憲法第14條的結社自由與第11條的言論自由。雖然乍看之下受到限制是設立政治團體的基本權利，但是以「**主張共產主義，或主張分裂國土**」的言論內容，為不許

可設立人民團體之要件，同時也限制人民言論自由之基本權利。又本案中對於基本權利的限制屬於事前審查。

三、違憲審查的基準──比例原則與審查密度

多數意見認為，結社自由受法律保障與限制的程度，會隨其對於個人、社會或民主憲政制度的不同意義而有所差異。由於結社自由的保障，是以設立自由為基礎，設立管制對結社自由的限制在程度上最為嚴重，所以相關法律是否符合憲法第23條的比例原則，應就各項法定許可與不許可設立之法定要件做嚴格審查。

四、解釋文暨解釋理由書

（一）主文：人民團體法第2條及第53條前段之規定部分與憲法保障人民結社自由與言論自由的意旨不符，應自本解釋公布之日起失其效力。於此應注意的是，釋字第644號解釋並沒有宣告「人民團體法第2條」本身違憲，而是宣告「人民團體法第2條及第53條前段」所構成的完整法條（構成要件＋法律效果）違憲。

（二）宣告該法律規定違憲的理由「主張共產主義，或主張分裂國土」本屬政治主張，以其為不許可設立人民團體之要件，就賦予主管機關審查言論本身的職權，已經直接限制人民言論自由之基本權利。大法官認為，同屬於政治性結社的政黨，不但其成立無須事前許可，而且依據憲法增修條文第5條第5項規定，只有當政黨成立後，有其目的或行為危害中華民國之存在或自由民主之憲政秩序的情況，並經憲法法庭做成解散之判決後始得禁止。相較於此，涉及到一般政治團體的成立，卻以違反人民團體法第2條規定為不許可設立之條

件，乃是授權主管機關在許可設立前，得先就言論內容爲實質審查，顯然逾越憲法第23條所定的必要範圍，與憲法保障人民結社自由與言論自由之意旨不符。

五、旁論

大法官在解釋理由書另外提及，若人民團體經許可設立後，發見其「主張共產主義，或主張分裂國土」，依當時之事實狀態，足以認定其目的或行爲危害中華民國之存在或自由民主之憲政秩序者，主管機關得依同法第53條後段規定，撤銷（91年12月11日已修正爲「廢止」）其許可。本文認爲這段文字屬於旁論（obiter dicta）[5]，因此不具有拘束性，理由是此段敘述不但沒有出現在解釋文，也不構成解釋文中違憲審查結論的理由，因此在分析上屬於不具拘束性的旁論。

六、意見書

本號解釋有林子儀與許宗力兩位大法官提出協同意見書，許玉秀大法官則提出一部協同、一部不同意見書。

（一）協同意見書

林子儀與許宗力兩位大法官都贊同多數意見的主要結論，但是在理由構成上，卻皆認爲有補充的必要。

1. 林子儀大法官認爲，多數意見就系爭條文與憲法第14條的結

---

[5] 參閱Mary Ann Glendon/Michael Wallace Gordon/Paolo G. Carozza, *Comparative Legal Traditions in a Nutshell*, 2nd ed., 1999, pp. 265-266 (St. Paul MN: West, 1999).

社自由與第11條的言論自由之關係，以及是否屬於對結社自由與言論自由之事前限制，皆未予以論述，因此提出協同意見書。林大法官認為，人民團體法第2條及第53條前段規定，係對人民為特定政治理念而組織團體之結社自由與言論自由之事前限制。而對人民之結社自由與言論自由採取事前限制之合憲性，應以嚴格審查標準予以審查；即使系爭規定符合防衛性民主之目的，其內容仍不符法律明確原則之要求，亦非最小侵害手段：而對系爭政治主張之限制，僅於該主張所可能產生之弊害已達明顯而立即之危險程度時，方得為之。

　　針對多數意見的旁論，林大法官則主張，人民團體法第53條後段規定，係屬對特定政治主張之事後限制，與比例原則有所不符；憲法增修條文第5條第5項之規定應只限於規範政黨之目的及行為，而不及於一般人民團體。

　　2.許宗力大法官認為，人民團體法第2條禁止人民團體「主張共產主義，或主張分裂國土」，第53條並以之作為不許可設立人民團體之理由，其之所以違憲，除因限制人民結社與言論自由逾越憲法第23條所定必要範圍外，另一重要理由在於違反法明確性原則，換言之，除了共產主義不屬於受規範之一般人民可得理解、可得預見者外，由於我國特殊歷史、政治因素使然，中華民國與台灣這兩個符號的關係，不同政治立場者有不同解讀，且均各自引經據典，從憲法本身尋獲其立論依據，亦屬於具有濃厚政治性格的政治語言，根本不宜作為限制人民基本權利的構成要件，否則嚴重傷害法安定性。

　　針對多數意見的旁論，許大法官則認為，人民團體法第53條後段規定不在本件聲請人聲請解釋範圍，與同條前段之間亦不存在非一併解釋不可之重要關聯，所以多數意見實不宜予以解釋。此外，許大法官也質疑，既然法條已規定「主張共產主義，或分裂國土」為廢止

人民團體許可之要件，是否有必要以「目的或行為有危害中華民國之存在或自由民主之憲政秩序」作為廢止要件？最後，許大法官則主張，根據「明示其一，排除其他」之法律適用原則，既然憲法增修條文只對政黨採取防衛性民主之管制，因此應解釋為修憲者對政黨以外的人民團體之管制，並不採取防衛性民主理論，因此以防衛性民主理論來禁止人民團體，欠缺憲法依據。

（二）一部協同、一部不同意見書

　　許玉秀大法官認為，多數意見僅將人民團體法第2條連結第53條前段，認定藉由限制言論自由進行事前審查，與憲法保障結社自由意旨不符，但是對於該法第2條如何過度限制言論自由及結社自由並未完整論述，以致多數意見理由論述不易理解。許大法官在意見書中，並提出完整的解釋文與解釋理由書。

　　許大法官主張，基於重大關聯性，因此審查範圍及於第2條與第53條全部。據以審查的準據是憲法第23條，包含法律保留原則、法律明確性原則與比例原則，審查密度的決定，則在政治性言論的限制採取嚴格審查標準，在結社自由設立門檻的限制，採取最嚴格的審查標準，基於言論自由與結社自由的想像競合，因此採取最嚴格的審查標準。基於政黨與一般政治團體的差別，許大法官認為，對於一般政治團體的限制條件不能比政黨嚴苛。

　　許大法官主張，人民團體法第2條所禁止的共產主義和分裂國土究何所指，既非人民所能理解，亦非主管機關及司法機關所能認定，顯然牴觸法律明確性原則。人民團體法第2條不但其設限目的，在憲法上欠缺目的正當性，而且也不是有效與必要的手段，因此牴觸憲法

第23條的比例原則，而違背憲法第11條對人民言論自由及第14條對結社自由的保障，最後，憲法第23條規定應該解讀為，基本權原則上不可限制，例外可以限制，但是必須依法律規定為之，因此事前許可制並不符合比例原則的本旨。

肆、檢討

一、解釋文的格式可以更簡潔

　　過去許多號大法官解釋大多在格式上不太區分解釋的結論與解釋的理由，不但解釋文同時包含結論與理由，解釋理由書也包含結論與理由，只是在理由構成上敘述的更詳細一些。大法官的憲法解釋雖稱為「解釋」，但是許多解釋實際上是違憲審查，因此主文只要清楚表述違憲審查的結論即可，至於理由構成則比較適合置於解釋理由書。相較於許多過去的解釋，本號解釋在格式上已經比較清楚區分解釋文（主文）與解釋理由（判決理由），雖然嚴格來說仍區分得不夠清楚，因為解釋文中仍摘錄主要的理由，倘使可以類似許玉秀大法官所擬的解釋文格式，則更值得贊同，如此一來，才能讓人清楚理解，何者才是大法官解釋的結論，以及支持結論理由何在，並藉以區分解釋理由書所包含的旁論。如此一來也才能夠釐清到底哪些內容才具有拘束性，因為一般而言，具有拘束性的是解釋主文與其理由，旁論則不具有拘束性。

二、本號解釋的說理過於簡陋

　　大法官解釋過去除了常常在格式上疊床架屋，解釋文與解釋理由書十分雷同，一方面，解釋文寫得太冗長像解釋理由書，另一方面，解釋理由書也過於簡略像解釋文，使得兩者在功能上難以區分。本號解釋在格式上雖已有所進展，解釋文本身簡化許多，但是反觀解釋理由書，則表述得太過簡化，不但沒有在重要爭點上將問題釐清，說理也過於簡陋，宣告系爭法律違憲的理由竟然只有寥寥幾句（詳請參照上面「參、四、（二）」的分析）。既然多數意見認為系爭法律違憲的主要理由，在於顯然逾越憲法第23條所定的必要範圍，多數意見至少要告訴我們，系爭法律規定怎麼「顯然」逾越「必要範圍」？如此，聲請人才會明白為何他們得到「勝訴」，關係機關才能理解為何他們過去的決策是違憲的，一般老百姓也才能知道為何他們的言論自由與結社自由再度獲勝。

　　這個批評不只適用於本件解釋，而直指司法院大法官解釋的普遍現象，由於大法官解釋屬於司法的一環，欠缺必要的執行機關與配置，固然大法官一再宣稱其解釋有拘束全國機關與人民的效力，然而司法的權威主要繫諸於其說理，或許大法官可以考慮在未來公布的解釋中，強化其說理。大法官解釋在理由書部分常常表現得差強人意，有其制度上的原因，主要或許是針對理由的贊成與否，逐段仍須有二分之一的可決人數[6]，增加了實際通過的困難。

　　既然目前的大法官解釋制度，具有提出協同意見書與不同意見

---

[6]　參閱司法院大法官審理案件法施行細則第16條後段之規定：「關於案件是否受理及解釋理由書草案文字之議決，以出席大法官過半數之同意行之。」

書的設計[7]，對於理由構成另有意見或有補充的大法官，可以在協同意見書中抒發己見，為了避免解釋文與解釋理由書的疊床架屋，也為了提升解釋理由書的水平，大法官內部似乎有必要強化兩者的功能區分，並設計一套可以強化解釋理由書的流程，避免呆板而機械化的逐段表決程序。

三、人民團體法第2條可以直接作為違憲審查的對象

多數意見認為，「主張共產主義，或主張分裂國土」本屬政治主張，以其為不許可設立人民團體之要件，賦予主管機關審查言論本身的職權，已經直接限制人民言論自由之基本權利。但是多數意見卻沒有論述，人民團體法第2條的規定：「**人民團體之組織與活動，不得主張共產主義，或主張分裂國土。**」是否因為顯已逾越必要程度，不當的限制言論自由而違憲？

多數意見雖然認為人民團體法第2條必須結合同法第53條的法律效果才能夠適用，但是第2條本身其實就是一個禁止規範，只是沒有規定違反的法律效果，所以該條的規定本身即是對於言論自由的限制。第2條既然是對於言論自由的直接限制（「不得主張共產主義，或主張分裂國土」），除了可與第53條結合為完全法條以資適用之外，也可以獨立作為違憲審查的標的，因為第2條與第53條的結合，只是第2條的可能法律效果之一。從另一個角度觀察，第53條前段之所以違憲，可以是因為構成要件違憲，也可以是結合之後違憲，所以

7　參閱司法院大法官審理案件法施行細則第18條第1項之規定：「大法官贊成解釋文草案之原則，而對其理由有補充或不同之法律意見者，得提出協同意見書。」與第2項之規定：「大法官對於解釋文草案之原則，曾表示不同之法律意見者，得提出一部或全部之不同意見書。」

無論如何都宜討論第2條的合憲性，更何況聲請人只是針對第2條提出釋憲聲請。

　　從解釋理由書的其他內容（本文所稱的旁論），似乎可以逆推多數意見對於人民團體法第2條的看法，既然同法第53條後半段也必須結合第2條來適用，多數意見又認為得視情形適用之（「**主管機關自得依中華民國**78年1月27日**修正公布之同法第**53**條後段規定，撤銷……其許可，而違禁止之目的**」），因此可以推論多數意見並不認為第2條本身違憲。其實這是一個非常有爭議的解釋理由書內容，因為既然多數意見沒有討論第2條的合憲性，又如何脫離原聲請的審查標的，而自行在旁論之中不清不楚的指出，第2條與第53條後段的結合視情形可資適用。要避免這種爭議，大法官在撰寫解釋理由時，不宜過於簡陋，否則不但跳過必要的爭點，還不附理由的提出旁論的結論，並非負責的做法。

四、憲法第11條言論自由與第14條結社自由的基本權利競合

　　多數意見雖然在解釋理由書中已經提到，以政治主張「**主張共產主義，或主張分裂國土**」為不許可設立人民團體之要件，不但賦予主管機關審查言論本身之職權，直接限制人民言論自由之基本權利，而且也顯然逾越憲法第23條所定的必要範圍，保障人民結社自由與言論自由之意旨不符。換言之，多數意見認為，人民團體法第2條結合同法第53條前段，同時限制了言論自由與結社自由。但是在說理上，如同林子儀大法官與許玉秀大法官指出的，多數意見卻沒有清楚說明系爭法律如何限制這兩個基本權利，也沒有提到這兩個基本權利

的競合關係。

就此，林子儀大法官言簡意賅的點出兩者的關係：「**個人……欲擴大其政治理念或公共事務意見之可見度或影響力，進而邀集組織或參與志同道合之團體，本即為言論自由保障之範疇，亦為憲法所以保障人民結社自由之目的之一。而人民因共同政治理念，並以宣揚或實踐其共同政治主張或意見為目的而組織團體者，因其目的與行為均與政治理念或公共事務意見之主張或表達有關，而屬表意性質之結社團體，政府對人民組織或參與該類團體之結社自由之限制，亦屬對人民言論自由之限制**[8]。」

本文認為，人民團體法第2條規定，禁止人民團體在進行組織與活動時主張共產主義或主張分裂國土，即已一體兩面的限制了言論自由與結社自由，端視觀察的重點在結社的組織、活動或／與其政治主張，而分別／同時限制了言論自由與結社自由。

人民團體法第2條結合了第53條前段之後，特定的言論內容（政治主張）則成為不許可設立人民團體之要件，既然由兩者構成的完全法條以特定言論內容為條件，限制特定的結社自由內容（設立政治團體），則該法律規範係以特定法律效果來懲罰特定政治主張，因此就同時限制了結社自由與言論自由，這種一個法律規範同時限制了兩個基本權利的情況，在憲法學理上一般就被稱為基本權利競合（Grundrechtskonkurrenz）。對此，許玉秀大法官將其解釋為基本權利的「想像競合」，亦即真正的基本權利競合，而與不真正的基本權利競合相區分[9]。析言之，系爭法規既然授權主管機關，得以在人

---

[8]　參閱林子儀大法官協同意見書。

[9]　德國憲法學將基本權利競合區分為真正與不真正的競合，前者又稱為「法律競合」（Gesetzeskonkurrenz），意味著所涉及的基本權利之間具有普通規定與特別規定的關係，

民團體設立聲請的許可程序中審查政治主張，並以人民團體法第2條為不許可設立的要件，不但以不許可設立政治團體來處罰言論，因而限制了言論自由，還因爲不許可設立政治團體而限制了結社自由中組織團體的自由（亦即「設立管制」），如同許玉秀大法官主張的，這屬於一個規範同時限制兩個基本權利，而且彼此之間並沒有特別關係存在，因此是眞正的基本權利競合，兩個基本權利都要適用。

五、對於言論自由與結社自由的「事前限制」採「嚴格」審查標準

多數意見雖然沒有提到「事前限制」這幾個字，但是從解釋理由書中的一段文字：「**惟結社自由之各該保障，皆以個人自由選定目的而集結成社之設立自由爲基礎，故其限制之程度，自以設立管制對人民結社自由之限制最爲嚴重，因此相關法律之限制是否符合憲法第二十三條之比例原則，應就各項法定許可與不許可設立之理由，嚴格審查。**」既以設立自由爲其他結社自由內容的基礎，認爲沒有設立的自由就沒有其他結社自由的內涵可言，所以對於設立的積極或消極要件採取「嚴格審查」的標準。實質上，這樣的解釋與從「事前限制」的角度詮釋系爭法規，雖不中亦不遠矣，但是倘若可以採用憲法學固有的概念「事前限制」（censorship; Zensur）來標示這類限制的性質，將有助於讓所涉及的憲法爭議更清楚，尤其是從維護基本權利的角度出發，指出這種限制的性質屬於「事前限制」，也可以讓人對於

因此實際上只適用其中一個基本權利規範。後者則稱爲「想像競合」（Idealkonkurrenz），意味著所涉及的基本權利之間並不具有特別關係，而得以一起保障系爭法規所限制的基本權利法益、因此可以同時適用，參閱H.D.Jarass/Bodo Pieroth, Grundgesetz für die Bundesrepublik Deutschland: Kommentar, 2007, 8. Aufl. Vorb. Vor Art. 1, Rn. 17.

這類限制的危險性更有所警覺，畢竟惡名昭彰的檢查制度也是當代立憲主義極力保障言論自由的重要歷史淵源。

對此，林子儀大法官與許玉秀大法官分別有所著墨。林大法官認為，系爭法規對人民結社自由與言論自由的「事前限制」，雖然並非所有對這類自由的「事前限制」皆屬違憲，但是本案所涉及的卻是對於政治性言論內容的限制，因此其合憲性很可疑，是否符合憲法第23條比例原則，應採取「嚴格」審查標準，亦即系爭法規的立法目的必須為具體重大的公益目的，所採取的手段必須為達成目的的侵害最小之手段，才符比例原則的要求，林大法官在此顯然是使用美國憲法上的審查標準來詮釋比例原則[10]。此外，林子儀大法官援用美國憲法上為保障言論自由所發展出來的「立即而明顯的危險」原則，主張：**「如以言論鼓吹大眾具體從事追求實踐共產主義或分裂國土之行為，僅於符合下列條件時，對該言論之限制，方無過當：(1)其鼓吹係要求大眾立即實施共產主義或分裂國土之行為；(2)而且依客觀情勢，共產言論確可能鼓吹大眾，而大眾確有可能受其鼓吹而立即實踐共產主義或分裂國土之行為[11]。」**

許玉秀大法官則指出，「事前許可制」與憲法第23條的本旨並不相符，並認為其背後蘊含著一種違反第23條精神的解釋態度，亦即**「只要遵守法律保留原則、符合比例原則，即屬合憲」**的看法，從而顛倒了第23條所確定的原則與例外的關係：「基本權原則上不可

---

[10] 這樣做是否妥當，則涉及台灣憲法學界前幾年的一個熱烈的問題討論，姑且命名為「德國憲法上的比例原則v.s美國憲法上的審查標準」，參閱許宗力，比例原則與法規違憲審查，收錄於：法與國家權力，2007年1月，77頁以下；許宗力，比例原則之操作試論，收錄於：法與國家權力，2007年1月，121頁以下。

[11] 參閱林子儀大法官協同意見書。

限制，例外可以限制，但是必須依法律規定爲之[12]。」本文認爲，許玉秀大法官對於憲法第23條的解釋態度，非常值得贊同，這觀諸第23條所規定的內容「**以上各條所列舉之自由權利，除爲……於必要者外，不得以法律限制之**」當可明白，但是這個解釋態度，與所要推論的結果之間，亦即對於言論自由等基本權利所爲的事前限制——事前許可制——與第23條的本旨不符，似乎並沒有比較直接的關係。至於所應採取的審查標準，許玉秀大法官則從基本權利想像競合的角度予以推論，她認爲，當一個法律規定同時限制兩種以上的基本權利而發生想像競合的情形，對於基本權的侵害即較爲嚴重，應該採取較嚴格的審查基準。由於對於政治性言論的限制應採「嚴格」審查標準，對於以設立條件限制結社自由的審查，則應採取「最嚴格」審查標準。兩者之間從一重處分，所以本案應採取「最嚴格」審查標準，在此，許大法官另闢蹊徑，把刑法想像競合的法理適用在憲法解釋上，而且還在目前通用的三種審查標準（類似美國憲法裁判上的「合理」、「中度」與「嚴格」審查標準）之外，另外創造出所謂的「最嚴格的審查標準」，是否會獲得台灣憲法學界的接受，雖有待未來觀察，惟其保護言論自由與結社自由的立場，值得稱道。

六、牴觸法明確性原則的人民團體法第2條與第53條

　　人民團體法第2條結合了第53條前段之所以牴觸憲法第23條，除了因爲是事前限制，而且逾越比例原則之外，還有一個重要的理由，爲多數意見所忽略或是有意不處理，但是三份意見書都有指出，違反

---

[12] 參閱許玉秀大法官一部協同、一部不同意見書。

法明確性原則乃是系爭法規違憲的重要原因。

　　雖然我國憲法並未明文規定法明確性原則，但是一般皆認為，一方面從法治國原則可以導出該原則[13]，另一方面，在審查基本權利限制的案件時，大法官也認為憲法第23條包含法明確性原則。大法官解釋中對於法明確性原則的使用有兩層意義，主要是授權明確性原則，其次才是法明確性原則。授權明確性原則指的是，對於基本權利限制，例如刑法、行政罰，固然應由法律為之。

　　當法律就其構成要件授權行政機關以命令為補充規定時，授權的目的、內容與範圍應該具體明確[14]。法明確性原則是直接針對法律要求其本身應該清楚與確定，大法官認為，法律對於構成要件固然可以抽象概念表示，例如不確定概念或概括條款，仍須符合明確性之要求[15]。

　　由於本案所涉的事態是由法律直接規定不許可設立人民團體的要件，因此與法明確性原則相關。問題在於何謂法律本身既清楚又確定？大法官在過去的解釋中，一方面認為法明確性原則並不僅意味著法律文義具體詳盡，因此不禁止立法者衡酌法律所規範生活事實的複雜性以及通用於個案的妥當性，使用不確定法律概念或概括條款。另一方面同時要求，法律規定的意義必須從立法目的與法體系整體關聯性觀點並非難以理解，而且個案事實是否屬於法律所欲規範的對象，為一般受規範者所得預見，並可經由司法審查加以確認[16]。

　　就此，許宗力大法官更指出：「**法律規定是否符合法律明確性**

---

[13] 例如吳庚，憲法的解釋與適用，三版，2004年6月，169頁。

[14] 參閱釋字第313號解釋、第522號解釋。

[15] 參閱釋字第432號解釋、第521號解釋。

[16] 參閱釋字第594號解釋。

原則，其判斷標準應在於受規範之一般人民對於法律規定內容之意義是否可以理解，以及其因此對於其行為是否受該法律規範有預見可能性。如不符合此要件，即使該系爭法律規定可經由司法審查加以確認，仍屬違反法律明確性原則[17]。」這個論點值得贊同，既然法律規範的對象是人民，法明確性原則即在要求，法律應使受規範者得以理解其意義，否則他如何在行為前得以預測法律後果，並預先判斷是否讓原屬內心的意念透過行為實現出來。欠缺明確性的法律，不但讓人民在行為之前無所適從，更讓國家機關取得更大的權力，得以對人民的基本權利上下其手，由於法治國家必須依法行政、依法審判，而國家權力要受到法的拘束，必須法本身在一定程度上是清楚與明確的，因此從法治國原則才會導出法明確性原則。

從上述對於法明確性原則的判斷標準看來，人民團體法第2條與結合第2條的第53條，很明顯牴觸法明確性原則，因為「共產主義」與「分裂國土」，無論從外延還是內涵來看，都不是意義清楚的概念。如同許玉秀大法官質疑的，主張共產主義到底是主張什麼，不但對人民而言難以理解，即使是主管機關或是司法機關也很難有一致的看法。主張分裂國土看似有使國土減少的意思，但是如果國土的範圍本身就有爭議，什麼意味著主張分裂國土也就不清楚了。許宗力大法官採取政治概念／法律概念的區分方式，主張無論是「共產主義」或是「分裂國土」都是政治概念，「**不是欠缺明確、客觀可辨的概念外延，就是可能隨執法者的政治偏好，乃至政治情勢變遷而異其內涵，以之為法律概念，實難為受規範之一般人民可以理解或預見[18]**」，真

---

[17] 參閱許宗力大法官協同意見書。

[18] 參閱許宗力大法官協同意見書，對於共產主義與分裂國土兩個概念的質疑。

是一語切中人民團體法第2條規定欠缺明確性的地方，尤其是，如果一個法律概念竟然可以隨著執法者的政治偏好而異其內涵，就會成為政治鬥爭中以之箝制異己的手段，這樣的法律根本難以符合法治國原則的要求，因為無論是依法行政或是依法審判都將成空話。對於台灣社會而言，在本號解釋公布之時，即使已經民主化將近二十年，仍然殷鑒不遠，類似被政治化的法律概念在過去很長一段時間（戒嚴時期），往往是執政者整肅異己的血腥工具[19]。從這裡也可以發現，法明確性原則的判準中，對於受規範者的可理解性與防止執法者恣意解釋適用之間實具有一體兩面的關係。

對於限制基本權利的法律要求其具有明確性，更要考慮一個合乎比例的觀點，亦即對於基本權利的影響越大，法明確性的要求也相應的越高[20]。就此而言，人民團體法第2條規定，以及第2條與第53條前段規定的結合，其違憲性十分明顯，因為第2條所限制的是具有高價值的政治性言論，第2條結合第53條前段規定屬於設立管制，是對結社自由最為嚴重的限制手段，因此從合乎比例的觀點看來，對於法明確性的要求應該是最高。立法者卻反而採用意義內涵不清楚、外延不明確，又具有高度意識型態內涵的概念，作為許可的消極條件，這樣的法律如何通過法明確性原則的要求呢？即使是多數意見在解釋理由書中所暗示的，採取事後禁止手段可能具有的合憲性，在未來仍難以迴避法明確性原則的挑戰，因為人民團體法第53條後段的適用，仍須結合第2條的構成要件。

---

[19] 無論是已經廢止的懲治叛亂條例或刑法第100條都是很容易理解的例子。有關於刑法第100條的討論，參閱劉幸義，法學理論與實踐──以修正刑法第一百條內亂罪為例，收錄於：戰鬥的法律人，2004年1月，3-16頁。

[20] 參閱Horst Dreier (Hrsg.), Grundgesetz Kommentar, Bd. II, Artikel 20-82, Rn.123 zu Art. 20 (Rechtsstaat), 1998.

七、「防衛性民主」的幽靈

　　雖然本號解釋的聲請是針對人民團體法第2條規定而提起，大法官在本號解釋中擴張審查對象，認爲確定終局裁判實質上援用爲裁判基礎的法律或命令亦得審查，並宣告「人民團體法第2條及第53條前段」所構成的完整法條違憲。雖然在本號解釋中言論自由與結社自由看似獲勝，多數意見卻爲德不卒，在解釋理由書中加上幾句話：「**若人民團體經許可設立後發現其有此主張，依當時之事實狀態，足以認定其目的或行爲危害中華民國之存在或自由民主之憲政秩序者，主管機關自得依⋯⋯同法第五十三條後段規定，撤銷其許可，而達禁止之目的。**」「防衛性民主」的幽靈因此悄悄的偷渡進入人民團體法之中。即使本文認爲這段文字並非「訴外裁判」，因爲並未表現在解釋文之中，而係判決理由之外不具拘束力的旁論。由於目前大法官解釋文與解釋理由書的內涵並未清楚劃分，大法官又宣稱其解釋有拘束全國機關以及人民的效力，因此這個應歸屬於旁論的文字還是會引起不必要的效應，甚至讓主管機關或是行政法院誤以爲，大法官已經在釋字第644號解釋中肯定「人民團體法第2條及第53條後段之規定部分」的合憲性，這堪稱爲本號解釋中最有問題之處，也是本號解釋在維護言論自由與結社自由之餘的一大敗筆。

　　相較於釋字第445號解釋斬釘截鐵的宣告：「**相關機關內政部以集會遊行法第四條與憲法增修條文第五條上開規定相呼應云云，自非可採。**」否定「主張共產主義與主張分裂國土」與「危害中華民國之存在或自由民主之憲政秩序」之間的連結，大法官清楚向台灣社會宣告，不容主管機關將專門針對政黨違憲的憲法規定強加於集會遊行的管制上。在本號解釋中，多數意見卻狗尾續貂的將這個專門針對政黨

違憲的「防衛性民主」條款，強加於具有高度違憲疑慮的人民團體法第53條後段規定。這個做法，不但沒必要，而且對於結社自由而言也是一大傷害，可謂是前門拒虎後門迎狼。是以林子儀大法官與許宗力大法官都在協同意見書中，對多數意見這個做法提出質疑，認為應該採取「最嚴格之解釋」[21]、「明示其一，排除其他」的法律適用原則[22]，既然憲法增修條文第5條第5項規定僅在規範政黨的目的或行為，則不應適用於其他政治團體。何況即使採用「防衛性民主」的觀點來解釋第2條與第53條後段規定，也無法通過比例原則的審查[23]。

試想，僅僅是主張共產主義或分裂國土，如何造成依事實狀態，足認其目的或行為有危害中華民國之存在或自由民主憲政秩序者？單純的政治主張固然也可以詮釋為一種社會實踐，亦即將言語當作行為來看待（言語行動），但是單單是言語的提出如何造成中華民國之存在或自由民主憲政秩序的危害？顯然這中間存在許多說理上的漏洞有待多數意見來填補。如同許宗力大法官所指出的，最關鍵的問題在於對「危害」認定的標準，而至少有「具體而明顯的危險」、「具體危險」與「抽象危險」三種標準可以選取[24]。人民團體法第53條後段的規定，一方面援引第2條規定限制了言論自由，另一方面又屬於對於結社自由的事後禁止，然而為了維護高價值的政治性言論自由暨政治性結社自由，實在沒有理由採取類似德國的「抽象危險說」。毋寧是美國憲法上的「具體而明顯的危險說」，方能在最大程度上維護言論自由與結社自由。

---

21 參閱林子儀大法官協同意見書。
22 參閱許宗力大法官協同意見書。
23 參閱林子儀大法官協同意見書。
24 關於這三種見解的意義，參閱許宗力大法官協同意見書。

　　雖然我國憲法增修條文第5條第5項有政黨違憲的規定，一般被詮釋為「防衛性民主」的建置，但是為何在解釋憲法以及對法律做違憲審查時，應該要採取最嚴格的解釋態度，或認為應做反面解釋，亦即「明示其一，排除其他」，以限定第5條第5項的適用範圍，將「防衛性民主」條款的適用侷限於政黨？理由在於，我國憲法並沒有類似德國基本法，有一整套「防衛性民主」（die streitbare Demokratie）的配套規定[25]，因而難以主張作體系解釋，將「防衛性民主」擴張到政治性集會遊行或一般政治性團體的結社自由。德國基本法以自由民主基本秩序（die freiheitliche demokratische Grundordnung）的觀點來限制基本權利的相關規定，主要有第9條第2項結社自由限制的規定：「**結社之目的或其活動與刑法牴觸或違反憲法秩序或國際諒解之思想者，應禁止之。**」[26]第18條基本權利剝奪的規定：「**凡濫用言論自由，尤其是出版自由（第5條第1項）、講學自由（第5條第3項）、集會自由（第8條）、結社自由（第9條）、書信、郵件與電訊秘密（第10條）、財產權（第14條）、或庇護權（第16條之1），以攻擊自由、民主之基本秩序者，應剝奪此等基本權利。此等權利之剝奪及其範圍由聯邦憲法法院宣告之。**」以及第21條第2項政黨違憲的規定：「**政黨依其目的及其黨員之行為，意圖損害或廢除自由、民主之基本秩序或意圖危害德意志聯邦共和國之存在者，為違憲。至於是否違憲，由聯邦憲法法院決定之。**」德國

---

[25] 這個概念首先由德國聯邦憲法法院在有關於政黨違憲的KPD判決中提出，表達了想要解決自由民主國家秩序界限問題的憲法政策意志，用來調和對於所有政治見解的寬容原則與肯認國家秩序不容侵犯基本價值之間的緊張關係。參閱Horst Dreier (Hrsg.), Grundgesetz Kommentar, Bd. I, Artikel 1-19, Rn.10 zu Art. 18, 1996.

[26] 此處德國基本法的中文翻譯主要引用自司法院網站，網址：http://www.judicial.gov.tw/db/db04/db04-01.asp，最後查訪日：2009/07/02。

通說認為，這三條規定當中的「憲法秩序」（verfassungsmsmäßige Ordnung）或是「自由民主的基本秩序」做相同的解釋，針對的是對於自由民主憲政秩序採取一種對抗的、攻擊的態度[27]。

　　我國憲法中並沒有這種配套設計，不但欠缺基本權利剝奪的制度，對於結社自由權的限制也沒有特別規定，而只有在憲法增修條文第5條第5項針對政黨違憲予以規定，因此沒有理由採取與德國基本法相同的解釋方式，並經由體系解釋或類推適用來增加結社自由限制的內容。在此，比較值得贊成的解釋原則毋寧是將憲法增修條文第5條第5項當作一個例外規定來看待，因此有可能採用「反面解釋」的方式[28]，並結合「有疑時以利於自由的方式來解釋」（in dubio pro libertate）的原則[29]，將非屬於政黨的政治性結社排除於適用之外。

　　或許會有見解認為，結合憲法增修條文第5條第4項與第5項規定，正是憲法對於政黨的特別保障，因為不但解散理由是由憲法所明定，而且是列舉規定：**「政黨之目的或其行為，危害中華民國之存在或自由民主之憲政秩序者為違憲。」**此外，解散程序也特別規定由大法官組成憲法法庭審理之，因此會以為舉重足以明輕，認為以「防衛性民主」的觀點來解釋人民團體法第2條與第53條前段的適用，是保障而非限縮人民的結社自由。多數意見在解釋理由書中的敘述隱含此意，亦即增加的這段旁論並非限縮結社自由，而是透過合憲性解釋的方法，限縮對於結社自由事後限制的範圍。這個觀點做了過多的引

---

[27] 參閱Horst Dreier (Hrsg.), Grundgesetz Kommentar, Bd. I , Artikel 1-19, Rn.52 zu Art. 9, 1996.

[28] 有關於「反面解釋」或「反面推論」（e contrario），參閱Karl Larenz著，陳愛娥譯，法學方法論，299-300頁。Larenz指出，一項法律規定得否進行「反面推論」，或是相對的，得否採用「類推適用」並非純粹由形式邏輯可以解決的問題，而必須探究法律規範的目的或其所內含的評價來判斷。換言之，這是一個必須透過論證來說理證成的問題。

[29] 參閱H. Ehmke, Prinzipien der Verfassungsinterpretation, VVDStRL 20, 1963, S. 73, 102.

申，不但倒果為因，而且似乎過度抬舉政黨在憲法中的地位，也過度貶抑其他政治性結社在憲法中的地位，因此並不可取。

人民團體法固然給與政黨特殊待遇，根據該法，人民團體的成立原則上採取許可制，只有政黨享有無須申請許可的特權，根據人民團體法第45條規定，成立政黨只須向主管機關提請報備即可。這是屬於法律層次的差別待遇，無法逆推出政黨在憲法上享有特殊地位，毋寧會引起一些憲法層次的質疑：人民團體法的差別待遇是否違反平等原則？以及原則上採取許可制是否不當的限制結社自由而有合憲疑慮？

此外，在「國安二原則」之外，增加「目的或其行為，危害中華民國之存在或自由民主之憲政秩序」作為廢止許可的要件，是限縮還是擴張廢止許可的要件，也有爭議。如果「主張共產主義或分裂國土」是不確定法律概念，難道「危害中華民國之存在或自由民主之憲政秩序」就足夠明確嗎？增加這個要件仍然必須面對法明確性原則的質疑與挑戰。

伍、結論

國家安全的烏雲始終盤據著台灣的民主天空，大法官在高呼維護言論自由與結社自由之時，仍不忘繼續提供養分給這個從戒嚴時期即存在的幽靈，甚至舊瓶裝新酒的賦予其一個新的名稱：**中華民國之存在或自由民主之憲政秩序。**台灣社會解嚴已超過二十年，職司釋憲並應保衛基本權利的大法官，卻忽略了台灣社會的民主進展，人民政治素養的普遍提升，也無視於過去在戒嚴體制之下，國家權力動輒

以國家安全為由，對於人民言論自由與集會結社自由的長期壓制，甚至引進「防衛性民主」的幽靈，為箝制政治性言論自由的「國安二原則」背書。釋字第455號解釋所提及的：「**憲法第十四條規定人民有集會之自由，此與憲法第十一條規定之言論、講學、著作及出版之自由，同屬表現自由之範疇，為實施民主政治最重要的基本人權。**」猶在耳邊迴響，新一代的大法官面臨抽象陳腐的「國家安全」疑慮時，卻未能在價值的天平上向言論自由傾斜，這是令人不得不感到遺憾的地方。

原文出處：張嘉尹，防衛性民主的幽靈——檢討大法官釋字第644號解釋，法令月刊，60卷8期，2009年8月，63-76頁。

Part 4

憲政危機與基本權利

CHAPTER

10

誰跨過了憲政主義的邊界？
——「九月政爭」的憲法學詮釋

壹、事件

2013年9月6日，立法院長王金平搭機出國，赴馬來西亞參加二女兒的婚禮，同一天，最高檢察署特偵組於上午10點召開「重大司法風紀事件」結案記者會，宣布法務部長曾勇夫與台灣高等檢察署檢察長陳守煌兩人，涉入王金平關說干預柯建銘司法案件，曾勇夫被函送監察院調查，陳守煌被函送檢察官評鑑委員會調查，此外，特偵組還公布監聽柯王電話的監聽譯文。總統府在當天11點12分透過發言人對外表示：「馬總統對此事深感震驚與痛心……絕不容許政治介入司法個案關說，希望相關機關徹查到底，釐清案情。」事實上，早在8月31日時，檢察總長黃世銘已經到總統府跟馬英九報告此事。

馬英九9月7日在前往國民黨中常會選舉投票時，對外「呼籲王金平院長盡快回國說明」。最為嚴厲的指責首度發生在9月8日下午4點多，馬英九召開「台灣民主法治發展的關鍵時刻」記者會，嚴厲指責王金平關說法務部長以及台高檢檢察長，反駁王金平自認不是關說的講法，並說出名言：「如果這不是關說，那什麼才是關說？」直斥「這是侵犯司法獨立最嚴重的一件事，也是台灣民主法治發展最恥辱的一天」，包含此次在內，在其後的一週內，針對立法院院長關說案，馬英九總共召開了五次記者會。

9月10日王金平回台，在馬英九的指示下，國民黨於9月11日召開考紀會，開會前馬英九舉行短暫記者會，指出王金平不適任立法院院長，並公開呼籲考紀會應對立法院院長王金平做出撤銷黨籍以上的處分，考紀會開會時則除了到場陳述之外，並一直待在考紀會的隔壁房間壓陣，最後考紀會決議撤銷王金平的黨籍，並在當天下午將撤銷

黨籍處分送至中選會，中選會立即函請立法院註銷王金平的立委名籍。由於當天下午王金平委請律師到台北地方法院提起確認黨員資格存在之訴，並聲請假處分，9月12日台北地院裁定准許假處分，准予王金平在確認黨員資格存在訴訟判決確定前，得繼續行使國民黨黨員權利。國民黨提起的抗告，被台灣高等法院駁回。

　　在台灣的憲政史中，第一次發生總統親自舉行記者會嚴厲指責立法院院長，訴諸全體國民要求他下台負責，總統不但坐視檢察總長與最高法院檢察署特偵組，違法公布監聽譯文[1]，還強力動員黨機器撤銷立法院院長的黨籍，以透過法律的連結效應，試圖剝奪立法院院長的立委資格使其去職，無所不用其極的想要逼退立法院院長。在政治面向上，這一連串的行為就被視為政治鬥爭，在憲法面向上，這個政治鬥爭則創下了一個憲政史上的先例[2]，並可能引發了一場憲政危機。

---

[1] 2013年9月25日，檢察總長在立法院備詢時承認，當日記者會公布的監聽譯文並不完整，有刪除部分內容。因此，除了公布監聽譯文有違背通訊保障及監察法第5條之虞外，這種節錄式的公布監聽資料的做法，也啟人疑竇，其政治針對性呼之欲出。旨在查辦總統、副總統、五院院長、部會首長或上將階級軍職人員之貪瀆案件的特偵組（法院組織法第63條之1參照），以這樣的行為將自己捲入政爭，不但錯失了當初設立的目的甚至已經質變為總統的鬥爭工具。

[2] 有學者認為這是一個「憲政惡例」，參閱黃丞儀，總統的政治行為不能使憲法萎縮至零，台灣法學雜誌，232期，2013年9月15日，1頁。

貳、憲法學詮釋

一、初步考察

　　九月政爭對於台灣的民主憲政是一項重大的考驗與檢驗，考驗台灣的憲政民主是否經得起重大的衝擊，檢驗台灣的憲政民主是否經得起政治人物的權力惡鬥。對於憲法學、民主理論以及法理學而言，九月政爭提供了許多寶貴的素材，讓從事憲法學、政治哲學與法理學的學者，可以反思其既有的理論框架與詮釋架構，是否能解釋與證成爭議中所涉及的諸多議題。台灣的學術界對此並非毫無回應，除了在網路與臉書上的討論，在期刊上發表評論之外[3]，更有多達46位公法學者簽署了一份共同意見書，表達對於九月政爭的憲法意見，指責馬總統上述行為已經跨越了憲法紅線[4]。

　　九月政爭的主軸雖然是馬英九總統以關說案為由，想逼迫立法院院長王金平下台（同時喪失立法委員與立法院院長的職位），對於憲政民主體制因而具有特別的重要性，因為他的作為是否符合總統的職權？是否破壞了權力分立的憲政體制？是否違背了總統對於憲法應有的忠誠？是否危害了立法院的國會自律？以黨紀處分為由來剝奪國會議長的議員資格是否逾越憲法原則？這些問題都值得省思。然而，這個案件並不單純牽涉到馬王政爭，而同時牽連幾個從憲法觀點看來不可謂不重要的議題：國會議長向法務部長與檢察機關高層關說，檢察

---

[3] 例如黃丞儀，同註2，以及台灣法學雜誌第233期（2013年10月1日）的多篇評論文章。

[4] 請參閱：馬總統已經跨越憲政民主的紅線：一群公法學者對於總統介入國會自律事件的共同意見，臉書網址：https://www.facebook.com/saveconstitution，最後查訪日：2013/09/23（以下簡稱「一群公法學者的共同意見」）。

總長向總統報告偵查中的案件，以及最高檢察署違法監聽與違法公布監聽資料，這三個與其關聯的事件，無論是其適法性還是其合憲性，都有很大的問號。

如果經過事實確認，立法院院長的確有向法務部長與高檢署檢察長關說個案，請託他們影響有上訴權限的檢察官放棄上訴，當然是嚴重干預司法公正的行為，值得追究。雖然嚴格言之，法院才是司法機關，然而檢察官代表國家偵查與起訴犯罪，針對法院判決還有權提起上訴，廣義而言，仍屬於司法系統的一環。關說法官固然直接影響判決的公正性，關說檢察官上訴或不上訴的決定，由於間接影響系爭案件的判決結果，仍是影響司法的行為。目前這類遊說司法行為的禁止規範只規定在「立法委員行為法」第17條[5]，就現行法制得由立法院紀律委員會審議處理，如果遊說的行為已經嚴重到違反刑法相關規定，檢察機關自得依告發或依職權偵查並起訴[6]。

檢察總長針對偵查中個案直接向總統報告案情，顯然逾越其作為最高檢察機關首長的法定地位與職權。理由在於，一方面，檢察總長由總統提名經立法院同意任命，並受任期保障，具有獨立性，除了如同檢察官獨立於法院之外，也獨立於任何其他機關。檢察總長作為最高檢察機關的首長，有關個案的偵查與起訴，並不向任何其他機關負責，自無針對個案向總統報告之理。另一方面，最高法院檢察署特別偵查組受到檢察總長的指揮監督，然而特偵組的職權卻包含涉及總

---

[5] 該條規定：「立法委員不得受託對進行中之司法案件進行遊說。」

[6] 可惜的是，雖然大家印象中司法關說甚為普遍，但是我國刑法並沒有類似英美法的「妨害司法公正罪」（Perverting the course of justice），因此目前無法以刑事手段懲治這類行為。倘使因為這一次的事件，讓社會大眾警覺到這類行為的嚴重性，進而推動其入刑化，或可發揮一定的嚇阻效果。

統、副總統、五院院長、部會首長或上將階級軍職人員之貪瀆案件的偵查，基於角色衝突與利益迴避，以及權力的對抗性，檢察總長更不宜向總統報告案件[7]。此外，根據通訊保障及監察法第18條的規定，檢察總長不得將監察通訊所得資料提供給其他機關（構）、團體或個人，其他機關自然包含總統在內，因此即使是監聽所得內容是屬於「行政調查」的資料，檢察總長亦不得讓屬於「其他機關」的馬總統知悉，否則將坐實總統指揮或是干涉偵查中案件的權力，而有違權力的分立與制衡。如果明知是違法監察通訊所得的資料，而無故洩漏或交付給馬總統，更須面臨三年以下有期徒刑的刑罰[8]。

　　特偵組在本案當中，如果涉及違法監聽，則不僅可能因為違反通訊保障及監察法第5條的規定，以致所取得的監聽內容或所衍生之證據在司法偵查、審判或其他程序中不具有證據能力，換言之，不得採為證據。如果是違法監聽或逾越為達監聽目的限度所為的監聽，則已經侵犯到憲法所保障的秘密通訊自由，屬於基本權利的侵害，此外，更嚴重的是，對於監聽的濫用，如果範圍廣泛而且程度嚴重，恐怕會危及自由民主憲政秩序，而將台灣逐漸轉變為一個「監聽國家」[9]，

---

[7]　前最高法院院長楊仁壽在接受訪問時亦認為，基於檢察機關亦屬法院組織法上的司法機關，檢察總長依法不得向總統報告，總統也不能聽取報告。參閱：自由時報電子報焦點專訪，前最高法院院長楊仁壽：檢察總長依法不能向總統報告，網址：http://www.libertytimes.com.tw/2013/new/sep/23/today-fo6.htm，最後查訪日：2013/09/24。對於總統聽取檢察總長個案報告行為在憲法上的評價，可參閱張嘉尹，焦點評論：在審判台前的總統，蘋果日報，網址：http://www.appledaily.com.tw/appledaily/article/headline/20131002/35333752/，最後查訪日：2013/10/05。

[8]　這個案件（檢察總長洩密案）由台北地檢署分案偵查，在2013年10月3日，檢察總長黃世銘以被告身分，總統馬英九、行政院長江宜樺、前總統府副秘書長羅智強以證人身分，赴台北地檢署接收檢方偵訊。2015年2月12日，台灣高等法院依違反通訊保障及監察法及刑法洩密罪，判處黃世銘一年三月有期徒刑。

[9]　這是一個與本案相關卻有必要獨立探討的議題，因為不但特偵組會監聽，其他的檢察官或司法警察機關也會監聽，當然，在程序上必須先聲請該管法院核發通訊監察書。除了針對犯罪

對此，當時爆發的國會總機監聽已經是一個強大的警訊。至於特偵組在9月6日的記者會中，公然散布監聽譯文的行為，恐怕已經牴觸通訊保障及監察法第18條的規定[10]。

限於篇幅，本文以下只打算處理九月政爭的主軸以及與其密切關聯的議題，主要是以下幾個問題：（一）馬總統的行為在憲法上如何評價？（二）王金平是否因為國民黨考紀會的撤銷黨籍處分，喪失了立法委員與立法院院長的職位？（三）九月政爭是否已經是一個憲政危機？

二、在憲法上的評價

九月政爭中，馬總統的行為引起台灣社會的極大非議，一個主要的問題出在程序面向的不正當，換言之，他要求立法院院長下台的手段出了問題。

馬總統引起非議的行為有以下幾個：（一）他（主動與被動的）聽取檢察總長有關偵查中案件的報告[11]；（二）他縱容或共謀與

嫌疑的監聽之外，另外還有一種監聽可稱為「國安監聽」，如果是針對外國勢力、境外敵對勢力或其工作人員的監聽，通訊監察書的核發權在於情報機關首長，而非該管法院。律師高涌誠根據司法院通訊監察統計推估，得到一個令人驚訝的印象，他說如果人數不重複計算，每年恐有600萬人被監聽，而且這還不包含國安監聽。參閱：自由時報電子報，法界保守估計：每年600萬人被監聽，網址：http://www.libertytimes.com.tw/2013/new/sep/25/today-p1htm，最後查訪日：2013/09/25。

[10] 該條內容為：「依本法監察通訊所得資料，不得提供與其他機關（構）、團體或個人。但符合第五條或第七條之監察目的或其他法律另有規定者，不在此限。」

[11] 檢察總長黃世銘對於向總統報告之事，竟然引用憲法第44條之規定來自我辯護，這是十分荒謬的法律見解，因為憲法第44條所規定者是屬於總統的職權，而且是為了解決院與院之間的爭執而設的規定，在關說案中，並未涉及院與院之間的爭執，而且召集權屬於總統，然而檢察總長並非五院院長之一，而且8月31日是檢察總長主動求見總統。同樣不當的是，馬總統竟然在9月1日主動召見檢察總長，進一步聽取關說案的個案報告，這件事是9月25日檢察總長在立法院接受質詢時才暴露出來的。其後，馬總統接受專訪時，承認8月31日除了檢察總長之外，當晚也有召見行政院長江宜樺與前總統府副秘書長羅智強。

檢察總長以及特偵組召開記者會[12]；（三）他以欠缺證據能力而且證明力有問題的監聽資料，親自召開記者會，未審先判而斬釘截鐵的斷言立法院院長涉及司法關說，並基於這個事實判斷要求立法院院長去職；（四）他強勢運作黨機器，以極大的壓力迫使國民黨考紀會做出符合他所要求的黨紀處分，撤銷王金平的黨籍。

　　雖然馬總統信誓旦旦，並堅持這個事件的重點在於嚴重的司法關說案件，但是無論是社會大眾還是法政學者，無不將其視為逼退立法院院長的權力鬥爭。「九月政爭」是權力鬥爭並無妨，憲政民主國家並不禁止權力鬥爭，但是要求權力的取得、喪失與變更，必須遵守憲法規範，必須依據憲法所規定的渠道來進行，這不但是法治（rule of law）對於政治權力的要求，也正是憲政主義（constitutionalism）的核心意義所在。立法院所職掌的是國家最重要的權力之一，立法院院長是立法院的首長，不但對外代表立法院，對於立法院能夠順利履行其權限亦具有重要性，在此意義上，立法院院長的去職已經屬於國家權力的變動，何況本案同時涉及作為立法院院長去職前提的立法委員資格的喪失，這同屬於國家權力變動的一環，在一個正常的憲政民主國家，這些事務都必須依循憲法所規定的體制，才符合憲政主義的基本原理。

---

[12] 應予特別指出的是，在九月政爭事件中，職司最高檢察職權的檢察總長以及特偵組，無論對於通訊保障及監察法，還是其他相關法律，例如公務員懲戒法，如果不是因為迎合總統的意志故意曲解法律，就是在適用法律方面犯了明顯的錯誤。在9月6日的記者會上，特偵組不但違法公布了監聽譯文，如果如同記者會時所宣布的，將時任法務部長的曾勇夫函送監察院調查，則已經逾越檢察官的職權，因為最高檢察署並沒有職權可以對其上級長官法務部長進行行政調查，更沒有權力將其函送監察院，根據公務員懲戒法第19條，只有主管長官才有合法的權力函送所屬公務員至監察院接受審查，然而根據法院組織法第63條，檢察總長並非法務部長的主管長官。雖然檢察總長獨立行使其職權，但是在編制上，最高法院檢察署連同台灣高等法院檢察署及其轄下各級檢察署隸屬於法務部。

　　問題是，馬總統上述四個備受爭議的作為是否符合憲法所規定的體制呢？由於馬總統這一連串行為具有同一個目的，因此不應該割裂的觀察，而應該將其視為一個有計畫的整體行動來理解[13]，不宜以他在行為時是總統的身分或是黨主席的身分，而將他的行為割裂開來理解[14]，所以這是一個由總統親自發動欲迫使立法院院長去職的行動[15]。因此問題就在於，馬總統的這個行動有遵守憲法所規定的制度與程序嗎？換個角度，我們可以問：憲政主義與憲法的權力分立原則、民主原則與國會自律原則，會允許身為國家元首暨行政權首長的總統透過這一連串的行為來逼退立法院院長嗎？答案顯然是否定的。會如此行動的總統，至少在這件事情上就欠缺憲法忠誠，從而與憲法對於作為憲法機關之總統的期待背道而馳。馬總統此次的逼退行動，不但其個別環節都有瑕疵，其適法性與合憲性皆屬可疑，例如，主動與被動聽取檢察總長的個案報告，恐已違背憲法忠誠義務；以召開記者的方式隔空喊話，要求立法院院長下台，則恐已違背權力分立原則。由各個環節組合起來的行動更與憲政主義背道而馳，尤其是，想要以欠缺民主精神與程序正義的黨機器將權力分立的憲政民主體制掏空，而著手實行。

---

[13] 類似看法，參閱黃丞儀，同註2；蘇彥圖研究員質疑在此事件上將黨／國層面分離並分開觀察的做法，參閱蘇彥圖，憲政民主秩序下的黨／國分際，自由時報電子報，網址：http://www.libertytimes.com.tw/2013/new/sep/23/today-republic2.htm，最後查訪日：2013/09/25。

[14] 「一群公法學者的共同意見」將其稱為「總統憲政身分的同一性」。

[15] 「一群公法學者的共同意見」將譴責的重點置於「越權干涉國會自律事項」，固然有據，但是本文認為應該區分馬總統的行動涉及兩個可能牴觸憲法的問題層面，首先是介入國會自律事項，其次是透過撤銷黨籍與其他行為來解除立委與院長職位，本文將焦點置於後者。

三、喪失黨籍是否就喪失不分區立委的資格？

（一）一個法的悖論？

在「九月政爭」中，在法的層面最具有關鍵性的是馬總統強勢運作國民黨的內部機制，指示將王金平關說案移交國民黨考紀會處理，親自出席考紀會陳述，並要求該會做成撤銷王金平黨籍的處分，以造成王金平喪失立法委員資格，並連帶使其喪失立法院院長的職位的法律效果。雖然目前這個爭議在當時已經進入民事訴訟程序，並針對假處分的裁准有了一連串的攻防戰，暫時使得實務上的焦點在於其程序面，但是這個環節目前最受法律界矚目之處，同時也是台灣的法學社群正在熱烈討論的問題是：王金平是否因為喪失黨籍而喪失立法委員的資格？

這個問題會引起熱烈討論，除了因為作為「九月政爭」的憲法與法律爭議核心問題之一，而具有極強的現實性之外，與一個法的悖論（paradox of law）也有關係。

任何懂得法律基本知識的人都知道，憲法的效力高於法律，法律的效力高於行政命令[16]，民事法律行為不得違背強制禁止之規定，亦不得違背公共秩序善良風俗[17]，這就是法秩序的位階性。既然國民黨的黨規與黨紀，屬於人民團體的章則，其法位階甚至在行政命令以下，因此針對目前的爭議，可以合乎邏輯的得到一個結論：「**黨紀不能凌駕憲法。**」[18]但是另一方面，依照現行的公職人員選舉罷免法第

---

[16] 憲法第171條與第172條甚至規定，法律牴觸憲法者無效，命令牴觸憲法與法律者無效。

[17] 參照民法第71條與第72條。

[18] 這也是國內學者顏厥安的主張，他認為：「國會議長的中立地位，是《憲法》的要求，當然也受到《憲法》規範位階的保障。面對眼前的狀況，《憲法》給出的答案非常簡單清楚：國

73條第2項之規定：「**全國不分區及僑居國外國民立法委員，在就職後喪失其所屬政黨黨籍者，自喪失黨籍之日起喪失其資格。**」大法官釋字第331號解釋亦認為：「**依中華民國憲法增修條文第四條規定，僑居國外國民及全國不分區之中央民意代表，係按該次選舉政黨得票總數比例方式產生，而非由選舉區之選民逕以投票方式選出，自無從由選舉區之選民以投票方式予以罷免……惟此種民意代表如喪失其所由選出之政黨黨員資格時，自應喪失其中央民意代表之資格，方符憲法增設此一制度之本旨。**」

　　所以要把一個經過人民選舉進入立法院擔任立法委員，再經過立法院會議選舉出來的立法院院長撤換掉，即使他具備雙重的民主正當性[19]，只要透過黨紀處分使其喪失黨籍即可做到，這不就意味「**黨紀能夠凌駕憲法**」，對於憲政主義憲法最重要的一些原則，例如權力分立原則、民主原則與國會自律原則，這些為了限制權力所築構的憲法藩籬，一個只有具備人民團體地位的政黨，只要透過強力運作就可以完全將其瓦解了[20]。法的悖論就在於：具有最高法位階的憲法允許黨紀凌駕憲法。

會議長的身分特殊，不能僅僅因為黨紀處分（開除黨籍或停止黨權），就失去了議長的地位，否則黨紀就控制了國會。」參閱顏厥安，焦點評論：黨紀不能決定王金平去留，蘋果日報，網址：http://www.appledaily.com.tw/appledaily/artivle/headline/20130910/35282627，最後查訪日：2013/09/25/。

[19] 立法院院長具備立法委員的身分，這是第一重民主正當性，立法院院長由立法委員選出，這是第二重民主正當性。

[20] 筆者相信很少人會覺得王金平這一次所受的黨紀處分毫無違法疑義，實則此次的處分無論是在程序面向或是實質面向都有嚴重的瑕疵，比較明顯的是，作為國民黨主席的馬英九總統，不但在國民黨考紀會開會前舉行記者會、考紀會開會時入場陳述，甚至在考紀會開會時坐鎮於其旁邊的房間，在這些行為所造成莫大壓力下，國民黨考紀會有可能做成公正的決議嗎？此外，相較於過去的案件，在沒有明確證據證明有司法關說的情況下，很快的做成撤銷黨籍的處分，未免失之輕率，甚至不符合比例原則。

　　要解除這一個法的悖論，就要問道「喪失黨籍即喪失不分區立法委員的資格」的命題，難道會是憲法所允許，甚至憲法所要求的嗎？解鈴還需繫鈴人，一切都要回到大法官釋字第331號解釋。固然公職人員選舉罷免法第73條第2項對此有所規定，但是在憲法問題上，選罷法充其量也只不過是一部具有法律位階的法規範，更何況選罷法該條規定的修訂緣起是來自釋字第331號的要求。

　　另一個最近被引用來支持上述命題的法律[21]，是司法院大法官審理案件法第30條第1項的規定：「**被宣告解散之政黨，應即停止一切活動，並不得成立目的相同之代替組織，其依政黨比例方式產生之民意代表自判決生效時起喪失其資格。**」立法者在制定這條規定時，似乎將政黨比例代表與政黨做了緊密的連結，以致於當政黨被宣告解散時，依該政黨名單所產生的全國不分區代表也喪失資格。司法院大法官審理案件法原名爲司法院大法官會議法，因應憲法增修條文第5條的制定而修改爲現在的名稱與內容，該法第30條的制定源於憲法增修條文第5條政黨違憲解散的規定。同樣的，這個規定充其量只具有法律位階，而且其內容已逾越憲法增修條文的相關規定[22]，是否合憲還有討論餘地，難以用來支持上述命題是合憲的看法。退一步言，贊同「政黨因違憲被解散時，依該政黨名單所產生的全國不分區代表也喪失資格」的理由，不一定可以用以支持上述命題，因爲喪失黨籍與政黨違憲畢竟還是有差別，兩者的立法目的與處理的問題都不一樣，

---

[21] 王健壯，大家來上憲法課，獨立評論@天下，網址：http://opinion.cw.com.tw/blog/profile/45/aiticle/621，最後查訪日：2013/09/26。

[22] 憲法增修條文第5條第4項規定：「司法院大法官，除依憲法第七十八條之規定外，並組成憲法法庭審理總統、副總統之彈劾及政黨違憲之解散事項。」其第5項規定：「政黨之目的或其行爲，危害中華民國之存在或自由民主之憲政秩序者爲違憲。」並未涉及違憲政黨黨員擔任全國不分區代表者是否因爲政黨解散而喪失資格的問題。

畢竟政黨違憲來自於防衛性民主的考量，政黨比例代表制則是民主原則的一種形構[23]。

（二）自由委任、強制委任與釋字第331號解釋

支持「喪失黨籍即喪失不分區立法委員的資格」符合憲法的見解，最終的訴求就是釋字第331號解釋，該號解釋白紙黑字的寫道：**「此種民意代表如喪失其所由選出之政黨黨員資格時，自應喪失其中央民意代表之資格，方符憲法增設此一制度之本旨。」**然而，上述釋字第331號解釋的文字，在本案中並非一個憲法爭議問題的結論，毋寧是一個憲法爭議問題的開端。

根據大法官自己的解釋（釋字第185號解釋），大法官解釋具有拘束全國機關與人民的效力[24]，但是大法官解釋由兩部分組成：解釋文與解釋理由書。解釋文常常不是以「判決（解釋）主文」的形式來表述，而是同時夾雜「判決（解釋）主文」與「判決（解釋）理由」，因此到底大法官解釋中具有拘束力的是哪一些規範性命題，本身往往就是一個解釋的問題。此外，大法官解釋常常在聲請解釋的標的外，做進一步或是相關聯的發揮，類似所謂的「訴外裁判」，因此有拘束力的是否擴及「訴外裁判」的部分，還是侷限於原聲請標的，容有討論的空間。況且，大法官的解釋雖然多屬抽象解釋，但是卻仍立基於據以聲請的案件事實，潛在的參照具體案件爭議或疑義來解釋，所以在理解大法官解釋時，即不宜採取「顯明事實」理論，僅就

---

[23] 有關於這個問題，在下一節有更詳盡的討論。

[24] 「司法院解釋憲法，並有統一解釋法律及命令之權，違憲法第七十八條所明定，其所為之解釋，自有拘束全國各機關及人民之效力，各機關處理有關事項，應依解釋意旨為之，違背解釋之判例，當然失其效力。」

字面上的意義來解釋，有必要將原案件事實與聲請解釋的主張納入考察。最後，大法官有時候會對於過去的解釋採取「補充解釋」形式的解釋，補充解釋隱含兩種類型，一種是眞正的補充解釋，對於過去解釋不清楚之處予以更清楚的論述，另外一種則已經超出「補充」的範圍，而是一部或全部推翻過去的解釋[25]。由於每一個憲法爭議有其獨特的脈絡與其相關的憲法條文，因此在新的案件中引用過去的大法官解釋時，就必須考慮到上述指出的一些解釋問題。所以在本案當中，僅僅以釋字第331號解釋的相關內容來否定目前存在著憲法爭議，亦即「喪失黨籍即喪失不分區立法委員的資格」的命題是否違憲？恐怕會流於輕率的「大法官法實證主義」。

本案涉及一個憲法體制的解釋問題：在代議民主制度下，政黨比例代表是否喪失黨籍就喪失國會議員資格？這個問題並不是依文解義（文義解釋）就可以回答。爲了得到更合理的解釋，有必要訴諸制度背後的原理，所以必須先解答一個後設問題：我國的國會議員究竟代表的是全國人民，還是只代表該選區的選民？亦即，在我國的議會民主制中，立法委員所獲得的選民授權是採取「自由委任」還是「強制委任」？

在比較憲法上，以德國的制度爲例，德國聯邦眾議院議員的選舉採取單一選區兩票制，第一張票選出區域代表，第二張票則決定各政黨在聯邦眾議院的總席次，第二張票的席次扣掉第一張票的席次，就是依政黨名單當選的席次。無論是德國的憲法學通說，還是聯邦憲法法院的見解，都認爲德國聯邦眾議院的議員是屬於「自由委任」（freies Mandat），因此一個依政黨名單當選的國會議員，並不會

---

[25] 例如釋字第261號解釋之於釋字第31號解釋，釋字第684號解釋之於釋字第382號解釋。

在就職後因為喪失黨籍而失去國會議員資格，因為他所代表的不是政黨，而是全國人民[26]，這就是基於「自由委任」制來解釋憲法所得的結果。根據上述的法理分析，如果我國憲法是採取「自由委任」，在解釋上就不能得出「喪失黨籍即喪失不分區立法委員的資格」的命題。

可能有論者主張，我國的體制跟德國或其他採取「自由委任」的國家無法相提並論，因此「喪失黨籍即喪失不分區立法委員的資格」的命題仍然站得住腳。然而如同西洋諺語所說，「魔鬼藏在細節裡」，即使我國體制與德國體制不完全相同，並不意味著德國「自由委任」制的法理分析，在解釋我國體制時不具有參考價值。我國的立委選制的確與德國聯邦眾議院議員的選制有些不同，例如德國聯邦眾議院的議員一經選出，即無法予以罷免，我國針對區域立委則可以行使罷免權；又如，我國的單一選區兩票制是「並立制」，與德國採取的「聯立制」也有所不同[27]，因此沒有辦法直接就主張我國憲法採取「自由委任」。但是同樣的，也沒有辦法直接主張我國採取「強制委任」。第三種可能是我國採取的是折衷制，但是折衷制有多種界定的可能性，例如以「自由委任」為原則，「強制委任」為例外，或是以「強制委任」為原則，「自由委任」為例外，其本身有待進一步確定其意義，所以問題會轉變為，我國憲法的折衷制是屬於哪一種類型？針對這個問題，可以再回到大法官釋字第331號解釋，並看看引起該

---

[26] Hartmut Maurer, Staatsrecht, 1999, S. 414-415; Ingo von Munch, Staatsrecht I, 6. Aufl., 2000, S. 269.

[27] 有關於德國聯邦眾議院議員的選制，可參考張嘉尹，我國立委選舉制度的檢討——從德國的「單一選區兩票制」談起，網址：http://taup.yam.org.tw/announce/0102/010212-c.htm，最後查訪日：2013/09/26。

號解釋的聲請案。

監察院於1992年針對當時公職人員選舉罷免法第69條第2項規定，認為：「**全國不分區、僑居國外國民選舉之當選人，不適用罷免之規定。**」有無與憲法之規定相牴觸不無疑義，因此聲請釋憲。監察院所持的理由是該規定在並未符合憲法第23條必要性的情形下，剝奪了人民憲法第17條所保障的罷免權，因此侵害人民參政權。

大法官在釋字第331號解釋中，認為全國不分區代表既非由選舉區的選民所選出，因此無法依憲法第133條由原選舉區的選民罷免，所以公職人員選舉罷免法第69條第2項並不違憲。值得特別注意的是，大法官在另一方面卻認為：「**惟此種民意代表既係由所屬政黨依其得票比例分配名額而當選，如喪失其所由選出之政黨黨員資格時，即失其當選之基礎，自應喪失其中央民意代表之資格（參照司法院大法官審理案件法第三十一條第一項，關於被宣告解散之政黨，其依政黨比例方式產生之民意代表喪失其資格之規定），方符憲法增設此一制度之本旨。**」這個結論來得突兀，首先，大法官竟然是參照法律規定，亦即司法院大法官審理案件法第31條第1項的規定，得到此結論，然而應該被解釋的是憲法增修條文設立全國不分區代表（即政黨比例代表）的本旨，而非憲法增修條文第5條政黨違憲的本旨，因此這個論證上的連結很難成立。其次，真正的本旨表現在同號解釋理由書中的另一段話：「**憲法增修條文第一條、第二條及第四條增設按政黨比例方式選出僑居國外國民及全國不分區中央民意代表之規定，旨在使中央民意機關有部分代表，於行使職權時，不為地區民意所侷限，而能體察全國民意之所在，發揮維護國家整體利益之功能。**」這一段話意味著，大法官認為全國不分區代表背後的原理是「自由委任」。因為，既然旨在使其行使職權時不為地區民意所侷限，而能體

察全國民意，當然就是「自由委任」了。如果全國不分區代表是「自由委任」，那麼前述關於德國體制的法理分析與其結論就有參考餘地。換言之，大法官的結論應該是「喪失黨籍並不喪失不分區立法委員的資格」，而非其相反。這個結論並不會與要求政黨應為其所推出名單負責的考慮相矛盾，在一定程度上，黨紀的維持有利於健全的政黨體制，但是這不能獲致黨紀考量高於體制原理（「自由委任」）考量的結論，這在同樣採取「自由委任」的德國亦然，所以在德國，喪失黨籍雖然不會影響繼續擔任國會議員的資格，卻可以成為被逐出黨團的合法理由[28]。

　　即使不借鏡德國體制的法理分析，堅持全國不分區代表並非純粹的「自由委任」，而有部分「強制委任」原理的運用，因此有被「罷免」或取消資格的可能性，釋字第331號解釋在這部分的論理仍有牽強之處，因為「強制委任」制的原理是，既然代表由選民所選出，因此當代表有負選民所託時，自然可以撤回授權並將其罷免。問題是，全國不分區代表並非沒有選區，而是以全國為選區，固然列在政黨名單之上是當選的必要條件，但是他並不是因為獲得政黨授權，而是基於全國人民授權才擔任立委，如果要落實「強制委任」的原理，就要主張有權撤銷他資格的並非政黨，而是全國選民。所以當釋字第331號以黨員資格為當選基礎，來論證喪失黨籍自喪失代表資格時，就犯了一個明顯的錯誤，亦即曲解了「強制委任」的原理，錯誤的將「當選基礎」銜接在「黨員資格」上。這樣解釋的後果是，不分區代表不再代表全國人民，而僅僅代表他所屬的政黨，他隨時可以因為嚴厲的黨紀處分喪失代表資格，相對於罷免區域立委的高難度，全國不分區

---

[28] 參閱Hartmut Maurer, Staatsrecht, 1999, S. 416-417.

立委資格喪失的程序竟是如此輕率，於是就爲政黨強力控制其不分區代表鋪設好一條（錯誤的）法理之路，這就是黨紀凌駕憲法的由來。這樣的結果，難道符合憲法民主原則對於政黨的期待[29]？

最後，由於釋字第331號解釋做成於1993年，當時基於舊的憲法增修條文，有關於中央民意代表的選舉尚未採取「單一選區兩票制」，而是「複數選區一票制」， 所以當時政黨比例代表制的計票方式，依附於針對區域代表候選人的黨籍，因此是將選民投給候選人的票擬制爲投給他所屬的政黨，相對的，在單一選區兩票制中，則是專門以第二張票來投給政黨，再依得票比例所分配到的席次，由選前公告的政黨名單中決定當選名單，兩種選制雖然都以黨籍爲當選的必要條件，但是畢竟還是有不同之處，姑不論釋字第331號解釋存在著上述所指的嚴重論理缺陷，即是僅僅基於這個差異，就有必要聲請大法官進行補充解釋。

憲政民主體制必須要有與其相容的政黨類型，如果一個政黨可以輕易操弄其黨紀程序，國會中的政黨比例代表就有可能成爲政黨的禁臠，甚至成爲喪失靈魂的投票工具，姑不論在理論上他代表的到底是誰，單是這個圖像就與民主原則完全不相容。因此退一步言，如果眞的要將全國不分區立委的資格繫諸於其黨籍，就必須將民主原則適用在具有民主重要性的政黨內部程序。政黨所具有的憲政民主重要性，在本案當中應連結到不分區立委的資格，因此，黨紀處分即必須受到民主原則以及其他相關原則所拘束，例如正當程序原則、比例原則等的拘束，在這個具有憲政重大意義，涉及國會議長中立性、國會自律，甚至權力分立的憲法議題時，由於其重要性的程度如此之高，

---

[29] 對此問題的簡短分析，參閱蘇彥圖，同註13。

民主原則的適用性就更強，甚至適用密度（未來則是審查密度）亦更高。因此，黨紀不但不能凌駕憲法，黨紀處分還受到憲法各個原則的拘束。

四、這是否是一個憲政危機？

要回答這個問題：這是否是一場憲政危機？或更具體的說，「九月政爭」中，馬總統的行動是否已經引發了一場憲政危機？必須先回答一個問題：何謂「憲政危機」？本文認為，應在概念上區分違憲與憲政危機，違憲是一個憲法概念，也是一個憲法學概念，單純的違憲並不是憲政危機，在憲法學理與實務上，違憲的行為有諸多可能的類型，除了大法官依法所得審查的法律與命令違憲，以及以憲法法庭的組織方式得以審理的政黨違憲之外，在一個具有憲法優越性的憲政秩序中，國家機關的具體行為，無論是法律性質的行為，還是事實行為，都有可能違憲，所以行政處分、判決或是行政機關的事實行為，即使在目前的司法院大法官審理案件法中，並沒有被列為違憲審查的客體，但是都可能對其做出違憲的非價判斷。

「憲政危機」（constitutional crisis; Verfassungskrise），並非憲法概念，而是一個憲法學概念，而且是一個介於憲法學與政治學之間的邊界概念或橋梁概念，憲政危機的概念指涉範圍通常超出違憲概念，重大的違憲行為可能導致憲政危機，但是憲政危機卻不一定來自於違憲行為。憲政危機必須發生在一個巨視層面，而且對於憲法秩序具有結構性的後果，亦即已經危及了重大憲法原則的存續，使作為憲政秩序核心的憲政主義瀕臨破壞與瓦解。另一方面，憲法危機是一個動態的概念，而非單純的狀態概念，並非全有或全無的概念，而是一

個漸層的概念，因爲憲政體制崩壞並非一蹴可幾，而是有跡可循，積聚而成。在此意義下，馬總統由前述四個行爲所構成逼退立法院院長的行動，雖然具有引發憲法危機的潛能，但是目前尚未跨過門檻，因此還稱不上已經構成憲政危機。不過，星星之火可以燎原，如果最後「九月政爭」眞的引起立法院院長下台的後果，那麼就可能是一場憲政危機的序幕，因爲憲法已無能力再去阻止不符合憲政主義的權力運作：行政權竟然可以透過黨機器侵奪立法權，並導致權力分立憲政制度的崩解；黨紀竟然可以凌駕民主原則，決定政黨比例代表制國會議員的去留。如果再把這一次政爭所使用的違法與不當手段，例如違法濫權監聽、檢察總長與特偵組的政治工具化、政黨內部程序的去民主化等，皆列入考慮，如果說台灣的憲政民主有可能在這個過程中逐漸轉變爲「新黨國體制」，也不是杞人憂天之辭。

參、避免憲政危機的契機

如同法社會學的洞見，偏差行爲有其正面的社會功能，因爲偏差行爲可以讓社會重新確認規範的存在，「九月政爭」雖然可能引發憲政危機，但是也有其正面意義，因爲在馬總統的逼退行動中，我們可以再度確認憲政主義與其他重要憲法原則的意義與價值，就此而言，「九月政爭」啓動了整個台灣的憲法教育[30]。這次的憲法教育，除了幫助大家釐清一些相關的憲法爭議問題之外，更重要的是啓動了人民對於憲法的關注與保護憲法的意志。

---

[30] 如同王健壯的文章標題：大家來上憲法課，同註21。

　　由於規範性憲法要能發揮對於政治權力的規範效力，有賴於一些光靠憲法自身無法保障的前提[31]，在主觀面向上，人民朝向憲法、保護憲法的意志特別重要，「九月政爭」中，馬總統無法遂行其個人意志的原因之一，就是台灣的人民從震驚中醒來之後，持續的以憲政主義的高度來監督事情的發展，媒體與學界也一起扮演了監督的角色，前者持續揭露「九月政爭」背後不堪的權力運作，後者則以正確的法律與憲法知識來解構這些弊端，使其無論在事實層面還是法規範層面都無法遁形。

　　在客觀面向上，台灣的憲政民主展現了一定的成熟度，尤其是近年來備受批評的司法系統（法院）仍能發揮功能，所以作為政治爭議的「九月政爭」，最具有關鍵性的部分進入了訴訟程序，成為法律爭訟。立法院院長向法院提起確認國民黨員資格存在的民事訴訟，並聲請定暫時狀態假處分，請求在判決確定前讓他能繼續行使中國國民黨黨員權利，台北地院裁准他的聲請，國民黨對此提起抗告，其後台灣高等法院駁回國民黨的抗告，目前國民黨已經對外宣布，將放棄提起再抗告，因此爭議的雙方將進入實體攻防戰，等待未來法院做出實體判決，以決定王金平是否保有國民黨黨籍[32]，可以說將這一場憲政爭議訴諸司法途徑來解決。姑不論以民事訴訟來解決憲政爭議是否適當，至少證明了司法系統仍能發揮功能，這是憲法能發揮規範效力的

---

[31] 有關於憲法發揮規範效力的社會條件，可參考張嘉尹，台灣憲政秩序的規範效力──一個立基於系統理論的初步考察，收錄於：蕭高彥主編，憲政基本價值（學術會議論文集），2009年6月，322-352頁。

[32] 本案的後續發展，簡要補充如下：2014年3月19日，台北地方法院判決王金平勝訴，確認其國民黨黨籍存在，2014年9月26日，台灣高等法院宣判維持王金平勝訴判決，2015年2月25日，國民黨主席朱立倫宣布無再委任律師承受原訴訟的必要，停止訴訟，確認王金平黨籍存在。2015年3月5日，最高法院裁定，朱立倫須以國民黨法定代理人身分承接原訴訟，由於朱立倫並未委任律師進行訴訟，最高法院駁回國民黨的上訴。

另一個重要條件。

　　當政治爭議越是倚賴法律途徑來解決，就越是意味著政治權力受到法的拘束，也越是意味著憲政主義獲得實現。在這個面向上，除了民事訴訟之外，同等重要的是憲法訴訟，為了守護憲法的權力分立、民主原則與國會自律，憲法爭議的當事人之一的立法院應該勇於聲請大法官解釋，讓作為司法系統一環的大法官，有機會重新釐清相關憲法原則與規定的意義，並對於釋字第331號解釋做出補充解釋，以糾正總統在憲法上的偏差行為。如此一來，即將面臨的憲政危機就有可能成為鞏固憲政的轉機。

原文出處：張嘉尹，誰跨過了憲政主義的邊界——「九月政爭」的憲法學詮釋，台灣法學雜誌，234期，2013年10月，5-16頁。

CHAPTER

11

保衛共和國！
——318學運的憲法學詮釋

壹、318學運¹的導火線與爭議點

　　2014年3月17日下午，在中華民國的立法院發生了一件可稱爲民主之恥的事件。當天，內政委員會召開審查兩岸服務業貿易協議（以下簡稱服貿協議）的會議，以張慶忠委員爲主席，由於爭議很大，會場處於混亂的狀態，張慶忠竟然離開主席台，在廁所旁邊，使用耳機擴音器宣布，議案已經審議完畢，將服貿協議送院會存查，並宣布散會²。雖然九個月來，執政黨信誓旦旦的主張服貿協議一定要通過，但是以這種不但不道德而且也不合法，甚至違憲的方式來強行通過審查議案的程序，不但違反正當法律程序，而且嚴重牴觸憲法的基本原則——民主原則與法治國原則，這是第二天（3月18日）以學生爲主的群衆，在場外抗議之後衝入立法院占領議事大廳的導火線。

　　當時的爭議之一是，張慶忠對外的宣示內容是否有效？如果他的宣示有效，那麼在程序上，這個議案送交院會存查，反之，則還在委員會，應續行八個委員會的聯席會議，落實去年6月的政黨協商結論，進行逐條審查³。根據報載，立法院在2014年3月25日的公報初

1　這個主要由學生發起，並以學生爲主體的反黑箱服貿抗爭，發生在2014年3月18日，因此稱爲「318學運」，另外，由於此次抗爭以向日葵爲象徵物，因此也被稱爲「太陽花學運」。

2　參閱：聯合電子報，張慶忠3月17日的宣布公報初稿未列入，網址：http://udn.com./NEWS/NASTIONAL/NAT4/8570398.shtml#ixzz2wslm6sK，最後查訪日：2014/03/25。更詳細的報導，參閱：自由時報，服貿30秒送院會立院公報未見，網址：http://www.libertytimes.com.tw/2014/new/mar/26/today-fo1-2.htm，最後查訪日：2014/03/26。

3　由於在野黨立委所持的見解是後者，他們認爲張慶忠的宣示根本無效，因此依據原定議程，2014年3月24日在立法院舉行各委會聯席會議，並做成決議，宣告國民黨立委張慶忠上週會議無效，通過決議要馬政府退回服貿，重啓談判，立法院更應立即制定兩岸協議監督條例，未來在監督機制建立後才能審查服貿。參閱：風傳媒，藍委全缺席·立院聯席會決議馬政府退回服貿，網址：http://www.stormmediagroup.com/opcncms/news/detail/l7e05523-b2fb-lle3-a29c-ef2804cba5al/?uuid=l7e05523-b2fb-lle3-a29c-ef2804cba5al#ixzz2wy8MLIka，最後查訪日：2014/03/25。在2014年3月26日立法院內政委員會召開的會議中，審查「兩岸服貿協議業已核

稿中，記載了當日下午2時39分開始開會、主席為國民黨立委張慶忠外，主席發言以下的記載則為「報告委員會，出席人數52人，已達法定人數……（現場一片混亂）」[4]。從這個議事錄以及其他所能蒐集到的資訊看來，這個會可能還沒有開始，因為主席尚未宣布「開會」，更沒有進行審議。由於會議尚未正式開始，根本就不存在著會議，張慶忠的宣示只是他個人意見的表達，欠缺法律效力。退一步言，即使已經開會，但是會議並沒有真正進行，何來已經審議完畢之事。一般而言，一個程序完備的會議，必須召集委員在主席台宣布開會，並進行討論事項、詢答、決議，最後宣布散會，顯見的是，張慶忠的宣示，連議事規則中最基本的程序要求都沒有符合。因此依照當天的情形看來，這個「會議」具有司法院釋字第342號解釋與釋字第499號解釋所說的「重大明顯瑕疵」。

根據釋字第342號解釋：「**法律案之立法程序有不待調查事實即可認定為牴觸憲法，亦即有違反法律成立基本規定之明顯重大瑕疵者，則釋憲機關仍得宣告其為效。**」釋字第342號解釋理由書中，特別指出明顯重大瑕疵包含「**如未經憲法第六十三條之議決程序**」。服貿協議的審議雖非法律案的審議，但是作為兩岸的重要經濟協議，屬於一般所稱的自由貿易協定（FTA），在性質上類似國際協定[5]，

定」一案，進行議事錄確認，結論是確認上一次（3月24日）退回服貿協議的議事錄，根據此項決議，張慶忠用30秒將服貿送至院會存查的決議，確認為「無效」，參閱：自由電子報，退回議事錄張慶忠30秒送院會確定「無效」，網址：http://iservice.libertytimes.com.tw/2013/specials/stp/iiews.php?rmo=4&iio=975619&type=l，最後查訪日：2014/03/26。

[4] 同註2。

[5] 參照司法院釋字第329號解釋：「憲法所稱之條約係指中華民國與其他國家或國際組織所締結之國際書面協定，包括用條約或公約之名稱，或用協定等名稱而其內容直接涉及國家重要事項或人民之權利義務且具有法律上效力者而言。其中名稱為條約或公約或用協定等名稱而附有批准條款者，當然應送立法院審議，其餘國際書面協定，除經法律授權或事先經立法院同

一旦實施，對於台灣社會的影響非常深遠，應具有可以相提並論的性質，其審查可以比照國際協定的審查[6]，在解釋上，大法官所建立的「重大明顯瑕疵」原則即有適用餘地。根據司法院釋字第499號解釋：**「如有重大明顯瑕疵，即不生其應有之效力。」「所謂明顯，係指事實不待調查即可認定；所謂重大，就議事程序而言則指瑕疵之存在已喪失其程序之正當性，而違反修憲條文成立或效力之基本規範。」**雖然釋字第499號解釋所指謫的對象是國民大會的修憲行為，但是在本案中亦有適用餘地。如前所述，（準）國際協定的審理既然是立法院的重要職權之一，就如同國民大會的重要職權之一是修憲一樣，其程序正當性的要求可相提並論。

綜而言之，3月17日下午在內政委員會召開會議，作為主席的召委張慶忠所為的宣示，無視於會議尚未正式開始，更未經決議，已經明顯牴觸任何立法院內決議成立或效力的基本程序要求，根據上述司法院解釋，即不生效力。

即使不採用本文的論述方式，從憲法解釋來論證張慶忠的宣示不生法律效力，也可以很容易從上述事實觀察到張慶忠行為的粗暴與草率，對於立法院議事程序的極度不尊重，用白話來說，就是霸王硬上弓。但是執政黨（國民黨）黨團一週以來，一直堅持張慶忠宣示的

意簽訂，或其內容與國內法律相同者外，亦應送立法院審議。」有人可能會爭議說，服貿協議屬於兩岸之間簽訂的協定，根據司法院釋字第329號解釋理由書：「臺灣地區與大陸地區間訂定之協議，因非本解釋所稱之國際書面協定，應否送請立法院審議，不在本件解釋之範圍，併此說明。」並非國際條約或協定，因此無須送立法院審議。這個說法似是而非，因為在理由書中，大法官只是表明其解釋標的不及於兩岸所簽訂的協定，而不涉及兩岸協定是否應送立法院審議的實質判斷，因此無法做反面推論，所謂的「兩岸協定無須送立法院審議」的推論自然無法成立。

6 參照憲法第63條之規定：「立法院有議決法律案、預算案、戒嚴案、大赦案、宣戰案、媾和案、條約案及國家其他重要事項之權。」

有效性，亦即全案已經送出委員會，現在只能由院會來處理，很明顯的，執政黨立法院黨團的見解是一個昧於事實與法律的主張。

貳、馬政府的反民主之路

　　為何一個內政委員會召委的違法與不當行為，會引起社會的極度不滿，並演變為學生衝入並占領立法院議室大廳的反黑箱服貿抗爭？因為，這並不是一個單一事件，也不是一個立法委員的個人行為，這個行為所代表的意涵，遠超過主要的爭議點──服貿協議，對於台灣的民主制度與憲政體制有很深遠的影響。

　　這個事件，只是執政黨以及行政權長期以來阻撓立法院審查服貿協議的一連串行為中的一個而已，然而其違法與不當太過明顯，而且一旦如同張慶忠所宣示，全案送院會存查，在執政黨占國會多數的情況下，原則上逐條審查與表決的機會就喪失了。除了在歷次的公聽會與先前的審查會中，不是採取虛應故事的方式，讓公聽會無法發揮作用，就是動用議事干擾，阻止實質審查。此外，作為執政黨主席的馬總統與行政院的官員除了信誓旦旦，強硬的主張立法院對於服貿協議只能照案通過，連一個字都不能改。更動用各種機制，準備強渡關山，馬總統去年（2013年）9月所發動的「九月政爭」[7]，只是其中比較顯著的例子。

　　在「九月政爭」中，馬總統企圖透過違法的監聽與黨機器，來逼退立法院院長王金平。當時，馬總統不但聽取並要求檢察總長違法洩

---

[7]　可參閱張嘉尹，誰跨越了憲政主義的邊界？──「九月政爭」的憲法學詮釋，台灣法學雜誌，234期，2013年10月15日，5-16頁。

密，還縱容檢察總長與特偵組違法公布監聽譯文，並動員國民黨考紀會撤銷王金平的黨籍，企圖剝奪他的立委資格以使其去職，這個政治鬥爭幾乎引發了一場憲政危機。其實，這個政治鬥爭如果放在服貿協議審查的脈絡中觀察，其對於憲政秩序的意義就更清楚了。

首先，馬鬥王的一個主要原因，就在於去年6月以後，王沒有聽從馬的意志，在7、8月召開的立法院臨時會中強行通過服貿協議，反而是在去年6月時，主持政黨協商決定服貿協議逐條審查。其次是，「九月政爭」的基本結構在於身兼國民黨主席的馬總統，透過總統行政權力與黨機器的濫用，企圖逼退立法院院長。這一次馬主席在黨內下達強力的指令，要求在今年6月以前一定通過服貿協議，不但導致執政黨以國會多數黨的身分，罕見的動用議事干擾，阻止立法院八個委員會聯席會議對於服貿協議的逐條審查，更以強渡關山的方式，在3月17日下午，由張慶忠違法的逕行宣布「服貿視為已審查，送交院會存查」，這個基本結構並沒有改變，還是重複的以黨領政，強勢的運作黨團，運用黨紀綁架黨籍立委，造成國民黨籍的立委無法再履行民意代表的職責，而萎縮成黨意志的執行者，讓多數決變成多數暴力，並蠻橫的撕毀政黨協商的結論，摧毀了立法院長久以來形成的慣例，更封殺在野黨立法委員進行民主審議的機會。

執政黨如何架空立法院的權力，可以檢視以下兩個主張。

一開始，馬政府利用一個說詞，聲稱服貿協議只是一個兩岸經濟合作架構協議（ECFA）下，用來補充這個架構的協議，因此可以適用臺灣地區與大陸地區人民關係條例第5條第2項之規定：「**協議之內容涉及法律之修正或應以法律定之者，協議辦理機關應於協議簽署後三十日內報請行政院核轉立法院審議；其內容未涉及法律之修正或無須另以法律定之者，協議辦理機關應於協議簽署後三十日內報請**

行政院核定，並送立法院備查，其程序，必要時以機密方式處理。」
並聲稱由於服貿協議的內容，並未涉及法律修正，也無須另訂法律來
規範，因此在報請行政院核定之後，只要送立法院備查即可，這是簽
訂服貿協議前就打好的算盤。這個主張幾乎完全剝奪立法院審查服貿
協議的任何機會，無論在事實上，還是在法律上都有很大的疑問，因
為影響層面這麼大的協議，不可能毫無涉及法律的修正或制定[8]。此
外，服貿協議影響到數百萬就業人口，涉及了金融、電信、社福、醫
療、交通運輸等重大議題[9]，對於人民基本權利的影響極大，在憲法
上怎麼可能會得出立法院毫無置喙餘地的見解？從憲法的觀點出發，
反而會得出國會保留的結論才對。在引起社會大眾極度關切之後，至
少表面上，馬政府不敢公然再做同樣主張，而且在進行朝野協商之
後，這個案件將以類似行政命令的審查程序，進入立法院全院委員會
進行逐條審查。

　　然而真正要進行逐條審查時，執政黨開始進行議事杯葛，讓審
查無法正常進行。後來就導致張慶忠的違法宣示，我們可以從他宣示
的內容，得到更多執政黨企圖架空立法院的佐證。張慶忠宣告「服貿
視為已審查，送交院會存查」的理由，在於對服貿協議的一個錯誤定
性，他以及馬政府的許多官員，例如行政院長江宜樺、陸委會主委王
郁琦，口徑一致，主張服貿協議是行政命令，因此根據立法院職權行
使法第61條第1項規定：**「各委員會審查行政命令，應於院會交付審
查後三個月內完成之；逾期未完成者，視為已經審查。但有特殊情形**

---

[8] 可能有必要修法的例如電信法、相關的金融法規，當然，這一部分有必要更詳細與具體的探
　　究。

[9] 一個簡單而清楚的說明，參閱鄭秀玲，兩岸服貿協議對我國的衝擊分析（ppt檔案），網址：
　　http://wwwslidesgare.net/hungchenggtu/ss-24730814，最後查訪日：2014/03/27。

者，得經院會同意後展延；展延以一次爲限。」他們認爲，既然服貿協議已經送立法院交付審查超過三個月，立法院逾期未完成審查，所以視爲「已經審查」。這個主張的問題，在於其前提難以成立，兩岸簽訂的服貿協議並非行政命令。

首先，將兩個政治實體所簽訂的自由貿易協定定位爲行政命令，只是馬政府爲了阻止立法院有審查的機會，而不誠實的將具有類似國際條約、協定性質的約定，降級爲命令層級的規範。試想，如果服貿協議眞的是在法規範效力位階中等級很低的行政命令，根據司法院釋字第371號解釋，倘若未來發生法律爭議，當具有審判權的法官認定其違法或違憲時，得逕行不予適用，如此一來，服貿協議所具有的法安定性相對於一般的國際協定而言，可以說非常低，這不但違背國際慣例，更不是想要規避立法院審查的馬政府所能接受的結果。其次，如同法律學者黃丞儀所指出，根據中央法規標準法的規定，行政命令一定要冠上該法所規定的七種名稱之一，服貿協議則根本不具有命令的名稱，單從形式觀察，即否定其爲行政命令的可能性。更何況，發布行政命令必須具有法律授權或是至少本於其組織法上的法定職權，服貿協議乃是根據「海峽兩岸經濟合作架構協議」及世界貿易組織「服務貿易總協定」來訂定，由於這兩項協議或協定僅是具有條約性質的文本，因此欠缺行政命令所需具備的法規範基礎[10]。

在法律論述中，這個問題當然還可以繼續討論，甚至去討論，假使服貿協議並非行政命令，其審查比照行政命令是否符合憲法？此次立法院對於服貿協議的審查似乎比照行政命令的審查，但是行政院與

---

[10] 參閱黃丞儀，反對「指鹿爲馬」的假民主，刊載於網路意見交換平台「獨立平論@天下」，網址：http://opinion.cw.com.tw/blog/profile/103/article/1129，最後查訪日：2014/03/26。

國民黨立法院黨團卻又主張，服貿協議具有國際協定性質，因此只能夠照案通過，不能修改任何一個條文。由此可見，馬政府對於服貿協議的主張根本不具一致性，內容相互矛盾，充滿了任意性，已經違反「法律理性」的基本要求，由此甚至可以推論，服貿協議的法律性質是一個假議題，其主要的功能是政治性的，只是用以阻止立法院進行實質審查，這個推論可以從立法院所舉辦公聽會的情況，以及執政黨立委議事杯葛八個委員會聯席會議進行審查的情況得到佐證。

馬政府這些有意的行動所造成的結果是，行政與立法逐漸的實質一體化，導致憲法所設計的權力分立制度遭到破壞，對於憲政民主具有關鍵性的代議民主制也逐漸徒具形式，成為一個僅僅具有轉化黨（主席）意志功能的工具。這個結構，讓執政黨主席的意志凌駕人民的意志，並取代人民的意志，讓國家機器成為執政黨的工具，在作用上無異於台灣民主化以前的「黨國體制」，可稱為「新黨國體制」[11]。

參、魔鬼藏在黑箱裡

這個正在形成的「新黨國體制」不但是反民主的，其行為特質充滿了恨、暴力與欺騙，與獨裁政權已相去不遠，而與自由民主憲政秩序所奠基的基本價值背道而馳。有關於恨，只要觀察身為總統的馬英

---

[11] 一個「新黨國體制」的組成元素，不會只有黨政軍特的赤裸與非赤裸暴力而已，意識型態的掌控更是支持此體制的必要成分，例如教育、文化與媒體的操弄與宰制，就成為必要的統治技術。就此而言，近來的高中歷史、公民課綱的「微調」，324警察暴力鎮壓事件之後，一些平面媒體與電子媒體的曲解事實，都是重要的例子，由於本文著重憲政體制方面的分析，故而其他方面的探討只能省略。

九如何對待他過去的政敵與現在的階下囚──陳水扁前總統，就可以瞭解，即使陳水扁是罪有應得，一個已經被關到身體與精神都出現重大疾病，被認爲具有不同黨派立場的醫師幾乎都一致的診斷[12]，應該居家療養才有利於醫學上的治療的病患，基於憲法對於人性尊嚴的起碼保障，都應允許其居家療養，但是馬政府無視於這個最起碼的憲法要求，悍然拒絕給予符合人性尊嚴的對待[13]。

有關於暴力，除了上述在黨機器與在立法院裡，所採取的相對和平與柔性的多數暴力之外，對於沒有掌握任何政治權力的異議者，則毫無顧忌的濫用物理暴力。自從2008年馬英九就任總統以來，尤其是從當時中國海協會會長陳雲林來台之時開始，這個政府就假借集會遊行法、社會秩序維護法以及國安法等相關法律，對於正當行使憲法所保障集會遊行自由與言論自由權的人民，幾乎都以逾越比例原則而違法、違憲的方式，施以暴力的對待。在2014年3月24日凌晨，對於和平抗議的學生採取暴力方式，使用盾牌、警棍毆打學生，甚至在包圍之後，威嚇並動用私刑[14]，到最後甚至使用具有高度危險性、容易造成重傷害的噴水車（俗稱「水砲」）對著身體直接攻擊，這是最近與最血腥的一次對於人民的鎮壓[15]。政府對於和平的集體抗議以逾

---

[12] 例如台大的柯文哲醫師與台北榮總的周元華醫師的看法都類似。

[13] 這種待遇固然有法令依據的問題，參閱法務部矯正署新聞稿，網址：http://wwwmjac.moj.gov.tw/ct.asp?xiTEM=329046&CTnODE=30058&MP=801，最後查訪日：2014/03/26。但是法令依據並非無法解決的問題，對本文而言，重要的是這種處境所表徵的「恨的政治學」。

[14] 如同立法委員管碧玲2014年3月26日在立法院質詢時所展示的影片所示，網址：https://www.youtube.com/watdi?v=b5iiXmAByc9g&feature=youtu.be，最後查訪日：2014/03/26。

[15] 這次的血腥鎮壓行動引起社會各界的反彈，部分法律學系的學者展開連署，譴責政府的粗暴行爲，認爲：「國家權力與國家暴力只是一線之隔。國家權力一旦逾越比例原則，就變成國家暴力。對於民眾學生攻占行政院之行爲，政府必須區別不同情況而分別處理。如果政府將手無寸鐵之所有參與之學生都當成暴民，都採取同一強度之驅離手段，即有違反比例原則之嫌，一旦逾越比例原則，下令者與執行者都應負起應負之法律刑事責任。」此外，台灣大學法律學院也有三分之二的教授發起連署聲明。

越比例原則的暴力行動予以鎮壓，除了物理暴力所造成的身體傷害以外，對於民主制度更大的威脅與傷害，來自於暴力所造成的心理效果，亦可稱爲寒蟬效應（chilling effect）。除此之外，2008年以來，檢調與警察系統在人民集體抗議之後，動輒以社會秩序維護法、集會遊行法、刑法等法律爲依據，濫行盤查、留置、逮捕甚至起訴，則是對於人民以集會遊行方式表達政治性言論更具有寒蟬效應的「司法暴力」。

　　有關於欺騙，目前的著例是馬政府執行國家暴力之後，行政院與警政署竟然無視於國內外平面媒體、電子媒體以及網路上各種小衆媒體與臉書等社交網站上，所提供的影音、相片，以及文字的各種證據與報導[16]，睜眼說瞎話的對外宣稱：一切依法處理、依法行政、警方以和平的方式執法，連最該負責的下令者行政院院長江宜樺，都可以在警察血腥鎮壓之後對外聲稱，警察是以抬人、拍肩的方式驅離群衆[17]。然而這個例子只是冰山一角，馬政府對於服貿協議的整個處理方式，在在顯示這個正在形成的「新黨國體制」所具有的欺騙性。

　　爲何許多公民團體以及這一次的318學運，會把馬政府簽訂的服貿協議稱爲「黑箱服貿」？答案很簡單，除了上一節所描繪的，馬政府以各種方式阻撓立委審查權，協議只要送立法院備查即可，即使後來因爲朝野協商而勉強接受，不逕付立法院的逐條審查之外，在與中

---

[16] 太多資料可以證明這一次政府鎮壓行動的暴力，蘋果日報網路版「王卓鈞說謊員警持警棍K學生頭證據在此」的文字報導與影音檔，網址：hup://www.appledaily.com.tw/realtimenews/article/politics/20140326/367458/，最後查訪日：2014/03/26，即可佐證一二。更多影音檔足資證明警察施暴，請點閱0324殘暴政府行爲的眞相，網址：http://laiwan0314.s3-website-ap-northeast-1ainazonaws.com/，最後查訪日：2014/03/27。

[17] 參閱：江宜樺：警方以抬人、拍肩驅離民衆，新頭殼網路新聞台，網址：http://newtalk.tw/news/2014/03/24/45617.html，最後查訪日：2014/03/26。

國簽訂影響台灣如此深遠的服貿協議之前，行政院根本沒有與立法院會商，提供任何資料。在簽訂後，一開始更是主張，立法院對於服貿協議沒二讀而先送全院委員會審查的方案，仍然堅持主張只可以審不能修。然而從去年6月到現在整整九個月，馬政府從來沒有提供立法院足以作為審查依據的資料。對於台灣社會去年6月起所表現的嚴重關切與疑慮，馬政府更沒有做適當而實質的回應，這包含去年6月就答應要做的衝擊評估報告，到了現在還是沒有執行，更不用說提出。如同法律學者顏厥安所指出的，整個過程中，欠缺了正常政府在做重大決策時應具有的正當性要求：「公開透明」與「理性溝通」[18]。迄今為止，馬政府處理服貿協議的過程，簡言之，就是「程序不透明，資訊不公開，評估不敢做，條文有問題，項目有爭議，開放不對等」[19]。

　　如果把各界的疑慮做一個總結，主要來自兩方面，一方面是經濟的衝擊影響，這方面各界所表達的疑慮與提供的資料，已經多到不可勝數，其表現出來的專業度更是非行家難以窺其全貌，但是馬政府到現在仍然沒有實質的回應。另一方面是國家安全的衝擊影響，尤其是簽約的對方，並不是美國、日本、韓國等，早已民主化的自由國家，而是一個迄今仍宣稱台灣是其領土一部分的中國，這個國家對於台灣國家安全的威脅性，根本明顯到無須說明。如果在大規模開放服務業時，毫無清楚具體的國家安全影響評估，這種作業模式只會啓人疑竇，懷疑在黑箱裡面，是否藏著什麼不可告人之密。馬政府對於這兩

---

[18] 參閱顏厥安，服貿協議該如何審查，蘋果日報網路版，網址：http://www.appledaily.com.lw/ appledaily/article/headline/20130731/35187167/，最後查訪日：2014/03/27。

[19] 參閱顏厥安，是否會發生「台灣危機」？自由電子報，網址：hup://www.libertytimes.com. tw/20l4/new/mar/17/today-republicl.hlm，最後查訪日：2014/03/27。

方面的疑慮，並不願意負責面對，對於大眾的回應千篇一律，只能一再「跳針」的重複服貿協議對於台灣的重要性，以宣傳代替說明。不然，就是透過黨機器架空國家機器，試圖強行通過這個持續具有「黑箱」性質的服貿協議。

肆、憲政危機迫在眉睫

筆者曾在另一篇論文中試圖界定「憲政危機」（constitutional crisis; Verfassungskrise）的概念，茲再簡單說明如下。憲政危機的概念指涉範圍通常超出違憲概念，重大的違憲行為可能導致憲政危機，但是憲政危機卻不一定來自於形式的（正式的）違憲行為。憲政危機必須發生在一個巨視層面，而且對於憲法秩序具有結構性的後果，亦即已經危及了重大憲法原則的存續，使作為憲政秩序核心的憲政主義瀕臨破壞與瓦解。另一方面，憲政危機是一個動態的概念，而非單純的狀態概念，指涉的並非一個全有或全無的現象，而是一個漸層的概念，因為憲政體制崩壞並非一蹴可幾，而是有跡可循，積聚而成。當時筆者認為，在「九月政爭」中，馬總統逼退立法院院長的行動雖具有引發憲法危機的潛能，但是尚未跨過門檻構成憲政危機。由於後來並未導致立法院院長下台，因此就結果論，憲政危機尚未揭開序幕。然而筆者同時強調，如果憲法無能力阻止牴觸憲政主義的權力運作，尤其是，如果行政權可以透過黨機器侵奪立法權[20]，導致權力

---

[20] 遑論在控制同黨立委時，掌權者（主要是黨主席或是其他具有決策權的隱身者）可能使用的違法與不當手段，例如違法濫權監聽、檢察總長與特偵組的政治工具化、政黨內部程序的去民主化等，皆可列入考慮。

分立憲政體制的崩解，讓黨紀凌駕民主原則，架空了憲法對於行政權與立法權的權力劃分，那麼憲政危機就迫在眉睫了，因為，台灣的憲政民主將在這個過程中逐漸轉變為黨政合一、行政權與立法權合一的「新黨國體制」[21]。

這個實質上屬於「憲法革命」的過程，可能不是以鉅變的方式來表現出來，而是以量變到質變的方式進行，對於憲政體制而言，後者尤其致命，因為這是一種表面上看似合法的過程，憲法的正式制度，尤其是法律系統內的司法制度或是立法制度、監察制度，對於這種模式特別欠缺免疫力，因為當法律系統以法／不法的二元符碼化（die binäre Codierung von Recht und Unrecht）來運作時，對於以合法符碼包裝的行動，就比較容易欠缺可辨識的工具。即使是職司憲法守護任務的大法官，由於可以使用的法律程式（Programme des Rechts）比一般法院多，尤其因為可以解釋適用憲法，擁有憲法解釋權與違憲審查權，因而有可能切換於法律系統與政治系統之間，換言之，透過宣告政治行動屬於違憲無效，而有潛力保護憲法秩序免於毀滅於政治系統的「柔性革命」，但是這畢竟只是一種制度上的可能性而已，是否能夠實現，則有賴於其他的配套制度設計，例如大法官的釋憲權限屬於司法的一環，依舊受到「不告不理」原則的拘束，而且大法官的釋憲權限還受到相關程序法律的限制，並不是針對每一種違憲的政府行為都有程序法上可以受理的依據。況且，為了自我保護免於捲入政治鬥爭的漩渦，大法官還發展出特定的技術來規避或推遲行使權限，正式的技術例如充滿解釋彈性的「政治問題」原則[22]，非正式的技術

---

[21] 參閱張嘉尹，同註7，15-16頁。

[22] 例如司法院釋字第328號解釋，將固有疆域之界定是為政治問題不予解釋。

例如受理之後拖延多年才予以解釋[23]。此外，還有一種可能是，這種以合法符碼包裝的政治行動，會利用憲法的正式制度來進行其顛覆憲法的目的，例如本文一直關切的，透過黨機器，摧毀行政與立法的權力分立，以及透過黨機器，操控與綁架黨籍立委，使其不再代表民意，而成爲執行黨（主席）意志的工具，最終造成「新黨國體制」的現實，這種對於憲政秩序的危害，可能在結果上符合憲法增修條文第5條第5項的規定：「**政黨之目的或其行爲，危害中華民國之存在或自由民主之憲政秩序者爲違憲。**」但是正式的憲法自我保護機制卻對它無能爲力，這正是目前台灣面臨的憲政危機，在形成這個危機的過程中，服貿協議的爭議只是一個具體而重大的例子。

　　殷鑒不遠，德國威瑪共和正是亡於以合法手段奪權毀憲的憲法敵人[24]。更何況，目前台灣的憲政秩序面臨的來自於內外兩方的威脅，如果這一次服貿協議可以在立法院以如此違憲、違法與不當的方式強行通過，坐實了以黨領政的行政立法合一，馬總統身爲國家最高領導人與執政黨主席，未來就可以繼續使用這個方式強行通過任何他所意欲的兩岸經濟協議，可以繼續用這種不資訊公開、不理性溝通的方式來通過，對台灣而言不但條件不對等而且具有高度國安疑慮的兩岸經濟協議，無論他有沒有基於不確定故意還是有認識過失，當他這麼做的同時，在功能上（請注意，本文強調的是「在功能上」），他已經成爲中國，這一個仍然對台灣有強大敵意的國家，植入台灣政治中心

---

[23] 例如近期剛出爐的司法院釋字第718號解釋，在聲請三年多以後才予以解釋。不過這不是一個好例子，因爲本號解釋處理的是與人民集會遊行自由關係重大的集會遊行法，有關於採取許可制是否違憲的爭議，雖然集會遊行自由具有重大的政治意義，但是卻是典型的基本權利案件，並不會將大法官捲入政治鬥爭。

[24] 有關於「憲政危機」的概念，如果可以更進一步地採取要件化的方式來定義，將會更具有描繪與區分憲政現實的功用，這是筆者將繼續從事的工作。就本文的目的，亦即從憲政危機來觀察318學運，這個概念的提出，至少可以讓318學運聯繫上憲政秩序的保障這個巨視觀點。

的一個「特洛伊木馬」。在這個意義上，讓目前的黑箱服貿協議強行通過，就是把台灣的「山海關」打開，從此以後，「清兵」長驅直入。或者，再用一個比喻，在這一個重新到來的甲午年，黑箱服貿協議彷彿是另一個馬關條約，如果真的強行通過，台灣從此將走向不歸路。如果上面的推論有道理，那麼台灣目前所面臨的就不只是憲政危機，還有「滅國」的危機。如果目前能夠阻止憲政危機發生，就有機會阻止未來的「滅國」危機。

伍、保護憲法的公民責任

由於規範性憲法要能發揮對於政治權力的規範效力，有賴於憲法自身無法保障的前提[25]，在客觀面向上，尤其倚賴司法系統（法院）要能發揮功能，例如去年當「九月政爭」的關鍵性部分進入訴訟程序之後，政治鬥爭就轉型為法律事件，而暫時失去其在政治系統內影響權力分配的能量。王院長向法院提起「確認國民黨員資格存在」的民事訴訟，並聲請「定暫時狀態假處分」，不但法院准其假處分聲請，在實體裁判上又獲得勝訴，這一場由總統發動的政治鬥爭，就透過司法途徑來獲得來解決。必須正視的是，法律系統固然吸納了這一次的政治鬥爭[26]，但是只是暫時延緩憲政危機的發生，並不意味著憲法秩序從此平安無事，尤其是面對的是持續透過各種方式與途徑企圖規避

---

[25] 有關於憲法發揮規範效力的社會條件，可參閱張嘉尹，台灣憲政秩序的規範效力——一個立基於系統理論的初步考察，收錄於：蕭高彥主編，憲政基本價值（學術會議論文集），2009年6月，322-352頁。

[26] 除了王金平院長在一審的勝訴之外，參與政爭的檢察總長黃世銘因為對總統洩密，目前一審被判有罪，並辭去職務。至於而與檢察總長有共謀或教唆之嫌的總統，則因為憲法第52條的保障，而暫時免於追訴。

憲政體制的規制，想要重新打造「新黨國體制」的種種政治行動，法律系統內的個別案件解決方式有很大的侷限性。

　　爲了維護憲法的規範效力，在主觀面向上不可或缺的，則是人民朝向憲法與保護憲法的意志。過去在「九月政爭」中，馬總統無法遂行其個人意志的主因之一，就是台灣人民在震驚之餘，持續的從憲政主義的高度監督事情進展，持續將「九月政爭」之後不堪的權力運作揭露出來，並以正確的法律與憲法知識來解構這些弊端，使其無所遁形，這就是人民憲法意志的具體展現。「朝向憲法的意志」（der Wille zur Verfassung），意味著在所有參與憲法生活的人（包含國民與政治人物）心中，有一種不被短視效益考量所影響，而願意貫徹憲法秩序的決心[27]。同樣重要的是，有了保護憲法意志之後，願意將這個意志化爲集體的行動。

陸、抵抗作爲重建憲政民主之路

　　如果本文上述的分析有道理，3月17日在立法院發生的事件，就不是一個單一違法亂紀的事件，而具有一個普遍的意義，張慶忠的蠻橫只是執政黨蠻橫的一個縮影，更是馬政府與執政黨主席蠻橫的一個縮影，台灣今天面臨的就不只是「黑箱服貿」的爭議而已。

　　台灣的憲政民主體制目前正面臨一個即將發生的憲政危機，立法院執政黨團想要強行、違法的通過服貿協議，只是一個將長期以來，累積性的、柔性的，亦即披著合法外衣的政治運作，推向於跨越憲政

---

[27] Konrad Hesse, Die normative Kraft der Verfassung, in: Peter Häberle/Alexander Hollerbach (Hrsg.), Konrad Hesse. Ausgewählte Schriften, S. 9.

主義底線，踐踏基本的民主原則要求的事件，如果憲法秩序對於這個跨越底線的行爲毫無反應，那麼澈底改變憲政民主體制的憲政危機將成爲一個憲政現實，台灣將重新走向合法僞裝的「新黨國體制」。

在這個憲法理論的分析脈絡下，318學運所具有的憲法意涵就很清楚了。面對憲政秩序正式體制所無法阻止，而正在進行中的實質「毀憲」行爲（Verfassungsdurchbrechung），由於其對於憲法法益的侵害嚴重性，即將發生憲政危機的急迫性，對於憲政秩序破壞的全面性，如果類推適用刑法正當防衛的法理，法不須向不法讓步（Das Recht braucht dem Unrecht nicht zu weichen!），面對馬政府與執政黨所造成的憲法危機這個重大的不法，更無須讓步。以學生爲主的群眾在3月18日進入並占據立法院議事大廳的行爲，可視爲爲了捍衛憲法秩序，保衛民主共和國所必要而採取的集體正當防衛措施，具有憲法上的正當性。因此，這個行動的意義已經超出一般討論的公民不服從（civil disobedience）的層面，而蘊含有抵抗權（Widerstandsrecht）行使的意義。這是爲了重新恢復憲政民主，不得已而必須行使的抵抗。

公民不服從與抵抗權是兩個相關卻可以區分的概念，雖然都是屬於政治行動，都是秉持良知與道德信念，而且都涉及實證法律的違反，但是在手段與目的方面仍有所區分，前者以非暴力爲其行動的特色，後者則不限於非暴力手段；前者通常以特定的社會結構（例如種族隔離）或國家政策（例如參加戰爭）爲其抗議對象，後者則通常涉及了對於極端不正義統治權的反抗。但是另外有一種抵抗權，則是有關憲政秩序的回復，例如德國基本法第20條第4項規定：「**凡從事排除上述秩序者，如別無其他救濟方法，任何德國人皆有權反抗之。**」此處所謂的「上述秩序」指的是同條前三項所規範的憲法基本原則，

同時是德國基本法第79條第3項所規定的修憲界限。318學運所行使的權利，在性質上介於公民不服從與抵抗權之間，雖然與德國基本法所實證化的抵抗權不盡相同，仍然比較接近後者，是一種在憲政危機即將發生時，爲了保衛與回復憲法秩序所行使的抵抗權，雖然是不成文的權利，但是仍可以詮釋爲任何具有自我防衛能力的民主憲法所必須蘊含的權利。

作爲抵抗運動的318學運的訴求，目前除了「退回服貿協議」[28]的主張之外[29]，同等重要的是，目前獲得社會各界熱烈迴響的主張，亦即先制定**「兩岸協議監督條例」之後**[30]**，再續行審查服貿協議，至少透過法律的制定，將立法院審查兩岸協議的程序制度化，以嘗試減少來自於行政權與政黨的不當干涉，一步一步地恢復立法院的正常運作，作爲重建行政與立法之間權力分立的起點。另外一個同等重要的主張，則是召開「公民憲政會議」**[31]**，開始啓動憲政民主的重建之路。**

原文出處：張嘉尹，保衛共和國！──318學運的憲法學詮釋，台灣法學雜誌，245期，2014年4月，51-61頁。

---

[28] 這個主張如果正確解釋的話，應該有兩個意涵，首先是確認張慶忠在3月17日下午的宣示無效，服貿協議審查案自然就還沒有送到院會，而停留在全院委員、會審查程序中。另外一個可能的解讀是，要求行政院撤回服貿協議，重啓談判。

[29] 由於來自於人民的壓力以及來自於國際社會的壓力，目前馬政府一改前一週的傲慢態度，釋出願意與學生談判的消息，執政黨立法黨團今天更放出訊息，初步表示可以接受將議案退回，由全院委員會來審查，然而今天（3月27日）王金平院長在318學運後第三度主持的政黨協商，仍然破裂。這一場爲了保護憲法，防衛自由民主憲政秩序所爲的抵抗，將會如何落幕，目前尚難預見。

[30] 該法用以規範兩岸協議簽約的程序，包含立法院的事前授權、事中參與以及簽訂後監督執行等機制，並規定行政部門有提出衝擊影響評估的法定義務。有關於學界連署的版本，參閱「兩岸監督法制化百位學者連署提案」網頁，網址：http://campaign.tw-npo.org/sign.php?id=20140322043135，最後查訪日：2014/03/27。

[31] 參閱：學界支持召開公民憲政會議，自由電子報，網址：http://www.libertytimes.com.tw/2014/nevv/mar/25/today-fol8.htm，最後查訪日：2014/03/27。

CHAPTER

12

公民不服從或抵抗權？
──318學運的憲法學詮釋（二）

壹、前言──共和國的危機還沒解除

隨著318學運在2014年4月10日的暫時落幕，筆者並不認為共和國的危機已經解除，3月24日的血腥驅離，到現在還沒有任何政府首長為此道歉並負責[1]，在學生與群眾步出立法院的第2天（4月11日），我們看到的反而是，威權的黑手再度伸進人民的自由裡，警察再度濫用他的公權力，不但違背口頭承諾而驅離在立法院外的群眾，還公告一個明顯違法違憲的決定，創設了一個集會遊行法上奇怪的「一般性處分」：向未來全面禁止公投盟的集會申請，除此之外，學運期間蠢蠢欲動的保守勢力，也開始借題發揮的反撲，於是4月11日晚上包圍中正一分局的自發性集會，即使是屬於人民集會遊行基本權利的實踐，卻被不少媒體與網路媒介所抹黑，他們甚至混淆視聽的主張，既然還有救濟途徑存在，還可以申復，甚至未來還可以提起行政訴訟來救濟，因此集會遊行的行為並不符合必要性或最後手段性，問題是，集會遊行既然是憲法基本權利所保障的行為，根本不需要符合所謂的最後手段性，把偶發性的集會遊行跟占領國會議事大廳的行為相提並論，是一個具有誤導性的說法。這個保守勢力的反撲當然不會到此為止，在秩序與安定的大纛之下，利用廣大中產階級對於失序的恐懼，透過御用媒體開始創設一種對於威權的心理需求，如此一來，法治與民主的真意勢必再度受到扭曲。

除此之外，馬政府的黑手更透過法務部長的不當發言，透過他所

---

[1] 令人遺憾的是，427反核遊行之後，群眾夜宿忠孝西路，在隔日凌晨，竟然再度發生428暴力驅離的事件。警察在驅離群眾時，不但無視於婦女幼童，為了遮掩暴行，更驅趕與打傷在天橋上攝影的記者，並動用水砲多達六十幾次，最後更不顧群眾只剩十數名，不但以數千名鎮暴警察團團圍住，更動用水砲羞辱式的集中噴射他們。

能掌控的警察機關以及它所轄下的檢調機關，故態復萌的開始進行秋後算帳，開始進行大規模的傳喚約談，除了具體報復這些阻止他們顛覆權力分立體制的學生與群眾之外，更試圖藉此司法手段，在社會中製造一種心理上的恐嚇效果（寒蟬效應）[2]，以試圖阻止未來更多的抗議行爲。

值此時刻，在憲法與其他的法律層面上更清楚的釐清318學運的意義，更精確去討論與證成它的正當性甚至合法性，並駁斥一些基於故意或無知所造成的誤解，在318學運暫時落幕之後就顯得更有其必要，這也是身爲台灣法律人在這一場持續進行的抵抗運動中，責無旁貸的義務。

貳、「抵抗作爲重建憲政民主之路」的論證架構回顧

本文可以視爲筆者先前所發表一篇時事評論〈保衛共和國！──318學運的憲法學詮釋〉[3]的補充與深化，在該文中，對於318學運的憲法學詮釋大體上已經得到表達，主要的論點是：

一、318學運所抗議的個案具有普遍意義。2014年3月17日張慶忠委員違憲違法與不當的行爲並不是一個單一事件，也不只是一個立法委員的個人行爲，這個行爲所代表的意涵，遠超過主要的爭議點──服貿協議，對於台灣的民主制度與憲政體制有深遠的影響。

二、黑箱服貿如果以此方式通過，憲法設計的權力分立架構與

---

[2] 爲了因應阻礙交通式的抗議行動，警察機關以曲解的方式解釋刑法第185條與第153條，試圖將一般性的言論套上「煽惑罪」的罪名，並大動作地偵辦網路言論。

[3] 張嘉尹，保衛共和國！──318學運的憲法學詮釋，台灣法學雜誌，245期，2014年4月1日，51-61頁。

國會議員代表民意的民主原則就遭致破壞，產生憲政危機。在長達九個月來有關於黑箱服貿的爭議過程中，馬政府有意的曲解法律並架空國會審議功能，這些政治性行動所造成的結果是行政與立法逐漸的實質一體化，導致憲法所設計的權力分立制度遭到破壞，對於憲政民主具有關鍵性的代議民主制也逐漸徒具形式，成為一個僅僅具有轉化黨（主席）意志功能的工具[4]。如同德國威瑪共和正是亡於以合法手段奪權毀憲的憲法敵人，如果黑箱服貿可以在立法院以如此違憲、違法與不當的方式強行通過，並坐實了以黨領政的行政立法合一，憲政危機就發生了。

　　三、憲政秩序有賴客觀制度與主觀意志來保護。當客觀制度失靈的時候，人民朝向憲法與保護憲法的意志，亦即所有參與憲法生活的人心中，有一種不被短視效益考量所影響而願意貫徹憲法秩序的決心與意志，以及將這個意志化為集體行動的意願，乃是挽救憲法免於危機或摧毀不可或缺的公民責任。

　　四、318學運的占領行動，其意義超過一般討論的公民不服從，在特定意義上更是抵抗權的行使，因此在憲法上具有更大的正當性。

---

[4]　要瞭解為何強行貫徹黨意志對於憲政民主是危險的，可以思考一個問題：這個黨意志是怎麼形成的？很難想像在一個民主國家裡，一個政黨的意志與主張是由黨主席自行決定的，而且還可以透過所謂的黨紀以法律上有疑義的方式強迫黨員來服從。當代的民主政治固然很難想像以不政黨政治為重點，但是在前提上，民主憲政需要的是民主政黨，如果黨的意志，尤其是涉及政社經的重大決策，竟然可以由黨主席單獨來決定，那麼這個政黨是否具有符合憲政民主的性質，令人懷疑，本文認為這是討論政黨對於政治的影響是否符合民主制度時，必須考量的關鍵問題。以現在的情況來看，黨主席具有至高無上的權威，不但可以發動政爭，以記者會的形式企圖逼退立法院院長，還可以「監督」黨內的紀律委員會，亦即考紀會，來通過他所意欲的開除立法院長黨籍的結論，更可以威脅立法院執政黨黨團的黨鞭，如果今年（民國103年）6月服貿協議不通過，唯他是問。最近，在馬蘇會談中，又可以決定「什麼是一人一黨可以決定，什麼不是一人一黨可以決定」的國家大事，看來，這樣的黨主席不但凌駕於民主課責原則之上，還凌駕於憲法之上。

在例外狀態（集體防衛狀態）產生時，抵抗可以被正當化。台灣的憲政民主體制目前正面臨一個即將發生的憲政危機，立法院執政黨團想要強行、違法的通過服貿協議，只是一個將長期以來，累積性的、柔性的，亦即披著合法外衣的政治運作，推向於跨越憲政主義底線，踐踏基本民主原則要求的事件，如果憲法秩序對於這個跨越底線的行為毫無反應，那麼澈底改變憲政民主體制的憲政危機就成為一個憲政現實，台灣將走向合法偽裝的「新黨國體制」。由於這個體制對於憲法秩序的侵害嚴重性，即將發生憲政危機的急迫性，對於憲政秩序破壞的全面性，因此可以類推適用正當防衛的法理，原則上「法不須向不法讓步」（Das Recht braucht dem Unrecht nicht zu weichen!），面對造成的憲法危機的重大不法，更無須讓步。在3月18日進入並占據立法院議事大廳的行為，是為了捍衛憲法秩序，保衛民主共和國所必要而採取的集體正當防衛措施，是為了重新恢復憲政民主，不得已而必須行使的抵抗，而具有憲法上的正當性。

　　在上述的四個論證步驟中，論證的重點比較是放在**憲政危機的描述與分析**上，換言之，以阻止憲政危機發生的角度來定位318學運的憲法意義，並簡短的在此基礎上討論抵抗作為捍衛憲政秩序、保衛民主共和國的必要措施，並將占領國會議事大廳的行動視為一個抵抗權的行使態樣。雖然有提及但是討論的比較少的是，**為何這個行動的意義雖然與一般所稱的公民不服從相似，但是卻超越公民不服從的層次，而屬於抵抗權的行使？以及無論是屬於前者或是後者，該行動在憲法上是否具有正當性？**這兩個議題是本文的討論重點[5]，但是在進

5　本文的重點在於公民不服從與抵抗權的概念與其正當化的可能性，並不意味著憲政危機這個議題沒有在法學上更深入探討的必要性。這個議題有兩方面更深入探討的必要，一方面是概念性的，對於憲政理論熟悉的讀者應該會發現，本文所採取的憲政危機概念與英語世界對於

入這個主題之前，應該先重新檢視318學運的事實面，以及對於**法學上如何定位318學運作一些方法論上的反思**。

參、318學運的法律定位問題

一、法學對於318學運的概念化

對於318學運，有人認為是公民不服從，也有人主張屬於抵抗權的行使，由於在法律上的定位必然影響在法律上的評價，因此是一個值得深思與檢討的問題。如果法學面對一個新的社會現象，卻欠缺一個適當的概念來描述它，以致於無法給它明確的法律評價，那麼，很可能問題不是出在這個現象，而是出在法學本身。

一般而言，法律系統在處理社會現象時，喜歡採取區分與切割的方式，因為法律的溝通很大一部分倚賴於所謂的條件程式（Konditionaleprogramm）[6]，否則無法判別社會現象或是社會行動的符碼值。或是換個角度講，如果不使用條件程式，法律系統就無法分辨法／不法（recht/unrecht）的符碼值給這些有待判斷的案件事實，無法斷定該案件中的系爭行為或狀態，到底屬於法的這一方，因

該概念的用法並不相同，後者常常用來指涉難以解決的憲政僵局，本文則從憲政秩序即將面臨破壞的角度來理解。另一方面是用憲政危機來描述台灣目前面臨的憲政現實是否洽當的問題，筆者在註3文已經提出理由說明為何台灣目前面臨憲政危機，反對者或是批評者如果不贊成，當提出具有學術性的理由與論據，屆時筆者當然很樂意回覆，進行辯論。

[6] 「條件程式」是系統理論的用語，用來指涉具有「當……則」（Wenn-Dann）形式的法律程式（法規範），Niklas Luhmann認為只有條件程式才能夠引導自我指涉（Selbstreferenz）與異指涉（Fremdreferenz）的持續結合，才能給予系統的環境取向一個認知性的、在系統內可演繹的形式。另一種形式的法規範，亦即目的程式（Zweckprogramm）則無法充分限定法律程序中相關事實的範圍，而總是必須在條件程式的脈絡中才能發揮作用。相關討論，參閱N. Luhmann, Das Recht der Gesellschaft, 1993, S. 195.

而有權力這麼做；還是屬於不法的這一方，因此欠缺權力或法的基礎，以致於必須被處罰或是獲判敗訴。因此面對一個新興的，過去從未發生的社會現象，法律系統會以依其常軌的方式來反應。所以一個有待詮釋的社會現象就會被歸攝於特定的法領域，並涵攝於該領域的特定法規範之下。

面對學運，我們可以觀察到法律系統正是以這種方式在回應，因此有許多法律論述就被提出，尤其是從執法者那一方，我們可以看到，許多威嚇性的字眼開始出現，尤其是刑法或特別刑法上的罪名，一一被提出：侵入住宅罪、毀損公物罪、妨礙公務罪、妨礙自由罪等不勝枚舉的被提出。除了刑法之外，其他法領域的名詞，例如公法領域的詞彙也開始出現，指謫占領國會議事大廳的行為，置民主法治於不顧，種種說詞例如黑箱服貿尚未通過，即使通過還可以聲請大法官解釋，或以黨領政並未破壞權力分立，而是具有議會內閣制精神的民主國家常態等說詞，這些說詞被用以反對318學運所採取的行動。法律系統的這種處理方式，可以稱為本位主義的邏輯，總是從各該法領域的各該法規範出發，來界定社會現象並賦予其法律系統的符碼值。但是我們可以問，318學運的法律意義在這種割裂的法律世界中就耗盡了嗎？對此，答案應該是否定的，由於法學與其所描述與詮釋的法律系統並不同一，因此就具有一種超越如此微細區分與切割的可能性，這也是法學不能化約為專注於研究實證法的法釋義學（Rechtsdogmatik）或部門法學的重要理由。毋寧是，如果沒有法學這類超越法釋義學的視域（Horizont），法釋義學恐怕會欠缺建立自身的前提[7]。另一方面，本文並沒有否認，真正要進行法律處理

---

[7]　相關討論，參閱張嘉尹，法釋義學與法學的多元化──從《思與言》五十年所反映的台灣法

時，以法釋義學爲核心的部門法學，才能夠具體地應對現實中的法律實務，尤其是當國家無論基於何種理由而要進行刑事訴追時，部門法學，主要是刑法學將扮演重要的角色，如果318學運的抗議行動該當了任何一個相關的刑法規範，但是卻具有重要的正當化事由，也只有刑法學有能力透過諸如阻卻違法或阻卻責任事由等議題的討論，方能爲這些行動在法律上找到正確的或符合正義的處置。對此，憲法學或是法理學的討論，則有助於釐清一些重要的討論前提。

我們可以後見之明地去想一個問題：**如果沒有318學運占領國會議事大廳的行動，今天的台灣社會是否跟有318行動會有著很大的不同？**如果沒有占領立法院的抗議運動，難道黑箱服貿不會在那30秒之後，隨著張慶忠的散會與送院會存查宣示之後，實質上就通過了？無論稱爲公民不服從還是抵抗權，318行動所對抗的與所抗議的，難道不是一種已經成形而且逐漸鞏固的違憲政治結構，一種對於憲政民主制度的制度性僭越？在這個情況下，把318行動在法律上予以瑣碎化，固然符合法律系統的操作模式，但是難道不會有見樹不見林的遺珠之憾嗎？

如果先不從已經領域化與切割化的法釋義學概念出發，而從法律系統的邊界出發，從憲法學與法理學的交界領域出發，在概念上，**無論是公民不服從、民主抵抗、非暴力抗爭**或是**抵抗權**都是可能的選項，甚至不能事先排除一種可能性，就是318學運的抗議行動因爲具有更複雜的特質，同時符合一個以上的概念。**當事實不符合概念時，可能是概念的不足，而不是事實的難以歸類，此時要做的是找到或是創造一個新的概念來描述事實。**在找到一個適合的概念來描述318學

運所進行的抗議行動前，有必要回顧一下318學運的行動以及他們的訴求。

二、再訪318學運的背景、行動與訴求

（一）事件背景

要理解318學運為何會發生，可以從三個層面來觀察：

1. 首先是事件層面，這是直接引發抗議的導火線，亦即張慶忠委員的30秒事件，在3月17日下午，立法院在內政委員會召開審查兩岸服務業貿易協議（以下簡稱服貿協議）的會議，以張慶忠委員為主席，當時會場處於混亂狀態，張慶忠離開主席台，在廁所旁邊，使用耳機擴音器宣布，議案已經審議完畢，將服貿協議送院會存查，並宣布散會。

2. 其次是馬政府無所不用其極想要通過「黑箱服貿」過程的層面，包括簽署前對於社會大眾與立法院的刻意隱瞞，簽署後以各種對於憲法與法律的曲解為藉口，試圖規避立法院進行審查的種種作為，例如曲解臺灣地區與大陸地區人民關係條例第5條第2項，主張服貿協議只要備查，或是曲解立法院職權行使法第61條第1項，主張服貿協議的審查可以比照行政命令的審查程序，既然送立法院審查已經超過三個月，立法院逾期未完成審查，因此只要交院會存查即可。在服貿協議送進立法院之後，馬政府則透過作為多數黨的執政黨立院黨團的強力杯葛，讓立法院無法正常的審查服貿協議。

3. 最後一個層面是憲政結構的層面，我曾經在另一篇文章中[8]，

---

[8]　參閱張嘉尹，同註3，54-55頁。

比較詳細的論證形成中的「新黨國體制」，其特徵在於透過黨機器，摧毀行政與立法的權力分立，以及透過黨機器，操控黨籍立委，使其不再代表民意，而是執行黨主席意志的工具，最終造成「新黨國體制」的現實[9]，正式的憲法自我保護機制卻對它無能為力，這是目前台灣面臨的憲政危機。

（二）318學運的抗議行動

「318學運」或「太陽花學運」代表的意義十分豐富，除了3月18日晚上發生的闖入立法院並占領議事大廳的行動（這個占領行動延續到4月10日晚上）之外，還包含從3月18日晚上起，到立法院外面聲援的各種行動，主要是在青島東路與濟南路，以靜坐與演說方式占據街道的行動，同時包含3月23日占領行政院的行動以及3月30日50萬人集結於凱達格蘭大道抗議黑箱服貿的行動。除此之外，更包含在這段期間內，透過在校園罷課、以網路與其他媒體對於占領行動的支持行動等。

（三）318學運的訴求

318學運的導火線是張慶忠事件，因此一開始主要的主張表現在占領後的第一個聲明《318青年占領立法院，反對黑箱服貿行動宣

---

[9] 這個正在成形的「新黨國體制」當然不是鐵板一塊，而有其內部的權力鬥爭，問題是，即使是目前只有百分之九民意支持的馬英九總統，即使他正面臨黨內反馬勢力，尤其是所謂的「海峽兩岸新政商集團」集結與反對，他仍然可以不理會外界的反對聲浪，試圖繼續透過黨機器與黨紀來控制國民黨籍立法委員，如果這個運作模式一旦形成並鞏固，重點就不在是誰是黨主席，而是任何一個黨主席都可以透過這個體制來架空立法對於行政的制衡，架空國會議員代表民意的民主原則，這個結構性層面，才是目前憲政秩序的危機所在。

言》中[10]，表示擔憂草率通過後的經濟發展結果，並且要求重新實質審查《兩岸服務貿易協議》。在持續占領立法院議事大廳的二十幾天裡，以學生為主的群眾總共提出了以下五大訴求[11]：

1. 將服貿協議退回行政院。

2. 先建立兩岸協議的監督機制，再用其來審查服貿。

3. 兩岸協議的監督機制應符合五大原則：公民能參與、人權有保障、資訊要公開、政府負義務、國會要監督。

4. 召開公民憲政會議。公民憲政會議討論內容包括：憲政體制、選舉制度與政黨制度、兩岸關係法治基礎、社會正義與人權保障、經濟政策與世代正義等。反對會議由馬江召開、反對侷限在經貿議題、反對由工商團體主導。

5. 立委應傾聽民意，不要只聽黨意，並要求政黨不要以黨紀處分控制立委投票。

前3項是針對服貿協議的主張，主要是提倡建立健全的兩岸協議監督法制之後，再由立法院進行審查。這些主張雖是直接針對服貿協議的審查，但是在制度層面上的意義是，恢復憲政體制中立法與行政的權力分立與制衡，並對抗漸漸成為現實的「新黨國體制」。第3項訴求則是直接針對形成「新黨國體制」的機制，亦即以黨紀為核心的控制工具。一方面主張立法委員回復到代表民意的身分，另一方面則要求阻止黨主席透過黨機器控制黨籍立委，以改變目前扭曲民主原則

---

[10] 參閱黑色島國青年陣線（黑島青）FB專頁─黑色島國青年陣線，網址：https://www.facebook.com/plioto.php?fbid=241331436050110&set=a.178388802344374.1073741829.177308745785713&tvpe=1&relevant_count＝1，最後查訪日：2014/04/24。

[11] 參閱維基百科網站，詞條「太陽花學運」，網址：https://zh.wikipedia.org/wiki/%E5%A4%AA%E9%99%BD%E8%8A%B1%E5%AD%B8%E9%81%8B#.E8.A8.B4.E6.B1.82，最後查訪日：2014/04/24。

的黨政運作方式。第4項則訴求一個全面性的制度改革，透過公民憲政會議的召開與討論，推動憲政改革，大幅度的調整已經不敷使用的憲法，以解決台灣當前對內與對外的重大政治、經濟與社會問題。

（四）318學運的成果

318學運在4月10日隨著占領的群眾步出立法院而暫時落幕，如果我們問，這個台灣半世紀以來最大規模的學運有什麼成果？要全面性的回答這個問題，在短期間內並不容易，但是我們還是可以從318學運的發生背景以及他們的訴求，稍微觀察一下它的成果。

雖然從它的訴求來看，318學運似乎沒有達成任何一項，或是說只有達成半項，因爲立法院院長王金平只承諾：「**《兩岸協議監督條例》立法前，不會召集朝野協商《服貿協議》**。」而不是先立法再審查。但是318學運至少成功的完成了一件事情：阻止了張慶忠立委將服貿協議送院會存查的嘗試。如果沒有318學運，以當時的政治氣氛，占國會多數的國民黨立委與其黨團，並沒有反對或否認張慶忠在那30秒鐘的宣示，這意味著服貿協議已經通過審查，送交院會存查。那麼服貿協議在立法院就非常可能以議事程序上有重大明顯瑕疵的方式通過。

三、318學運與憲法價值秩序的關聯性

由於關注點通常在於違反刑法或集會遊行法中刑法規定的行爲，對於法律系統而言，318學運就會呈現出各種該當於個別刑法規範構成要件，以及阻卻違法或阻卻責任事由有無之討論上面。然而，在當代的憲政民主國家裡，由於憲法的優位性，一個行爲的法律意

義，如果原則上具有憲法關聯性，就有可能區辨於其他表面上類似的行為，如果承認憲法的價值秩序[12]對於下位階的法規範具有某種放射作用（Ausstrahlungswirkung），在解釋適用下位階法規範時，就有義務審酌系爭行為的憲法價值，基於這類更進一步的區分，就有可能正當化差異對待。

由於在318學運是在上述三個層面的社會脈絡中發生的，是為了抗議張慶忠立委違憲、違法與不當的宣示，為了抗議馬政府以各種憲法與法律上有疑義的方式想要強行通過對台灣影響重大的「黑箱服貿」，以及為了抗議形成中對於憲法將造成實質破毀的「新黨國體制」，如果結合他們所發表的5項訴求，可以發現他們的行動是針對在服貿協議爭議中，馬政府諸多（包含立法院）違憲、違法與不當行為的反應，尤其是為了對抗馬政府破壞權力分立、立法委員牴觸民主原則底線，因而具有濃厚的追求公益的色彩。因此在占領（立法院與行政院）與其後續行動中，學生與群眾所實施之個別具有刑法意義的行為，與**一般情形**下該當於侵入住宅罪、毀損公物罪、妨礙公務罪、妨礙自由罪等刑法上的行為不應相提並論。將318學運中的行為僅僅視為後者，則已經牴觸憲法的價值秩序。

由於憲法價值秩序不但是我國憲法學多數學者所承認的理論與詮釋觀點，同時也是司法院大法官在多號解釋中，所承認的基本權解釋的論證前提。因此，無論將318學運的占領行動視為公民不服從或是抵抗權的行使，該行動與憲法價值秩序的關聯性，就為其取得在憲法上正當化的可能性。

---

[12] 有關於價值秩序的概念與理論，可參閱張嘉尹，論「價值秩序」作為憲法學的基本概念，收錄於：憲法學的新視野（一），2012年10月，10頁以下。

肆、318學運屬於公民不服從？

一、公民不服從的意義

　　有關於公民不服從（civil disobedience）的概念，在學者之間常有不同的界定，然而常常被引用的是美國當代著名政治哲學家John Rawls的定義：「**一個公開的、非暴力的、基於良心而違反法律的政治行動，通常是爲了帶來法律或政府政策的改變[13]。**」根據這個定義，公民不服從所違反的法律未必就是所要抗議的法律，公民不服從的政治性來自於它是向擁有政治權力的多數所做的訴求，而且本身受到政治道德原則所指引與正當化，因此同時是一個基於良心的行爲。此外，公民不服從是一個公開行動，不但所訴求的是公共原則，而且是公開的行動。比較有爭議的是公民不服從的非暴力性以及自願受罰的特徵，非暴力性來自幾個理由，首先，由於公民不服從主要目標在於向公衆訴求，想要透過違法手段來喚醒與說服大衆，它所抗議的法律或政策牴觸了重要的政治道德原則，作爲一種表達政治意見的特殊形式與最後手段，因此會避免使用對人的暴力，另一個理由在於，公民不服從即使違反法律，仍然處於忠誠於整體法律秩序的界線內，因此避免使用暴力。這個理由跟它的另一個特徵有關，由於仍然忠誠於整體法律秩序，因此會自願承擔違法的後果，而且這不但是內在良心與眞誠的表現，也比較容易透過這種自我犧牲來打動大衆，促使他們能夠深思熟慮被抗議的法律或政策是否違反正義等政治道德原則[14]。在簡介John Rawls有關公民不服從概念的同時，我們也必須瞭解在美

---

[13] John Rawls, A Theory of Justice, 1972, p. 364.

[14] John Rawls, A Theory of Justice, 1972, pp. 364-367.

國所發生公民不服從的實例，諸如抗議黑奴制度、基於宗教信仰拒絕向國旗敬禮、馬丁路德金所帶領的（黑人）民權運動、反越戰運動。

　　德國當代著名法理學家Ralf Dreier在討論公民不服從（ziviler Ungehorsam）時，採取了一個與上述John Rawls相近的定義，Dreier主張公民不服從的概念具備以下四個特徵：（一）公民不服從必須是一個不服從行為（Ungehorsamsakt），亦即必然會實現至少一個法律禁止規範的構成要件；（二）公民不服從必須是公開的，它不可以是隱密的或是是一個純粹私人領域的行為，作為一個象徵性的抗議，公民不服從訴求的對象是公眾與他們的政治代表；（三）公民不服從必須是非暴力的（gewaltlos），理由在於非暴力符合公民不服從的傳統，以及它在法治國內應受到特別對待的理由。**當然Dreier承認，這個特徵是有爭議的，而且必須進一步界定，至少不能一下子就把它跟刑法上的暴力概念（強暴脅迫）相等同**。Dreier認為由於抗議是言論自由與集會遊行自由的行使，因此這裡的非暴力指的是沒有對人的傷害與對物的毀損，而不包含對於第三人製造心理壓力或阻止他的行動自由；（四）公民不服從必須是基於政治－道德的動機，而不是為了自利而作為，因為它是社會中的少數為了向多數訴求而進行的行為，是為了促使多數，在系爭的公共議題上重新檢驗他們的道德－法律見解而進行的行為[15]。德國在戰後會討論公民不服從，主要是1980年代，許多人反對在德國境內部署美國攜帶核子彈頭的長程洲際飛彈，抗議者就在軍營外面，坐下來阻擋（Sitzblockade）人員與車輛的進出。

---

[15] Ralf Dreier, Widerstandsrecht und ziviler Ungehorsam im Rechtsstaat, in: Peter Glotz (Hrsg.), Ziviler Ungehorsam im Rechtsstaat, 1983, S. 61-63.

　　學者們對於公民不服從各自有他們的界定[16]，雖然John Rawls與Ralf Dreier的界定不盡完全相同，但是大同小異，因此可以暫時借用Ralf Dreier所歸納出的四大重要特徵來界定公民不服從。當然，Dreier界定公民不服從的目的是爲了替它尋求一個正當化的判斷準則，因此他主張：**「當一個人單獨或是與他人一起，公開的、非暴力的，並基於政治─道德理由，實現了一個禁止規範的構成要件，如果他是藉此抗議嚴重的不法而且他的抗議符合比例原則，那麼他的行爲可以被基本權利所正當化[17]。」**

　　顯然，Dreier想要在憲法基本權利的層面上，探討公民不服從是否具有正當化的理由，因此他的理論可以作爲銜接憲法與刑法的一個橋梁[18]。此外，Dreier有關於公民不服從的正當化判準，在我國特別具有參考價值，另一個理由是因爲我國憲法釋義學在這一部分與德國憲法釋義學有一種基於法（學）繼受的親近性，質言之，長期以來我國憲法學與憲法實務已經建立了一套普受承認的基本權釋義學，在這一套釋義學中，更包含了一個基本權利受到公權力侵害的違憲審查架構，這個架構與Dreier所提出來的正當化判準雖然作用方向相反，但是卻是基於同一個原理，亦即基本權的推定優先性原則（自由的推定優先性原則），換言之，凡是行爲屬於基本權的行使，推定其爲合法，反而是國家所加諸其上的限制，必須能夠在憲法上被正當化，否則就是對基本權利的違憲侵害。當然，對於公民不服從會有一些來自

---

[16] 例如Ronald Dworkin, A Matter of Principle, 1985, p. 105就有與本文所述的兩位學者不同的定義。

[17] Ralf Dreier, Widerstandsrecht und ziviler Ungehorsam im Rechtsstaat, S. 61.

[18] 如何根據一個合理的判準來探討公民不服從可否正當化（合法化），顯然是討論公民不服從的重點，對此，本文所提到的學者都建立了不同的判準，限於篇幅，這個問題必須另文處理。

於憲法的特殊要求，所以公民不服從雖然乍看之下違背法律，但是由於公民不服從是言論自由與集會遊行自由的特殊表達形式，只要是為了對抗重大的不法，而且符合比例原則，就具有可正當化的事由。

二、318學運的占領行動是一個超越公民不服從的行動

如果借用Dreier的公民不服從概念來定性與評價318學運，可以發現，318學運的占領行動固然有屬於公民不服從的成分，但是從其行為的方式與其訴求看來，似乎已經超越一般的公民不服從的內涵。

在Dreier的界定下，「暴力」（Gewalt）固然不包含心理壓迫與行動自由的妨礙[19]，但是卻不排除對人的傷害與對物的毀損，318學運的占領行動，為了進入立法院並阻擋警察的攻堅，自然無法避免對於物品的損害，根據事後的估計，立法院大概要花285萬元新臺幣來修復。285萬元雖然不是小數目，但是從整個運動的規模來看，包含在立法院外面守護的人數，有時候高達萬人以上，以這個程度的損害來否定占領行動具有公民不服從的性質，似乎有待商榷，如果堅持非暴力的概念內涵一定要排除對於物品的毀損，有時候可能會錯失一些重要的公民不服從案例，因此Dreier的定義並非沒有調整的可能。如果先不要太嚴格的看待非暴力概念，則暫時還是可以將318學運的占領行動視為一種公民不服從行動，至於物品毀損的情況，則可以在第二階段作能否正當化的判斷時，再納入考量，考量對物的毀損在程度上是否符合比例原則。

如果從318學運的訴求以及引發該行動的原因觀察，占領行動是

---

[19] 非暴力是否完全排除心理壓迫與行動自由的限制容有討論空間，應該跟實施的程度與所造成的傷害有關，而容許比較複雜的判斷。

否屬於公民不服從，則不無討論空間。引發該行動的理由大致上有兩個層面，首先是引發抗議的導火線，亦即張慶忠委員的行為，這個行為引起台灣社會許多民眾憤怒，318學運會去占領立法院議事大廳主要就是在抗議這個重大明顯的違憲行為，以及透過此行為欲達成的結果──服貿協議的通過。其次是馬政府對於服貿協議的處理方式，馬政府從去年以來在服貿協議的簽訂與送審上，表現出「**程序不透明，資訊不公開，評估不敢做，條文有問題，項目有爭議，開放不對等[20]**」，並企圖規避立法院的監督。這個背景對於理解318學運十分重要，因為主導318占領行動的黑色島國青年陣線，從去年6月起對於黑箱服貿曾經進行過多次抗議，換言之，318學運的抗議對象還包含馬政府簽訂的服貿協議，以及簽訂後為了強行通過服貿協議所為的種種行為，以及這些行為對於憲政秩序的破壞。

　　一般而言，公民不服從的抗議對象可能包含不符合正義的法律與政策，甚至是這項法律或政策所體現的社會結構（例如種族不平等、性別不平等），但是318學運所直接或間接抗議的對象已經超過這個範圍，除了個別立法委員的不法行為、立法院多數黨對於程序重大不法的漠視、以如此程序重大不法的方式通過服貿協議、馬政府為了強行通過服貿協議而為的各種具有違憲疑義的行為、上述種種行為所表徵的憲法上的「共犯結構」，以及其對於民主憲政秩序的嚴重破壞，歸納言之，318學運抗議的對象跨越了個人行為、集體行為、政策與法律的層面，而到達了憲政秩序的層面，這些當然是重大不法，但是重大不法卻是一個過於抽象的特徵，除非我們將Dreier所說的重大不

---

[20]　參閱顏厥安，是否會發生「台灣危機」？，自由電子報，網址：http://www.libertytimes.com.tw/;2014/new/mar/17/today-repubiic1.htm，最後查訪日：2014/04/25。

法以如此廣義的方式理解，否則占領行動已經超越了一般討論公民不服從時所指涉的現象。

　　另外一個疑點在於，公民不服從既然是基於政治─道德的動機而進行的抗議，而且想要促使占社會多數的民眾重新省思並考慮，他們原先贊成或不反對的法律與政策，是否是不符合正義而有必要修正的，因此公民不服從預設了民主制度尚未失靈，一旦訴求獲得支持，可以透過民主制度的常軌來改變不正義的法律，但是318學運的起因與抗議的對象之一卻剛好是處於民主失靈的立法院，就此而言，可能已經超出公民不服從的範圍。

　　所以下一個問題是，如果占領行動已經逾越公民不服從的界限，是否需要用另一種概念來描述，例如抵抗權？

伍、318學運是抵抗權的一種型態？

一、抵抗權的意義

　　筆者曾在另一篇文章主張：「**這個行動（318學運）的意義已經超出一般討論的『公民不服從』（civil disobedience）的層面，而蘊含有抵抗權（Widerstandsrecht）行使的意義。這是為了重新恢復憲政民主，不得已而必須行使的抵抗[21]。**」延續該文的主張，本文仍認為：「**公民不服從與抵抗權是兩個相關卻可以區分的概念，雖然都是屬於政治行動，都是秉持良知與道德信念，而且都涉及實證法律的違反，但是在手段與目的方面仍有所區分，前者以非暴力為其行動的特**

---

[21] 張嘉尹，同註3，61頁。

色，後者則不限於非暴力手段；前者通常以特定的社會結構（例如種族隔離）或國家政策（例如參加戰爭）爲其抗議對象，後者則通常涉及了對於極端不正義統治權的反抗[22]。」

上述的區分當然還是一個很初步與很粗糙的區分，正如同上一節所討論的，公民不服從與抵抗權並不是兩個截然劃分的概念，兩者之間有模糊地帶，而且抵抗權的概念也不是只有一種。古典的抵抗權是一種非法抵抗的權利，行使的手段並不要求非暴力，因此包含暴力抵抗，甚至作爲最後手段時，還包含殺人[23]，例如誅殺暴君。由於古典的抵抗權預設了自然法優先於實證法的想法，因此是「以正當性之名打破合法性」或「以自然法之名打破實證法」。在中世紀，這種抵抗權的行使不但是獲得道德上的承認，同時也獲得法的承認，是可以在訴訟上主張的[24]。可以想像，對於以實證法爲主的現代國家，這樣的主張顯然很難在法律實務上獲得支持，尤其是，這種古典的抵抗權通常是用來推翻統治者，如果沒有成功，將會被處以各種嚴厲的罪刑。

在當代，存在另一種抵抗權的概念，其目的不再是推翻政府，反而是爲了回復憲政秩序，而且是由憲法來賦予其正當性與合法性，德國在1968年修憲時增訂的基本法第20條第4項規定：「**凡從事排除上述秩序者，如別無其他救濟方法，任何德國人皆有權反抗之。**」即是這種合法抵抗權（ein Recht auf legalen Widerstand）的著例。所謂的「上述秩序」指的是同條前3項所規範的憲法基本原則，同時是德國基本法第79條第3項所規定的修憲界限，構成了德國自由民主憲政秩序的核心。這項規定賦予所有的德國人，在別無其他救濟手段時，

---

[22] 同上註。

[23] 參閱Ralf Dreier, Widerstandsrecht und ziviler Ungehorsam im Rechtsstaat, S. 55.

[24] ebd.

對於推翻（排除）法治國民主秩序的作爲有權利進行抵抗，由於該項
規定對於抵抗的手段並未規範，因此可以解釋爲包含違法的手段，只
要是爲了要對抗類似像政變或是內戰這種推翻憲政秩序的行爲都可以
採取。此外，所對抗的行爲究竟是由誰來進行的，並沒有限制，可以
是人民，也可以是政府或政府官員，更可以是外國勢力。這項規定的
意義還在於，行使抵抗權的人民在未來面臨司法審判時，可以訴諸這
個憲法規定來正當化表面上違法的行爲[25]，甚至立基於這個規定來主
張抵抗行爲一開始就是合法的。這個規定非常簡短，因此有不小的討
論空間，例如何謂別無其他手段可以救濟，就不是很容易判斷，但是
其基本精神在於將抵抗權視爲最後手段，至於何謂推翻自由民主憲政
秩序，亦有討論餘地，但是卻必須立基於事實判斷。德國人很幸運，
到目前爲止都沒有行使合法抵抗權的例子，因此對於這種抵抗權僅只
於學理上的討論[26]。

　　318學運所行使的抵抗權，與古典的超實證法抵抗權或德國基本
法第20條第4項的合法抵抗權仍有差異，因此問題在於，在憲政秩序
下，是否有另一種更小型更輕微的合法抵抗權的存在可能性？

二、318學運的占領行動是一種抵抗權的行使

　　本文認爲，318學運的占領行動在性質上介於公民不服從與合法
抵抗權行使之間，雖然與德國基本法所實證化的抵抗權不盡相同，仍
然比較接近後者。318學運的占領行動至少有一部分屬於抵抗權的行

---

[25] 參閱Ralf Dreier, Widerstandsrecht und ziviler Ungehorsam im Rechtsstaat, S. 57.

[26] 參閱Michael Sachs, in: Michael Sachs (Hrsg.), Grundgesetz Kommentar, Art. 20 Rn., 2. Aufl., 1999, 166 ff.

使，是一種在憲政危機即將發生時，為了保衛與回復憲政秩序所行使的抵抗權，雖然我國憲法並未明文規定，但是仍可以詮釋為任何具有自我防衛能力的民主憲法所必須蘊含的權利，以下將嘗試很粗略的界定這個權利的行使要件。

憲法所蘊含的**未成文抵抗權**，在結構上相當類似上述德國基本法的合法抵抗權。首先，存在著緊急狀態或防衛情境，這意味著憲政秩序已經開始遭到破壞，而且可以預期，如果不及時阻止，破壞將繼續擴大，乃至於受到摧毀，換言之，存在著憲政危機的急迫性。其次是，別無其他手段可以救濟，尤其是所面對的是民主制度失靈，難以透過正常的民主機制來解除此危機，因此抵抗權的行使將成為挽救憲政秩序所不得不行使的手段。最後，所採取的手段可以是違法的手段，但是必須考慮比例原則，這一點是德國的合法抵抗權所未規定的，但是作為比較微型的抵抗權，卻必須考慮到手段的合乎比例性，就此而言，與Dreier主張的公民不服從正當化判準有點類似。

畢竟這是一種界於公民不服從與德國式合法抵抗權之間的抵抗權，它所要對抗的並非公然的、幾乎是運用武力的政變或內戰，或外國的侵略，而是一種累積性的、柔性的，披著合法外衣的政治運作，這種表面上看似合法的政治運作可能會結合暗地裡或明白的違法行為，以致於跨越憲政主義的底線，破壞基本的憲法原則。依其性質，這一種抵抗權可以說是一種**為了避免憲政危機發生而行使的抵抗權**。

請容筆者再度強調，318學運面臨的正是這樣一種**憲政危機**發生的急迫性，而且別無他法可以救濟，正如同另一篇文章曾提及的：

「台灣面臨的不只一個單一事件的服貿爭議，台灣面臨的是一場即將發生的憲政危機。將服貿爭議當作只是立法監督行政的問題，是過於簡化的看法。憲政危機指的是，危及憲法原則的存續，使作為

憲政秩序核心的憲政主義瀕臨破壞與瓦解。如果憲法無力阻止嚴重牴觸憲政主義的權力運作，如果行政權可以透過黨機器侵奪立法權，導致權力分立憲政體制的崩解，造成黨紀凌駕民主原則，架空了憲法對於行政權與立法權的權力劃分，那麼憲政危機就迫在眉睫了，台灣得來不易的憲政民主將在這個過程中逐漸轉變爲一個黨政合一、行政權與立法權合一的『新黨國體制』。這個實質的『憲法革命』，可能是以量變到質變的方式進行，這種方式對於憲政體制而言特別致命，因爲這種方式表面上看似合法，卻使得憲法的正式制度，對其欠缺免疫力，因爲當法律系統以『法／不法』的方式來運作時，對於以合法包裝的行動，就欠缺辨識工具。即使是職司憲法守護任務的大法官，擁有憲法解釋權與違憲審查權，可以透過宣告政治行動違憲無效，而有潛力保護憲法秩序免於毀滅於政治系統的『柔性革命』，但是這種制度上的可能性是否能夠實現，有賴於配套設計，因爲大法官依舊受到『不告不理』原則的拘束與相關法定釋憲程序的限制，而無法受理或處理每一種違憲的政府行爲。況且，爲了自我保護免於捲入政治鬥爭，大法官還發展出特定技術來規避權限的行使，例如『政治問題』原則。這個實質的『憲法革命』，更可怕的是，以合法包裝的政治行動，利用憲法的正式制度來進行其顛覆憲法的目的，例如透過黨機器，摧毀行政與立法的權力分立，透過黨機器，操控與綁架黨籍立委，使其不再代表民意，而成爲執行黨（主席）意志的工具，最終造成『新黨國體制』的現實，這種對於憲政秩序的危害，可能在結果上符合憲法增修條文第5條第5項的規定：『政黨之目的或其行爲，危害中華民國之存在或自由民主之憲政秩序者爲違憲。』但是正式的憲

法自我保護機制卻對它無能爲力[27]。」

　　如果用一句話來表達，上述馬政府與執政黨的行爲就是在掏空憲政法治國合法程序的合法性內涵，因爲這些合法程序有其原本要實現的憲法價值與原則，讓合法的程序成爲專擅權力的僞裝，則是讓合法程序與原先所要實現的憲法價值背道而馳，而逐漸喪失其正當性。

　　有關於是否符合最後手段性的判斷，仍有討論空間，但是必須先確定抵抗權所要對抗的對象，才有可能討論抵抗權的行使是否是最後手段。例如，如果是針對服貿協議即將以具有重大明顯瑕疵的方式通過，因而要對抗這個違憲的服貿協議，有人或許會主張，事後聲請釋憲即可，因此不具最後手段性，然而應考慮的是，如果服貿協議就這樣通過，馬政府就會開始依據服貿協議的內容對中國開放，因而產生一個全面性的影響，即使事後大法官做出解釋，認爲服貿協議的通過程序因爲具有重大明顯瑕疵而違憲無效，屆時是否爲時已晚，當有必要謹慎思考這種可能性[28]。

　　如果上述對於憲政危機迫近的描述有些道理，可以發現，除了司法的緩不濟急之外，代議民主制度因爲被篡奪而失靈，補充性的直接民主制度也因爲高門檻的「鳥籠」公投法而失效，總統所主導的行政權與黨機器又是導致憲政危機的主因，更何況總統還握有軍警憲調情等優勢的國家暴力手段，換言之，在立法權失靈，行政權是罪魁禍首，個案救濟的司法在時效上與規模上難以挽回憲政民主秩序的情況下，抵抗已經成爲挽回憲政民主的最後手段。

　　除了基於憲政秩序的自我防衛以及適用緊急防衛的法理「法不須

---

[27] 引自張嘉尹，同註3，58-59頁：但在文字上稍做調整與濃縮。

[28] 更何況，如前大法官許宗力教授在臉書所寫，以目前的情況判斷，很難期待大法官會做出違憲解釋或暫時處分。參閱TL Hsu臉書網頁，網址：https://www.facebook.com/tl.hsu.5?fref=ts。

向不法讓步」之外，這種以防止憲政危機發生爲目的的抵抗權，更是公民爲了保衛憲法的意志表達與責任的履行，此外，是否還有其他的特殊憲法上的正當化事由？則必須針對具體的抵抗權行使與其訴求來加以分析。

　　一個抗議或抵抗行動，即使被歸類爲抵抗權的行使，並不必然就能夠在憲法正當化，並成爲下位階法規範的合法化事由，就如同一般在討論基本權利的行使與限制時一樣，當一個行爲符合基本權利的構成要件，並不即刻意味著任何國家權力對其所爲的限制皆是違憲的，國家的限制行爲是否違憲仍有待憲法第23條的檢驗，如果符合目的正當性、法律保留原則與比例原則，則基本權限制可以被正當化。因此，一個行爲歸屬於此處所說的合法抵抗權，與其最終是否具有憲法上的正當性，是相關聯卻可以分兩階段討論的議題。畢竟，行使抵抗權是憲政民主制度下的例外手段，因此必須衡量其所對抗的不法的嚴重性與急迫性，以及其所使用手段的不法性，換言之，原則上用來要求國家公權力行使的比例原則，在此仍有其適用餘地。以此來衡量318學運占領國會議場的行動，可以發現，其所對抗的不法是如此嚴重與急迫，其所使用的手段雖然涉及入侵住宅、毀損公物或妨礙公務等表面上符合刑法構成要件的行爲，但是總體而言，該占領行動仍可歸屬於象徵性言論的一種，同時受到言論自由權、集會自由權、憲政秩序正當與緊急自我防衛等憲法秩序的重要價值所保障，而不具高程度的不法性。因此，具有憲法可以正當化，在法律上可以合法化的事由。

陸、結論

　　無論是公民不服從還是本文由憲法價值秩序所導出的抵抗權，都可視為**憲政秩序內建的自我矯正機制**，都立基於**對於憲政秩序的忠誠**，作為不得已甚至最後手段，以憲政秩序所承認正當性來對抗已經欠缺實質合法性內涵的形式合法性。

　　本文認為318學運的占領行動，雖然大致符合公民不服從的概念，但是基於其所抗議的層面，已經涉及憲政危機的阻止與憲政秩序的回復，因此部分的超越了公民不服從的範圍，而屬於一種特定型態抵抗權行使。公民不服從作為基本權利的特殊表達形式，抵抗權的行使作為憲法自我防衛的必要措施，在符合比例原則的情況下，皆具有憲法上的正當性，基於憲法的優先性與憲法價值秩序的放射作用，這些憲法上的正當化事由可作為表面上違法行為的合法化事由。

　　本於憲法價值秩序所具有的放射作用，法律（例如刑法或民法）的解釋適用，應受到憲法價值秩序的拘束，檢察官與法官，作為具有司法性質的國家公權力的機關，除了依法進行偵查、起訴與依法審判之外，更有遵守憲法的義務，更有能力而且更應該作為憲法守護者，參與並協助憲法危機的阻止與憲政秩序的重建。作為維護憲政民主最後一道防線的司法權，如果未能體認到自己的任務與責任，未能在行政與立法篡奪憲政民主、民主體制失靈的時刻，勇於承擔守護憲法的職責，那麼憲政危機就不只是憲政危機，憲政危機將導致憲政民主秩序的崩毀，迎接我們的倘若不是獨裁進一步的坐實，就可能是一場爭奪民主的內戰了。

原文出處：張嘉尹，公民不服從或抵抗權？──318學運的憲法學釋（二），台灣法學雜誌，250期，2014年6月，51-61頁。

CHAPTER

13

法律系統中的常態與異例
——展開318學運的法律意涵

壹、介於概念與現實之間的法學

　　如果面對一個新出現的社會現象，法學欠缺一個適當的概念來描述它，以致於無法給它明確的法律評價，那麼很可能問題不是出在這個現象，而是出在法學本身。對於318學運，有人認為是公民不服從，也有人主張屬於抵抗權的行使，由於在法律上的定位必然影響在法律上的評價，因此是一個值得法學深思與檢討的現象。

　　法律系統在處理社會現象時，一般而言，採取的是區分與切割的方式，因為法律的溝通很大一部分倚賴於所謂的條件程式（Konditionaleprogramm）[1]，否則無法判別社會現象或是社會行動的符碼值，究竟是在法還是在不法那邊。如果不使用條件程式，法律系統就無法分派法／不法（recht/unrecht）的符碼值給這些有待判斷的案件事實，無法斷定該案件中的系爭行為或狀態，到底屬於法的這一方，因而有權利這麼做，還是屬於不法的這一方，因此欠缺權利或法的基礎，以致於必須被處罰或是獲判敗訴。面對一個新興的，過去從未發生的社會現象，法律系統會依其常軌來做反應，所以一個有待詮釋的社會現象就會被歸攝於特定的法領域，並涵攝於該領域的特定法規範之下。

　　法律系統正是以這種方式在回應318學運，有許多法律論述被提出，尤其是從執法者那一方，許多威嚇性的字眼開始出現，刑法或特

1　「條件程式」是系統理論的用語，用來指涉具有「當……則」（wenn-dann）形式的法律程式（法規範），Niklas Luhmann認為只有條件程式才能夠引導自指涉（Selbstreferenz）與異指涉（Fremdreferenz）的持續結合，才能給予系統的環境取向一個認知性的、在系統內可演繹的形式。另一種形式的法規範，亦即目的程式（Zweckprogramm）則無法充分限定法律程序中相關事實的範圍，而總是必須在條件程式的脈絡中才能發揮作用。相關討論，參閱Niklas Luhmann, Das Recht der Gesellschaft, 1993, S. 195.

別刑法上的罪名一一被提出：侵入住宅罪、毀損公物罪、妨礙公務罪、妨礙自由罪等罪名，不勝枚舉的被提出。除此之外，其他法領域，例如公法領域的詞彙也開始紛紛出現，像是指謫，占領立法院議事大廳的行為置民主法治於不顧，或是，「黑箱」服貿尚未審查通過，即使通過還可以聲請大法官解釋，因此還有法律系統內救濟的可能性，或是，以黨領政並未破壞權力分立而是具有議會內閣制精神的民主國家常態等，這些說辭被用以反對318學運所採取的行動，並認為不法就是不法，沒有其他的可能性。法律系統的這種處理方式，可以稱為本位主義的邏輯，總是從各該法領域的各該法規範出發，來界定社會現象並賦予其法律意義─法律系統內的符碼值。雖然法律系統的常態如此，但是一個事件難道只有這樣一種處理的可能性嗎？如果是這樣，就太低估法律系統面對其環境時的彈性與潛能，忽略了法律系統在二元符碼的層面固然固守其運作封閉性，但是法律系統仍然會透過其種種的程式，亦即各種成文與不成文的法規範，包含判決所建立的法規範，來維持其對於環境的認知開放性，甚至透過法釋義學與法論證來處理穩定與彈性之間的平衡。

　　我們可以問，318學運的法律意義在這種割裂的法律世界中就確定了嗎？我認為答案應該是否定的，尤其是法學與其所描述與詮釋的法律系統並不同一，更具有一種超越既有區分與切割的可能性，這也是法學不能化約為專注於研究實證法的法釋義學或部門法學的重要理由。毋寧是，如果沒有法學這類超越法釋義學的視域（Horizont），法釋義學恐怕就會欠缺建立自身的前提[2]。當然，真正要進行法律上

---

[2]　相關討論，參閱張嘉尹，法釋義學與法學的多元化──從《思與言》五十年所反映的臺灣法學研究發展談起，《思與言》人文與社會科學雜誌，51卷4期，220頁以下。

的處理時，以法釋義學爲核心的部門法學，才能夠具體地應對現實中的法律實務，尤其是當國家無論基於何種理由而要進行刑事訴追時，刑法學將扮演一個至關緊要的角色，如果318學運的抗議行動該當了任何一個相關的刑法規範，但是卻具有重要的合法化事由，只有刑法學有能力透過諸如阻卻不法事由或阻卻責任事由等議題的討論，來爲這些抗議行動在法律上找到更適當與更符合正義的處置。憲法學或是法理學的討論，則有助於釐清一些討論問題時無法迴避的規範性與事實性前提。在我國的司法實務上，憲法解釋與法令的違憲審查仍由大法官所獨占，當案件已經進入憲法解釋程序時，憲法學才具有直接相關性。

　　我們可以後見之明地去設想一個問題：如果沒有318學運占領國會議事大廳的行動，今天的台灣社會是否會跟有318行動有著很大的不同？如果沒有占領立法院的抗議運動，難道黑箱服貿不會在那30秒之後，隨著張慶忠的散會與送院會存查宣示之後，實質上就通過了？無論將其稱爲公民不服從還是抵抗權，318行動所對抗的與所抗議的對象之一，難道不是一種已經成形而且逐漸鞏固的違憲政治結構，一種對於憲政民主制度的制度性僭越？在這個情況下，把318行動在法律上予以瑣碎化，固然符合法律系統的運作模式，但是難道不會有見樹不見林的遺珠之憾嗎？如果先不從已經領域化與切割化的法釋義學概念出發，而是從法律系統的邊界出發，從憲法學與法理學的交界領域出發，在概念上，無論是公民不服從、民主抵抗、非暴力抗爭或是抵抗權都是可能的詮釋選項，甚至不能事先排除一種可能性，就是318學運的抗議行動因爲具有更複雜的特質，同時符合一個以上的概念。當事實不符合概念時，可能是概念的不足，而不是事實的難以歸類，此時要做的是找到或是創造一個新的概念來描述事實，並開

始思索既有的學理要如何含納並詮釋這個新的概念或新的現象，最終則有可能導致學理的調整或被新的學理所取代，這正是所謂的異例對於法學既存學理的可能貢獻，318學運對於法律系統可能正是扮演這樣的角色。對於法學而言，困難之處在於異例只出現一次，抑或隨著時間經過，越來越多的異例出現並且典型化，如果異例只出現一次，法律系統基於其常軌可能會忽視它的特異性，但是也有可能因為這個異例的特異性實在太過顯眼，因而必須思考對策，以不同於平常的方式來因應，在此情況下，法學因為不具有直接影響二元符碼值歸屬的能力，所以具有更大的自由來思考並討論異例，並提供司法實務參考。

　　就此而言，薛智仁教授的大作〈刑法觀點下的公民不服從〉[3]正是法律系統之中的刑法學在面對異例時，在刑法學領域的一個深思熟慮的回應方式，薛文是國內刑法學界認真面對318學運所帶來挑戰的罕見佳作，不但具體而微的討論公民不服從在刑法中的可能定位，更能大膽的擺脫刑法學中心主義，在討論阻卻不法事由時主張引進基本權的思考，並落實現代憲政法治國家中基本權對於一般法秩序的影響力，對於薛文的主張，我沒有太大的歧見與異議，因為我對於318學運在法學中的定位與評價，與薛教授的看法大同小異，尤其在刑法學的討論層面上，薛文更令我獲益匪淺，中研院法學期刊邀請我撰寫評論與回應文，我備感榮幸，雖然該文的性質主要係刑法學的論文，限於我的所學偏重於憲法學與法理學，我沒有能力直接從刑法學的觀點予以回應，以下所述，雖然必定會觸及刑法學，但是主要仍是從憲法學與法理學的角度，來同薛教授做一些討論。

---

[3] 薛智仁，刑法觀點下的公民不服從，中研院法學期刊，17期，131-204頁。

貳、318學運是公民不服從或／與抵抗權的行使？

　　如果我的理解沒錯，薛文的主軸在於處理刑法學與318學運的會遇，用法學術語來說，薛文透過處理公民不服從在刑法中的地位與評價，來為318學運在刑法上找到一個適當的定位與評價。其中，具有關鍵性的是刑法中的阻卻不法事由，薛文的主要見解是，公民不服從作為緊急權限的阻卻不法事由，在刑法上難以證成，因此另闢蹊徑，主張公民不服從得適用基本權作為阻卻不法事由，並由此討論在個案中318學運中相關行為合法化的可能性。上面曾提到，法律系統為了處理非常態的案件，亦即異例，必須反思既存的概念與學理是否適合該個案，如果一般的適用遭遇到極大困難，則有必要尋找或創造新的概念來描述該個案，或是調整甚至推翻既有的學理以更能妥善因應。由於在318學運這個案件上，法律系統正是面臨此一困局與新機，薛文從公民不服從以及抵抗權的角度著手，最後藉由肯定基本權的直接適用，例外的在個案中優於刑法所追求的公益，構成阻卻不法事由，正是嘗試處理此一刑法學難題的新路徑。

　　雖然薛文的論文名稱與一般性的架構，看似處理公民不服從在刑法上的評價問題，但是從整篇論文的重心看來，還是以318學運的刑法定位與評價為其核心，因此一開始我們必須嚴肅面對的一個問題是，究竟僅僅以公民不服從來為318學運定調是否站得住腳？如果318學運的意義超過公民不服從的概念所能含括的範圍，一開始就將其限定為一種公民不服從的行為，似乎就窄化了觀察視野，接下來所討論的刑法上的合法化，可能就會有所侷限，尤其是將抵抗權置於公民不服從的合法化之下來討論，也很可能會忽略318學運作為抵抗權

時所展現的特殊性。當然，一個技術性的迴避策略是跳過作為中介的公民不服從，直接將318學運的相關行為視為是基本權的行使，並論證基本權的行使是阻卻不法事由，如此一來，是公民不服從還是抵抗權似乎就不會至關緊要。然而如此一來，薛文的核心議題：公民不服從在刑法上的合法化輪廓上將會模糊化，因為將無法分辨，一個行為究竟是因為屬於公民不服從，還是因為本身就是基本權的行使，而在刑法上構成阻卻不法事由，亦即因此得以合法化。

薛文為了讓討論結果不侷限於318學運的個案，而是提供未來可以有普遍適用的可能性，因此決定從寬認定公民不服從的意義：「**所有為了改變特定法律、措施或機制（不同於單純基於良心因素而拒絕守法），而故意違法（不同於合法的抗議形式），並以某種原則為基礎（不同於通常的犯罪或騷擾滋事）的個人或集體抗議行為。至於該行動的公開性、非暴力性、接受法律制裁的意願等要素，也都從寬認定其內涵。[4]**」薛文認為318學運占領立法院的行為符合該公民不服從的定義，而且，即使占領立法院實現了諸多犯罪構成要件，仍無法基於多數決原則排除其阻卻不法的可能性[5]。

薛文將公民不服從僅僅歸屬於政治道德哲學的概念，一方面有其意義，因為公民不服從常常是政治哲學討論的對象，但是另一方面或許會導致一種誤解，讓沒有仔細閱讀的人誤以為，既然公民不服從屬於一種政治道德概念，其本身所指涉的社會行動又蘊含著違法意識，因此馬上在概念上就否定其合法化的可能，以為既然不涉及法律上所規定的阻卻不法事由，就無需討論其合法性或合法的可能性。會有這

4　薛智仁，同註3，142頁。
5　薛智仁，同註3，150頁。

樣的誤解當然不僅只是基於概念區分，背後恐怕還蘊含一種天真的法實證主義而不自知：一種素樸的以為法就是法，不法就是不法的態度，這種態度不但在法哲學上很難站得住腳，在憲政法治國裡也因為忽略了基本權作用的普遍性而顯得太過簡化。這個可能誤導的結論並不是薛文區分政治道德概念與法律概念的用意所在，否則薛文就無需大費周章一一探討其作為各種阻卻不法事由的可能性，事實上薛文正是對於這類觀點的一個否定，正因為種種被歸屬於公民不服從的抗議行動，由於其性質特殊，具有重要的政治道德意義，無法單單就其該當於犯罪構成要件就論斷其具有不法的性質，刑法學才有必要去討論其阻卻不法的可能性，無論贊不贊成公民不服從在特定條件下得以阻卻不法，無論這些被提出的特定條件是否有爭議，薛文本身就是對於這些問題具有探討必要性的一個肯定，而且是一個在說理上具有學術性的肯定。

　　至於抵抗權，雖然在我國憲法中並未明文規定，薛文似乎基於兩個理由，贊同將抵抗權視為一不成文或不待憲法明文規定的憲法內涵，其一是國民主權原則，其二是推導自該原則而來，國民保護自由民主憲政秩序的權利。因此薛文進一步主張，可以援引德國基本法的規定內容來作為抵抗權的發動條件：國家或個人排除憲政秩序的緊急狀態，以及作為別無其他救濟方法的最後手段。至於抵抗權行使時得包含的行為態樣，則著重其能達成維護憲政秩序的有效性，因此即使是屬於具有高度犯罪內涵的監禁或殺害特定人都是允許的[6]。我認為，即使公民不服從如同薛文所言，只是一個政治道德概念，即使我國憲法中並未明定抵抗權，因而討論抵抗權好像在討論一個超越實證

6　薛智仁，同註3，152-153頁。

法的法概念，回到一個更為基礎的層面，區分與析辨公民不服從與抵抗權仍有其意義，尤其是在處理318學運在刑法上合法性問題時，基本權的行使固然提供一個阻卻不法可能性，然而當一個行為不僅只是基本權的行使，還同時具有特定的政治道德意義，無論是歸屬於公民不服從還是抵抗權，對於阻卻不法的判斷上仍然可能會有影響。

　　有關於公民不服從與抵抗權的關聯，薛文的論證策略似乎是，採取一個擴張的公民不服從概念，並在公民不服從是否能阻卻不法的討論脈絡中，將抵抗權視為公民不服從底下適用緊急權限的阻卻不法事由之一來討論。應予指出的是，公民不服從與抵抗權所適用的個案，雖然有可能有重疊之處，然而就其內容而言，應該分屬兩種不同的社會行動類型，各有其不同的行動意義、行動目標甚至判斷標準，這一點薛文並非沒有意識到，薛文雖然是在公民不服從的脈絡下討論抵抗權，但是仍清楚兩者的差異，是以從概念界定的階段就做了區辨，薛文亦主張抵抗權未必就是公民不服從的特殊型態，雖然兩者適用範圍或有交錯，然而邏輯上沒有包含關係，前者屬於法律的概念，後者則屬於政治道德的概念。既然薛文對於兩者關係的看法如此，似乎就不適合在公民不服從阻卻不法的脈絡中討論抵抗權，否則不但容易招致誤解，在討論上也限縮了抵抗權作為阻卻不法事由的可能範圍，因為抵抗權似乎成為一個附帶於公民不服從脈絡的討論。事實上，如果認真對待兩者的區分，則抵抗權應該可以成為另一個、獨立的探討318學運合法化事由的切入點。

　　由於我國憲法並沒有明文規定抵抗權，因此以法律概念／政治道德概念來區分抵抗權與公民不服從，將會遭遇一個有關概念性的質疑：為何不是兩者都是政治道德概念？這個問題似乎沒有辦法僅僅訴諸將抵抗權視為不成文憲法概念來解決，因為另外還有一種可能性

是，兩者可能都是不成文的法律概念。所以在一個沒有成文抵抗權的法秩序下，用不同性質的概念來區分兩者，並不是一個容易達成的論證策略，或許不從概念性質歸屬，而從概念內涵與其所指涉的社會行動的意義，更容易為兩者做區分。在區分兩者之後，我們可以取得一個更好的觀察角度，來看看318學運歸屬於何者，而且區分之後，更有理由不在公民不服從下面討論抵抗權，而是得到一個新的可能性：318學運可能既符合公民不服從的特徵，但是同時也具有抵抗權的特質，這樣一來，在刑法上討論合法化318學運的可能性就增加了。

參、公民不服從的意義窮盡於基本權的行使嗎？

薛文的論證主軸，在於先建立公民不服從阻卻不法的可能性，接著探討各種可能為其證成阻卻不法的緊急權限事由，在否定抵抗權、正當防衛與緊急避難的適用性之後，將公民不服從與基本權相連結，最終則以基本權來證成公民不服從的合法性。這個做法同時具有優點與缺點，畢竟基本權在憲政法治國之中如同尚方寶劍一般，具有推定的優位性，一個國家行為一旦構成基本權的限制，除非能夠通過憲法第23條的檢驗，亦即具有正當目的、符合法律保留原則，並通過比例原則的審查，否則即是違憲的基本權侵害。因此直接訴諸基本權，並主張其在刑法上的直接適用，可以為歸屬於公民不服從的抗議行動找到合法化的依據。缺點則是，如此一來，針對這些該當於刑法構成要件的行為，公民不服從的概念似乎就失去其關鍵性與意義，因為討論重點就轉移到是否是基本權的行使以及是否是違憲的基本權侵害，在此或可思考的是，公民不服從比僅僅只是基本權的行使是否多了些

什麼？或是，在同意公民不服從是基本權行使的同時，公民不服從是否具有自身的特質，而不僅僅只是基本權的行使而已？以及，這些特質是什麼？

薛文將占領立法院的行為視為一種「**象徵性抗議行動**」，認為是在「**個別或集體地表達反對政府簽訂服貿協議、國會失靈、總統破壞權力分立的意見**」[7]，行使的是表意自由或集會自由，這種見解在美國憲法中被稱為象徵性言論。薛文並認為，在此情況下存在一個個案中的基本權與刑法的衝突，而基於個案的法益衡量，基本權可以例外的作為阻卻不法事由，合法化公民不服從的行動[8]。其實，更精確的說，薛文的主張應該是基本權所欲保護法益與刑法所追求的憲法法益之間的衝突，因為基本權是憲法位階，刑法是法律位階，兩者不可能真正衝突而需要做法益權衡，只有同位階的法益衝突才需要做法益權衡或價值權衡。

雖然刑事裁判中可否直接援引基本權並非沒有爭議，在我國尤其是基於司法院釋字第371號解釋，以及其對於司法院大法官審理案件法第5條第2項的合憲性解釋，許多人認為大法官可以獨占法律的違憲審查權，但是仔細閱讀司法院釋字第371號解釋時可以發現，當法律違憲沒有疑義時，一般法院的法官並非完全沒有違憲審查的可能性，甚至得以個案不適用違憲的法律。薛文訴諸基本權來為公民不服從合法化的解套方式，因此有其道理，在司法實務上若得到採用，未來歸屬於公民不服從的抗議行動，就有可能在個案衡量下取得合法化的機會。其實，對於刑法學而言，早就有所謂的超法規阻卻不法事由

7　薛智仁，同註3，165頁。
8　薛智仁，同註3，183-185頁。

的學理存在，將基本權納入只是多增加一種超（刑事）法規事由，而且這個事由還具有來自憲法優位性的加持。此外，由於在公民不服從的合法化上，關於是否符合緊急狀態要件的判斷常常會有爭議，面對這個難題，如果將其歸屬於基本權的行使似乎就容易解套了，因為很難限制基本權在緊急狀態下才得以行使，但是如此一來，公民不服從作為一種具有政治道德價值的社會行動，是否就沒有存在的意義？必須瞭解的是，基本權的行使具有推定的正當性與合法性，並不需要從政治道德觀點加以正當化，但是公民不服從卻是一個從頭至尾具有政治道德意涵的抗議行動。為了在刑法的層面上合法化公民不服從，引進了基本權，尤其是藉由表意自由與集會自由的直接適用，來作為阻卻不法事由，是否將導致了公民不服從輪廓的模糊，是一個值得深思的問題。

對此，我們可以比較德國法理學家Ralf Dreier的類似做法，Dreier討論公民不服從時，採取了一個與John Rawls相近的定義[9]，

---

[9]　有關於公民不服從（civil disobedience）的概念，在學者之間常有不同的界定，常常被引用的是政治哲學家John Rawls的定義：「一個公開的、非暴力的、基於良心而違反法律的政治行動，通常是為了帶來法律或政府政策的改變。」See John Rawls, A Theory of Justice 364 (1972)。根據這個定義，公民不服從所違反的法律未必就是所要抗議的法律，公民不服從的政治性來自於它是向擁有政治權力的多數所做的訴求，而且本身受到政治道德原則所指引與正當化，因此同時是一個基於良心的行為。此外，公民不服從是一個公開行動，不但所訴求的是公共原則，而且是公開的行動。比較有爭議的是公民不服從的非暴力性以及自願受罰的特徵，Rawls認為，非暴力性來自幾個理由，首先，由於公民不服從主要目標在於向公眾訴求，想要透過違法手段來喚醒與說服大眾，它所抗議的法律或政策牴觸了重要的政治道德原則，作為一種表達政治意見的特殊形式與最後手段，因此會避免使用對人的暴力，另一個理由在於，公民不服從即令違反法律，仍然處於忠誠於整體法律秩序的界線內，因此避免使用暴力。這個理由跟它的另一個特徵有關，由於仍然忠誠於整體法律秩序，因此會自願承擔違法的後果，而且這不但是內在良心與真誠的表現，也比較容易透過這種自我犧牲來打動大眾，促使他們能夠深思熟慮被抗議的法律或政策是否違反正義等政治道德原則，Rawls, *supra*, at 364-367.

Dreier主張公民不服從的概念具備以下四個特徵，首先，公民不服從必須是一個不服從行為，實現至少一個法律禁止規範的構成要件。其次，公民不服從必須是公開的，它不可以是隱密的或是一個純粹私人領域的行為，作為一個象徵性的抗議，公民不服從訴求的對象是公眾與他們的政治代表。再者，公民不服從必須是非暴力的，因為非暴力符合公民不服從的傳統，以及它在法治國內應受到特別對待的理由[10]。最後，公民不服從必須是基於政治－道德的動機，而不是為了自利而作為，因為它是社會中的少數為了向多數訴求而進行的行為，是為了促使多數，在系爭的公共議題上重新檢驗他們的道德－法律見解而進行的行為[11]。

　　有關公民不服從的正當化，Dreier提出了一個判準：「**當一個人單獨或是與他人一起，公開的、非暴力的，並基於政治－道德理由，實現了一個禁止規範的構成要件，如果他是藉此抗議嚴重的不法而且他的抗議符合比例原則，那麼他的行為可以被基本權利所正當化。**[12]」顯然Dreier同樣想要在基本權的層面上，探討公民不服從是否具有正當化的理由，他的理論同樣是一個可以銜接憲法與刑法的橋

---

[10] Dreier堅持非暴力的特徵，雖然他亦承認，公民不服從的非暴力特徵有待進一步界定，不能一下子就等同於刑法上的暴力概念（強暴脅迫），但是仍認為，既然抗議行動是言論自由與集會遊行自由的行使，非暴力並不包含對人的傷害與對物的毀損，而可以是對於第三人製造心理壓力或阻止他人行動自由的行為，因此很可能在概念界定階段，就會將一些可能的公民不服從排除在外，Dreier對於公民不服從的看法，必須聯繫到在德國引起討論的實例，主要是1980年代，許多人反對在德國境內部署美國攜帶核子彈頭的長程洲際飛彈，抗議者就在軍營外面，坐下來阻擋（Sitzblockade）人員與車輛的進出。相對於此，在美國所引發公民不服從討論的實例，則涵蓋更多層面，諸如抗議黑奴制度、基於宗教信仰拒絕向國旗敬禮、馬丁路德金所帶領的（黑人）民權運動、反越戰運動。

[11] Ralf Dreier, Widerstandsrecht und ziviler Ungehorsam im Rechtsstaat, in: Peter Glotz (Hrsg.), Ziviler Ungehorsam im Rechtsstaat, 1983, S. 54 (61 ff.).

[12] Dreier (Fn. 11), S. 61；Dreier這裡所謂的「正當化」（Rechtfertigung）指的是可以被說理證成的意思，與合法性／正當性的概念區分無涉。

梁，與薛文不同的是，比例原則審查的對象剛好相反。薛文的做法屬於傳統基本權受到公權力侵害時的違憲審查架構，立基於基本權的推定優先性（自由的推定優先性），凡是行為屬於基本權的行使，推定其為合法，國家所加諸其上的限制則必須在憲法上可被正當化，否則就是對基本權的違法侵害。Dreier的正當化判準則要求，一個被界定為公民不服從的抗議行動必須符合比例原則，才能夠被基本權所正當化，換言之，公民不服從雖然乍看之下違背法律，由於公民不服從是言論自由與集會遊行自由的特殊表達形式，只要是為了對抗重大的不法，而且符合比例原則，就具有可正當化的事由。

對於Dreier而言，只要一個歸屬於公民不服從的行動符合他所提出的判準，就可以被基本權所正當化，因此是一個合法的行為。由於基本權在法體系中具有憲法規範的位階，因此當基本權與一般的法律相互牴觸時，例如刑法與其牴觸時，必須優先適用基本權。與薛文的主張不同的是，Dreier的判準讓公民不服從的合法化成為一個更例外的情況，限制更嚴格，因為比例原則審查的對象是公民不服從，而非與其可能牴觸的刑法，主張公民不服從合法化的人，必須說理證成其行為通得過比例原則的審查，由於「論證（舉證）之所在可能是敗訴之所在」，Dreier的見解雖然為公民不服從的合法化找到一條出路，但是卻是一條困難的路。這麼做的優點是，透過概念界定與正當化判準，在銜接上基本權時，不會模糊了公民不服從的特殊性，即使承認公民不服從仍屬於基本權的行使，但是卻是一種特殊型態的基本權行使，公民不服從不會完全消融於基本權。相對於薛文的主張，則Dreier的見解缺點在於，合法化公民不服從的困難度將顯著提高。

肆、抵抗權只有德國式的嗎？

基本上薛文將318學運視爲公民不服從，但是探討其作爲緊急權限的阻卻不法事由時，曾以抵抗權爲阻卻不法事由之一，對於抵抗權內涵的界定，薛文基於我國憲法並未明文規定，認爲可以援引德國基本法所規定的抵抗權來討論318學運是否能合法化，因此認爲抵抗權的發動要件爲：國家或個人排除憲政秩序的緊急狀態，以及作爲別無其他救濟方法的最後手段。薛文雖然對於318學運裡第一個要件是否符合仍持有疑義[13]，但是亦持部分肯定的說法，似乎贊同服貿協議的違法審理已經表徵了總統著手排除憲政秩序[14]，但是對於占領立法院是否屬於別無救濟方法的有效抵抗手段，則採取否定見解[15]。

抵抗權的行使固然立基於緊急狀態，然而抵抗權是否適合作爲公民不服從的阻卻不法事由，卻有待商榷，因爲兩者的意義與所指涉現象的範圍都不一樣，薛文既認爲前者爲法律的概念，後者爲政治道德概念，即有分開處理的必要。公民不服從與抵抗權是兩個相關卻可以區分的概念，雖然都是屬於具有高度政治意涵的社會行動，都是秉持良知與道德信念，而且都涉及實證法律的違反，但是在手段與目的方面仍有所區分，前者以仍非暴力爲其行動的特色，後者則不限於非暴力手段；前者通常以特定的社會結構（例如種族隔離）或國家政策（例如參加戰爭）爲其抗議對象，後者則通常涉及了對於極端不正義統治權的反抗。318學運究竟歸屬何者，不無討論必要，而且存在著

---

[13] 薛智仁，同註3，157頁。

[14] 薛智仁，同註3，154頁。

[15] 薛智仁，同註3，154-157頁。

一種可能性，就是318學運的抗議行動，可能同時歸屬於兩者。仔細觀察318學運，可以發現，318學運的目標似乎超出一般所討論的公民不服從，而蘊含有抵抗權行使的意義，該行動的緣起是立法院的張慶忠事件，這個事件表徵了立法院的違法與失靈，亦表徵行政權透過黨機器對於立法院的控制與架空，更意味著總統著手排除憲政秩序[16]，就此而言，318學運同時具有為了「重新恢復憲政民主不得已而必須抵抗」的意義[17]。

　　薛文以德國基本法所規定的抵抗權來詮釋抵抗權的內涵與發動條件，是否能如此「直接」適用德國的憲法規範與其解釋，仍有討論餘地。德國基本法明文規定的抵抗權固然是比較憲法上的著例，但是

---

[16] 為何這個單一事件會蘊含著總統對於憲政秩序的排除？我曾在另一篇文章中指出：「台灣面臨的不是一個單一事件的服貿爭議，台灣面臨的是一場即將發生的憲政危機。將服貿爭議當作只是立法監督行政的問題，是過於簡化的看法。憲政危機指的是，危及憲法原則的存續，使作為憲政秩序核心的憲政主義瀕臨破壞與瓦解。如果憲法無力阻止嚴重牴觸憲政主義的權力運作，如果行政權可以透過黨機器侵奪立法權，導致權力分立憲政體制的崩解，造成黨紀凌駕民主原則，架空了憲法對於行政權與立法權的權力劃分，那麼憲政危機就迫在眉睫了，台灣得來不易的憲政民主將在這個過程中逐漸轉變為一個黨政合一、行政權與立法權合一的『新黨國體制』。這個實質的『憲法革命』，可能是以量變到質變的方式進行，這種方式對於憲政體制而言特別致命，因為這種方式表面上看似合法，卻使得憲法的正式制度，對其欠缺免疫力，因為當法律系統以『法／不法』的方式來運作時，對於以合法包裝的行動，就欠缺辨識工具。即使是職司憲法守護任務的大法官，擁有憲法解釋權與違憲審查權，可以透過宣告政治行動違憲無效，而有潛力保護憲法秩序免於毀滅於政治系統的『柔性革命』，但是這種制度上的可能性是否能夠實現，有賴於配套設計，因為大法官依舊受到『不告不理』原則的拘束與相關法定釋憲程序的限制，而無法受理或處理每一種違憲的政府行為。況且，為了自我保護免於捲入政治鬥爭，大法官還發展出特定技術來規避權限的行使，例如『政治問題』原則。這個實質的『憲法革命』，更可怕的是，以合法包裝的政治行動，利用憲法的正式制度來進行其顛覆憲法的目的，例如透過黨機器，摧毀行政與立法的權力分立，透過黨機器，操控與綁架黨籍立委，使其不再代表民意，而成為執行黨（主席）意志的工具，最終造成『新黨國體制』的現實，這種對於憲政秩序的危害，可能在結果上符合憲法增修條文第5條第5項的規定：『政黨之目的或其行為，危害中華民國之存在或自由民主之憲政秩序者為違憲。』但是正式的憲法自我保護機制卻對它無能為力。」參閱張嘉尹，保衛共和國！──318學運的憲法學詮釋，台灣法學雜誌，245期，58-59頁。

[17] 張嘉尹，同註16，60-61頁。

從抵抗權的發展史來看，其前身仍是由來已久的古典抵抗權。古典抵抗權是一種非法抵抗的權利，行使的手段並不要求非暴力，毋寧是包含暴力抵抗，甚至作為最後手段時，還包含誅殺暴君的殺人行為[18]。古典抵抗權蘊含了自然法優先於實證法的想法，是「以正當性之名打破合法性」或「以自然法之名打破實證法」。在中世紀，這種抵抗權的行使不但獲得道德上的承認，同時獲得法的承認，因此可以作為抗辯的理由在訴訟上提出[19]。德國式的抵抗權雖然源於古典抵抗權，但是在概念上與其有些差異，首先，其目的不是推翻政府（暴君），而是為了恢復憲政秩序，其次是，憲法直接賦其合法性，西德1968年修憲時增訂基本法第20條第4項：「**凡從事排除上述秩序者，如別無其他救濟方法，任何德國人皆有權反抗之。**」這個規定建立的即是合法抵抗權（ein Recht auf legalen Widerstand）。其中「**上述秩序**」指的是同條前3項所規範的憲法基本原則，這些憲法原則構成自由民主憲政秩序的核心，是德國基本法第79條第3項所規定的修憲界限。抵抗權的規定賦予所有德國人在別無其他救濟手段時，有權利抵抗任何推翻（排除）法治國民主秩序的作為，該項規定對於抵抗手段並未規範，一般認為包含違法手段，只要是對抗類似政變或內戰這類推翻憲政秩序的行為都包含在內。至於所對抗的行為由誰進行的則沒有限制，可以是來自於人民、政府或政府官員，也可以是來自外國勢力的行為。行使抵抗權的人民未來在面臨司法審判時，可以訴諸這個憲法規定來合法化其表面上違法的行為[20]，甚至主張抵抗行為一開始就是合法的[21]。

---

[18] Dreier (Fn. 11), S. 55.

[19] Dreier (Fn. 11), S. 55.

[20] Dreier (Fn. 11), S. 57.

[21] 參閱Michael Sachs, in: Sachs (Hrsg.), Grundgesetz Kommentar, 2. Aufl., 1999, Art. 20 Rn. 166 ff.

　　如果318學運的抗議行動不僅只是公民不服從，還蘊含著抵抗權的行使，則必須正視318學運所蘊含的抵抗權與古典的抵抗權或德國式的合法抵抗權之間的差異，因此問題是，在我國憲政秩序下是否存在另一種更小型更輕微的合法抵抗權？我認為，318學運的占領行動在性質上介於公民不服從與合法抵抗權之間，雖然比較接近德國式的抵抗權，但與其仍不盡相同。318學運的占領行動所屬的抵抗權，是一種在憲政危機即將發生時，為了保衛與回復憲政秩序所行使的抵抗權，雖然憲法並未明文規定，但是仍可以詮釋為任何具有自我防衛能力的民主憲法所蘊含的權利。這種憲法雖未明文規定但仍蘊含的微型抵抗權，在結構上類似德國式的合法抵抗權，其行使的條件有三。首先，存在著緊急狀態或防衛情境，存在著發生憲政危機的急迫性，這意味著憲政秩序已經開始遭到破壞，而且可以預期，如果不及時阻止，破壞將繼續擴大乃至於摧毀憲政秩序。其次是最後手段性，別無其他手段可以救濟，尤其是當民主制度失靈，難以透過民主機制的正常來解除此危機，抵抗權的行使成為挽救憲政秩序所不得不行使的手段。最後是手段必須符合比例原則，所採取的手段可以是違法的手段，但是必須考慮比例原則，這個條件是德國的合法抵抗權所未規定，但是作為比較微型的抵抗權，卻必須納入手段的合乎比例性，就此而言，與Dreier主張的公民不服從正當化判準有點類似。

　　318學運所屬的微型抵抗權，就是這種界於公民不服從與德國式合法抵抗權之間的類型，因此不能直接套用德國式抵抗權的要件來檢視它，否則很容易就會以為不符合其行使的要件。由於兩者在緊急狀態的界定與最後手段的判斷上並不相同，如果一定要套用德國式抵抗權的行使要件，那麼最後得到如同薛文的否定結論，並不令人意外，然而這至多只是意味著，318學運的占領行動不在德國式抵抗權的涵

蓋範圍，並不能因此結論說318學運並非抵抗權的行使。這種無法套用德國式抵抗權的情況，正意味著法學在描述與界定社會現象時，必須更有彈性與更加細緻，否則就會陷入一種非此即彼，二選一的情況，太快的以概念來否定現象，而不是去發展與建構出更細緻的概念區分，以更適當的掌握與理解現象。德國式抵抗權的概念與要件無法涵蓋318學運的占領行動，正是我提出微型抵抗權概念的理由，這種類型的抵抗權所要對抗的並非公然的，甚至是運用武力的政變或內戰，或來自外國的侵略，而是一種累積性的、柔性的、披著合法外衣的政治運作，這種表面上看似合法的政治運作可能會結合潛藏的或明顯的違法行為，以致於跨越憲政主義的底線，破壞基本的憲法原則。依其性質，這一種抵抗權可以說是一種為了避免憲政危機發生而行使的抵抗權[22]。

　　如同一般在討論基本權的行使與限制時所認為的，當一個行為符合基本權的構成要件，並不意味著任何國家權力對其所為的限制皆屬違憲，基本權限制是否違憲有待憲法第23條的檢驗，如果符合目的正當性、法律保留原則與比例原則，則基本權限制可以被正當化。一個行為歸屬於微型合法抵抗權，與其是否在憲法上最終具有正當性而能夠被合法化，是相關聯但仍可區分的兩階段討論議題。行使抵抗權是憲政民主制度下極端例外的手段，必須衡量其所對抗不法的嚴重性與急迫性，以及其所使用手段的不法性，原本用來審查公權力行為是否合憲的比例原則，於此有其適用餘地。

---

[22] 張嘉尹，同註16，60-61頁；張嘉尹，公民不服從或抵抗權？──318學運的憲法學詮釋（二），台灣法學雜誌，250期，75-76頁。

伍、結語

318學運對於臺灣的法學是一個試金石，當法律系統與司法實務試圖用慣常的方式，以「常態」來對待它，借助既存的法釋義學來詮釋與處理它，以致於即將錯失它豐富的意義時，由於法學不等同於法律系統，雖然仍部分的受制於法律系統的程式，但是仍具有比司法實務更多的彈性與潛能來理解它，因為法學可以看到法律程式的偶緣性，可以超越素樸法實證主義的教條，可以反思到法／不法符碼值的分派，從來不是簡單的二擇一的工作，而是在一個複雜的運作網絡中達成。此外，法學更可以不受到既存法釋義學的拘束，可以超越過去研究成果的視野，以更寬闊的視野來面對318學運，可以暫時擺脫構成犯罪事實、阻卻不法事由、基本權在刑法的直接適用性等等核心法律思維，可以見微知著，在詮釋緊急狀態、最後手段等要件時，發掘可能引發憲政危機的結構性因素，並將其納入整體的考量之中，更可以在這個整體考量中反思既存法律概念的闕漏與不足。法學因而在這些思考中獲得其活水源頭，獲得其超越法釋義學的養分，以為未來的法釋義學建立新的知識基礎。法律系統中的異例，很容易消融在法律論述的日常運作中而成為常態，甚至被以慣常的運作方式排除於考慮之外，法學的真知灼見或許就在於能夠分辨出具有重大意義的異例，並據以反思既存的概念與學理，如此一來，具有創造力的學術性就在不遠處。

原文出處：張嘉尹，法律系統中的常態與異例，中研院法學期刊，19期，2016年9月，183-201頁。

索引

中文索引

外文索引

國家圖書館出版品預行編目資料

憲法學的新視野（三）──基本權利／張嘉尹
著. ──初版. ──臺北市：五南圖書出版
股份有限公司, 2022.01
面； 公分
ISBN 978-626-317-214-2（精裝）

1.憲法 2.論述分析

581.1   110015393

1RC1

憲法學的新視野（三）
──基本權利

作　　者 ─ 張嘉尹（223.5）

發 行 人 ─ 楊榮川

總 經 理 ─ 楊士清

總 編 輯 ─ 楊秀麗

副總編輯 ─ 劉靜芬

責任編輯 ─ 林佳瑩

封面設計 ─ 王麗娟

出 版 者 ─ 五南圖書出版股份有限公司

地　　址：106台北市大安區和平東路二段339號4樓

電　　話：(02)2705-5066　　傳　　真：(02)2706-6100

網　　址：https://www.wunan.com.tw

電子郵件：wunan@wunan.com.tw

劃撥帳號：01068953

戶　　名：五南圖書出版股份有限公司

法律顧問　林勝安律師事務所　林勝安律師

出版日期　2022年1月初版一刷

定　　價　新臺幣550元